elefante

elefante

Conselho editorial
Bianca Oliveira
João Peres
Tadeu Breda

Edição
Tadeu Breda
Luiza Brandino

Assistência de edição
Natalia Engler

Preparação
Mariana Zanini

Revisão
Tomoe Moroizumi

Capa
Thiago Lacaz

Diagramação
Denise Matsumoto
Daniela Miwa Taira

Direção de arte
Bianca Oliveira

EM BUSCA DA COMUNIDADE

FABRICIO PEREIRA DA SILVA

CAMINHOS DO PENSAMENTO CRÍTICO NO SUL GLOBAL

O perigo ameaça tanto o patrimônio da tradição como os que a recebem. Em ambos os casos, o perigo é o mesmo: prestar-se a ser instrumento da classe dominante. Em cada época deve-se tentar arrancar a tradição ao respectivo conformismo que está a ponto de subjugá-la. O Messias não vem unicamente como redentor: vem também como vencedor do Anticristo. O dom de acender no passado a fagulha da esperança só é inerente ao historiador que está convencido do seguinte: nem os mortos estarão seguros frente ao inimigo quando este vencer. E este inimigo não tem cessado de vencer.

— Walter Benjamin, *Discursos interrumpidos I: filosofía del arte y de la historia* (1940)

Essa utopia tem raízes poderosas no presente e no passado: no presente, porque se apoia em todas as potencialidades e contradições da modernidade para explodir o sistema, e no passado, porque encontra nas sociedades pré-modernas exemplos concretos e provas tangíveis de um modo de vida qualitativamente diferente, distinto da (e, em certos aspectos, superior à) civilização industrial capitalista. Sem nostalgia do passado, não pode existir sonho de futuro autêntico. Nesse sentido, *a utopia será romântica ou não será*.

— Michael Löwy e Robert Sayre, *Revolta e melancolia: o romantismo na contracorrente da modernidade* (2015)

O passadista tem sempre o paradoxal destino de entender o passado de forma muito inferior ao futurista. A faculdade de pensar a história e a faculdade de fazê-la ou criá-la se identificam. O revolucionário tem do passado uma imagem um pouco subjetiva talvez, mas animada e viva, enquanto o passadista é incapaz de representá-lo em sua inquietude e fluência. Em geral, quem não pode imaginar o futuro tampouco pode imaginar o passado. Então não existe um conflito real entre o revolucionário e a tradição, a não ser para aqueles que concebem a tradição como um museu ou uma múmia. O conflito é efetivo só com o tradicionalismo.

— José Carlos Mariátegui, *Mariátegui: política revolucionaria. Contribución a la crítica socialista,* tomo v (2010)

Apresentação

LUTAR PELO PASSADO

Apresentação

LUTAR PELO PASSADO

Não há futuro sem passado. Sem passado, só há presente. Havendo um passado, é bem provável que ele esteja a ponto de "prestar-se a ser instrumento da classe dominante", aquele "inimigo que não tem cessado de vencer" (Benjamin, 1989, p. 180-1). Para reconstruir a utopia, qualquer utopia, é necessário "acender no passado a fagulha da esperança", pois "sem nostalgia do passado não pode existir sonho de futuro" (Benjamin, 1989, p. 180-1). Sem lutar pelo passado, sem reconquistá-lo, nem nossos mortos estarão em segurança — que dirá aqueles que ainda virão. Desse modo, para salvar mortos, vivos e os que vão nascer, deve-se lutar pelo passado para imaginar o futuro. Valorizar e reinterpretar tradições, preencher de vida e esperança museus e múmias. Disputá-las, tomá-las do inimigo — aquele que não tem cessado de vencer.

Este livro é sobre os usos do passado em conceitos e ideias produzidos na periferia global, que projetam um futuro alternativo. A construção de um passado é um tema ainda mais premente ao ser humano periférico. Este vive em constante ameaça de anulação, ou seja, de perda de sua história, de sua identidade, de sua nação, de seu lugar no mundo. Ou melhor, ele está sempre em vias de ser condenado a um único lugar no mundo, definitivamente um lugar sem história: o lugar periférico, ao qual, na melhor das hipóteses, é permitido reproduzir pastiches da humanidade emanada do centro. Através de algumas paradas em estações que integram um longo circuito, este livro vai percorrer um tema recorrente: a construção de passados na periferia. E o fará por meio de abordagens bem particulares — de propostas que alimentaram o pensamento crítico, que nutriram alternativas de esquerda ao capitalismo e à modernidade. A propósito, "esquerda" será um conceito utilizado largamente neste livro, e será entendido sempre em associação à ideia de mais igualitarismo, sem fazer distinção entre suas versões mais "estreitas" (defesa de uma alternativa sistêmica ao capitalismo) ou mais "amplas" (propostas de reformas que gerem mais igualdade).

Tratar do passado a partir do pensamento de esquerda dota o tema de uma especificidade. Com recorrência, e particularmente no centro, os projetos de esquerda foram atravessados por um futurismo tão exacerbado que chegou a negar o passado e as tradições, em sua busca por um "homem novo". No entanto, alguns intelectuais e linhagens incluíram o passado pré-capitalista e pré-moderno em suas preocupações, como um elemento de esperança — constituindo, eles mesmos, uma tradição nas bordas das esquerdas e do pensamento crítico. Esse tipo de reflexão (que será entendido aqui como "romântico") se expressou diversas vezes na periferia, talvez de forma mais recorrente do que no centro. É a esses "romantismos de esquerda" pensados desde a periferia que o livro se dedica. Como qualquer proposta de esquerda (do contrário, não seria esquerda), eles constituem "futurismos", não "passadismos". Mas são futurismos que buscam suas inspirações sobretudo no passado e no que dele sobrevive no presente.

Não é intenção deste livro analisar em profundidade todos os "casos" abordados ao longo dos próximos capítulos. Isso já foi realizado com propósitos distintos e com ênfases em diversos aspectos por autores devidamente indicados a cada etapa da argumentação. Os conceitos, autores e debates aqui apresentados são trazidos à discussão de modo a contribuir para a construção de um argumento geral: a recorrência de um tema que é precisamente a ideia da comunidade como antídoto para superar os males do capitalismo/da modernidade. O argumento central é que esses conceitos e ideias constituem uma tendência recorrente desde pelo menos o século XIX na periferia (quando esta se constitui mais claramente), como reação a avanços acelerados da modernidade nessas regiões. Desse modo, são parte da disjuntiva "ser como o centro ou ser como nós mesmos" (Devés, 2017) que está na base da constituição do intelectual periférico. A busca da comunidade (e do "próprio", do "original") se apresenta como tema recorrente não só na periferia, mas assume nela esse tom particular, que é relacional e em certo sentido também reativo ao centro e às diversas ondas expansivas do capitalismo e da modernidade que dele emanam — ou seja, a cada "epistemicídio" praticado pelo centro (Santos, 2010a). A busca do pensamento crítico periférico pela comunidade produz conceitos e ideias que já são "híbridas", "fusões" que se inserem na modernidade e de algum modo incorporam seus valores. Mas projetam transformá-la e, no limite, superá-la, apelando a valores "autóctones" que seriam próprios às trajetórias de seus povos.

Um argumento secundário que perpassa o livro é o de que haveria na contemporaneidade uma nova onda dessa busca pela comunidade, que se dá em meio a um mal-estar (nas periferias e no centro) gerado pelo avanço do que pode ser caracterizado como "presentismo" (Hartog, 2014), forma de lidar com o tempo na qual o passado perde sua função e o futuro só pode ser entendido como um horizonte catastrófico (Beck, 1998). Para François Hartog, é possível que estejamos em um novo "regime de historicidade", oposto àquele predominante na modernidade que era comandado pelo futuro. Esse novo regime seria vivenciado de duas maneiras, a partir da posição social ocupada. Para alguns, é o tempo dos fluxos, da aceleração, da mobilidade, dos projetos.

Para a grande maioria (o precariado, os excluídos, os imigrantes, os refugiados...), é o tempo da "permanência do transitório, um presente em plena desaceleração, sem passado [...] e sem futuro real tampouco" (Hartog, 2014, p. 14). Assim, o presentismo é "um horizonte aberto ou fechado: aberto para cada vez mais aceleração e mobilidade, fechado para uma sobrevivência diária e um presente estagnante" (Hartog, 2014, p. 14). Pode-se sugerir (para além das intenções originais de Hartog) que esta segunda dimensão de presentismo pode ser ainda mais recorrente na periferia global (em particular nas suas próprias periferias, mas também nas periferias que vão invadindo o centro), aprofundando aquele horizonte fechado, aquela completa ausência de perspectivas — para além de eventuais projetos individuais de empreendedorismo (neopentecostal ou mundano) ou de projeções de libertação pós-morte.

Em resumo, neste livro há um argumento geral diacrônico: os fenômenos aqui estudados demonstram determinado padrão relacionado à expansão da modernidade, particularmente nas periferias. Há também outro argumento mais específico, que é sincrônico: tais fenômenos têm sido recorrentes agora, ganharam um renovado interesse. Para isso, o livro se concentra ora em antecedentes daquela tradição crítica desde o século XIX, ora em conceitos que ganharam circulação, grosso modo, entre o final do século XX e o início do XXI, mostrando a potencialidade daquele tipo de reflexão para a retomada de utopias em nosso presente "presentista" — retomada que é condição para nossa própria sobrevivência como espécie.

Todas as propostas aqui apresentadas trazem a noção de comunidade em seu cerne e oferecem projetos de futuro a partir dela. Por diversas razões — a depender do autor, da corrente, do momento histórico —, um projeto de futuro determinado passa pelo resgate, preservação ou aprofundamento de um senso de comunidade (e de suas traduções materiais) que é enraizado no passado (em certa medida ainda presente) de um povo, de uma região, de um grupo étnico, de uma religião. Esse projeto pode começar como uma expressão local, mas eventualmente se expandir e até mesmo assumir potencial "universal", servindo de contribuição original daquele determinado grupo para a (re)constituição de uma humanidade mais justa, harmônica e em simbiose com a natureza. Nessas abordagens periféricas, a comunidade assume ainda mais significados do que nas perspectivas semelhantes produzidas no centro. Se em todas elas a comunidade se contrapõe à modernidade, ao capitalismo, à desumanização, ao individualismo, ao consumismo, ao desencantamento do mundo, à destruição da natureza, nas abordagens periféricas ela é apresentada adicionalmente como antídoto ao centro, ao Norte, à metrópole, ao Império, aos desenvolvidos, ao Primeiro Mundo, ao Ocidente — com os quais todos aqueles males se confundem.

Este livro é, em grande medida, uma história de conceitos periféricos que percorrem temas semelhantes. Uma de suas principais motivações é demonstrar que, ao longo do tempo, há temas recorrentes na periferia que se nutrem do passado para projetar emancipações. Mas essa não é a única intenção do livro, pois ele é atravessado por duas outras propostas, menos explícitas e mais "militantes" (na falta de melhor expressão). Uma delas é apresentar a riqueza de pensamentos periféricos, sobretudo de projetos periféricos emancipatórios, de uma intelectualidade crítica, de uma esquerda "não ocidental" que (remetendo a Mariátegui) não deve ser "decalque e cópia", mas "criação heroica". Com isso, quero evidenciar, defender e preservar certos saberes que vão sofrendo sistematicamente um "epistemicídio". Deve-se fazer o que estiver ao nosso alcance para superar a "monocultura de saberes" — remetendo a Boaventura de Sousa Santos (2010a) — que assola nosso mundo, nossas academias e nossas esquerdas. Outra proposta do livro é ensaiar uma modesta reflexão sobre o tempo, enfatizando (para aqueles, como este autor, formados num determinado "futurismo") que o passado pode nutrir projetos de futuro. Desse modo, é inevitável questionar o tempo histórico da modernidade, do "progresso", da "evolução", da "aceleração", do "sempre em frente". Mas é possível fazer esse questionamento sem cair no "presentismo", se o que precisamos é exatamente voltar a ter futuro. E sem que nos refugiemos em qualquer "passadismo" como suposta alternativa. Em meio a sucessivas crises do capitalismo, a uma pandemia, à erosão das democracias, ao esgotamento do planeta, os passados nos servem para projetar novos futuros — enquanto ainda é tempo.

O livro se estrutura da seguinte forma: o capítulo 1 ("A aposta na comunidade") apresenta alguns debates centrais para sustentar os argumentos aqui desenvolvidos. Mais especificamente, destaca leituras que inspiraram estas páginas. Além disso, aborda dois momentos fundadores das reflexões aqui analisadas: o debate sobre a comunidade nos diálogos entre o populismo russo e Karl Marx, e o recurso ao tema na obra de José Carlos Mariátegui. O capítulo 2 ("A invenção da negritude") analisa o conceito de negritude como criação do "Atlântico Negro", a partir das obras de Léopold Sédar Senghor e de Aimé Césaire, bem como de seus críticos, e questiona sobre a possível atualidade do conceito. O capítulo 3 ("Comunalismo nas descolonizações africanas: os socialismos africanos como busca pelo próprio") aborda os chamados "socialismos africanos" dos processos descolonizadores do continente, em particular as propostas desenvolvidas por Kwame Nkrumah, Julius Nyerere e o já citado Senghor, que defendiam (com argumentos um tanto distintos daqueles da negritude) a potencialidade do comunalismo africano como base para projetos socialistas alternativos.

Nos três capítulos seguintes, são discutidos conceitos que ganharam destaque contemporaneamente. O capítulo 4 ("*Ubuntu*: a essência africana revisitada") trata do conceito de *ubuntu*, seus diferentes usos, sua expansão global e de como ele retoma argumentos presentes nas ideias negras apresentadas anteriormente. O capítulo 5 ("Comunalismo nas refundações andinas do século XXI: o *sumak kawsay/suma qamaña*") apresenta o desenvolvimento do conceito que poderia ser (mal) traduzido como "Viver Bem" ou "Bem Viver". O capítulo propõe uma tipologia dos diversos usos do termo e aponta suas potencialidades. O capítulo 6 ("A felicidade nacional bruta e seu insuspeito potencial transformador") procura investigar o papel desse conceito como aglutinador do Estado e da identidade nacional butanesa, e seu potencial de assumir (particularmente a partir de sua expansão global) usos até mesmo revolucionários, sobretudo como uma crítica potente às noções hegemônicas de "crescimento", "desenvolvimento" e "progresso". Por fim, na conclusão ("A incessante busca pela comunidade") são retomados argumentos anteriores, de modo a sistematizar algumas conclusões que de fato são "abertas". Ela aponta mais para projetos futuros e projetos de futuro, em lugar de procurar esgotar quaisquer dos temas aqui abordados.

Estas páginas são o resultado de quase uma década de pesquisas, de trabalhos de campo, de diálogos com colegas de diversas partes do mundo e de apresentações e publicações de alguns de seus resultados preliminares. O agradecimento principal deve ser feito à Escola de Ciência Política (ECP) e ao Programa de Pós-Graduação em Ciência Política (PPGCP) da Universidade Federal do Estado do Rio de Janeiro (Unirio). Em anos de derrubada da democracia brasileira e de continuados e violentos ataques à universidade, aos cientistas, aos intelectuais, à cultura e ao conhecimento, só foi possível seguir com este projeto por causa do ambiente fraterno proporcionado pelos colegas e estudantes daquela casa. A ECP e o PPGCP da Unirio são aquela flor que segue insistindo em brotar da lama. Agradeço em especial a todos os bolsistas de iniciação científica, de monitoria de ensino, e aos orientandos de graduação e de pós-graduação. Não posso nomear todos, mas vocês sabem o quanto contribuíram.

Os diversos lugares pelos quais passei para levar este projeto adiante tiveram uma importância fundamental, e quero mencionar alguns deles. Começo pelo mestrado em estudos latino-americanos contemporâneos da Universidade da República, no Uruguai. Ali posso manter atividades sistemáticas de diálogo em alto nível com colegas e estudantes de diversas partes da América Latina e Europa, e seguir aprendendo com o mestre Gerónimo de Sierra. Minhas passagens pelo Centro de Estudos Africanos da Universidade Eduardo Mondlane, em Moçambique, pelo Instituto de Estudos Africanos da Universidade de Gana, e pela Universidade de Lubumbashi, na República Democrática do Congo, foram fundamentais para reunir material sobre a África e expandir redes. Particularmente, meu pós-doutorado no Instituto de Estudos Avançados da Universidade de Santiago do Chile foi decisivo para a conclusão deste trabalho e para a projeção de novos caminhos. A generosidade de Eduardo Devés de me envolver em todos os seus (muitos) projetos de redes, instituições e obras coletivas tem sido comovente. Desde o princípio, sua coragem intelectual inspirou o recorte pretensioso pensado para este livro (especialmente a leitura de sua obra monumental *Pensamiento periférico: Asia-África-América Latina-Eurasia y algo más. Una tesis interpretativa global*). No final de tudo, me animou ainda a expandir o argumento para a Ásia, por meio da introdução do debate sobre a felicidade nacional bruta. Os diálogos regulares com ele, bem como com diversos especialistas em Estudos das Ideias durante as Jornadas de Estudios de las Ideas, permitiram organizar diversos argumentos deste volume. O convite para vice-diretor da *Wirapuru: Revista Latinoamericana de Estudios de las Ideas* (e a consequente garantia da convivência continuada com Devés, Andrés Kozel, Manuel Loyola e outros) permite projetar que em alguns anos eu possa me considerar efetivamente um especialista em ideias.

É uma honra que este livro seja editado pela Elefante e por Tadeu Breda, aos quais acompanho desde os primeiros dias. Sou pequeno em meio aos gigantes deste catálogo.

O mais importante fica para o final. Se continuo insistindo, é por Miguel e por Daniel. Vai valer a pena vê-los crescer. Vai valer a pena estar ao lado de Camila.

1

A APOSTA NA COMUNIDADE

Essa comuna é a alavanca natural da regeneração social da Rússia. Mas para que ela possa funcionar como tal seria necessário, primeiramente, eliminar as influências deletérias que a assaltam de todos os lados e, então, assegurar-lhe as condições de um desenvolvimento espontâneo.

— Karl Marx, "Carta a Vera Ivanovna Zasulitch", 8 mar. 1881

A defesa da "comunidade" indígena não repousa em princípios abstratos de justiça nem em sentimentais considerações tradicionalistas, mas em razões concretas e práticas de ordem econômica e social. A propriedade comunal não representa, no Peru, uma economia primitiva que foi substituída gradualmente por uma economia progressista fundada sobre a propriedade individual. Não; as comunidades foram despojadas de suas terras em proveito do latifúndio feudal ou semifeudal, constitutivamente incapaz de progresso técnico.

— José Carlos Mariátegui, *Mariátegui: política revolucionaria. Contribuición a la crítica socialista*, tomo II (2010)

A "comunidade" é tema recorrente de ideias, conceitos e propostas da periferia global que procuram se apresentar como "identitárias" — para utilizar a formulação de Devés (2017). Isso também se expressa entre as esquerdas periféricas. Quando se trata de esquerdas na periferia (ou no Sul global, como se queira), se está pensando em criações intelectuais, mas também (talvez mais) em adaptações, aclimatações e hibridizações realizadas a partir de uma recepção seletiva de ideias desenvolvidas originalmente no centro — o que se dá, obviamente, pela simples razão de que as principais correntes de esquerda (e a própria noção de "esquerda") tiveram origem no centro, em particular o marxismo. Aos poucos, diversos influxos das periferias foram se agregando àquelas formulações iniciais e circulando pelo mundo todo, incluindo o leninismo (se considerarmos a Rússia como parte da periferia), o maoismo, o guevarismo... Ainda que nem sempre com total consciência de seus formuladores, todas essas propostas desenvolvidas na periferia global implicaram movimentos de tradicionalização e de nacionalização daquele pensamento crítico, ou seja, tentativas de inserção e enraizamento de ideias socialistas, anarquistas, marxistas (produzidas no centro) em suas histórias, sociedades, em seus "contextos".

O elemento aglutinador das diversas propostas analisadas neste livro é a comunidade enquanto possibilidade de uma via distinta de transformação social na periferia, o que remete a certa tradição minoritária, por vezes residual, no debate das esquerdas — uma tradição mais "romântica" que "modernista". E foi por tal razão que essas propostas atraíram o interesse deste autor. Elas remetem à ideia de um passado comunal, a uma visão holística e comunitarista de mundo, à família ampliada e à integração com a natureza. Refiro-me a propostas como o populismo russo, o socialismo *indo-americano* de José Carlos Mariátegui, a negritude, a *ujamaa* de Julius Nyerere, o consciencismo de Kwame Nkrumah, os "socialismos africanos" de um modo geral, o *ubuntu* na África Austral, o *Buen Vivir* ou *Vivir Bien* (*sumak kawsay* e *suma qamaña*) andino, a felicidade nacional bruta. A ideia de uma herança comunal que deve ser preservada e reativada, de modo a garantir a passagem direta a uma sociedade "justa", "harmônica", sem passar pelos "males" do desenvolvimento capitalista clássico, parece ser um motivo recorrente no pensamento crítico da periferia, desde a defesa do potencial revolucionário da comuna camponesa (*obschina*) pelo populismo russo no século XIX. Defesa, aliás, corroborada pelo próprio Marx em sua carta a Vera Zasulitch, particularmente nos esboços para elaborar a resposta à interlocutora. Esses textos (a carta e seus rascunhos), publicados ao longo do século XX, viriam a constituir uma referência central para muitos dos autores apresentados neste livro. Nesse caso, não poderiam encontrar citação de autoridade mais convincente a ser lançada sobre a mesa.

O passado é um elemento crucial nessas narrativas, ao qual se recorre em perspectiva romântica, à procura de "épocas douradas" que serviriam de inspiração para a nova sociedade que se espera construir; ou de "figuras heroicas" e episódios idealizados da história local, cujo legado e vigência constituirão a inspiração para as transformações almejadas. A propósito, o historiador Germán Carrera Damas, ao analisar o bolivarianismo venezuelano, considera

> difícil dizer o que infunde mais ânimo e impulsiona mais um povo, se a persecução de uma alta meta ou a evocação de um passado de grandeza e esplendor. Mas é sim possível afirmar que o mais efetivo tônico está composto por uma harmônica combinação desses ingredientes, pois, se a definição de um objetivo grandioso e belo incita a marchar até ele, a evocação de um passado não menos grandioso e belo constitui eloquente e convincente garantia de que é possível alcançá-lo, e inclusive de que indefectivelmente será alcançado. (Carrera Damas, 2013, p. 10)

Nesse sentido, trata-se de uma remissão ao passado que não assume uma perspectiva "passadista", "reacionária" (de retorno), mas sim futurista: procura-se a base para uma nova sociedade. Mas ainda há mais do que o passado. O presente é um elemento de não pouca monta nessas narrativas, pois elas geralmente afirmam a permanência, em algum nível, daquele passado no presente — enquanto elementos "sobreviventes" na organização social e na produção material daqueles povos, ou em seu *éthos*, em sua visão de mundo, em sua memória social. Não se trata de um passado morto, mas bem vivo; do contrário, não poderia constituir a base para transformações sociais. Acima de tudo, trata-se de uma busca de intelectualidades críticas e de esquerdas locais por seu "povo". Elas procuram se assumir como parte constitutiva das sociedades que querem transformar. Ao mesmo tempo, ao longo desse processo, diversos elementos de suas sociedades, de seu passado e de seu presente vão sofrendo releituras, de modo a apresentar afinidades com aqueles intelectuais e suas esquerdas (agora "nacionais"). Por fim, se essas narrativas são convincentes o suficiente para conquistar hegemonia, suas sociedades podem chegar a nutrir novos futuros, novos horizontes de expectativa baseados nelas — que serão cumpridos de modo parcial ou amplamente frustrados.

A abordagem aqui assumida defende que as ideias importam — e muito. As ideias determinam (no sentido de influenciar e limitar) outros campos, não sendo apenas determinadas por eles. Deve-se pensar em causalidades recíprocas, em multicausalidades, na medida em que a realidade apresenta uma origem interdependente e simultânea. Com isso, deve-se reconhecer o peso da criatividade individual e coletiva. Assim, este livro se afasta de análises que assumem como premissa o papel subordinado das ideias (e, de forma geral, da cultura). Ademais, parte-se da premissa de que é importante mapear e analisar conceitos e ideias que assumem em todo o mundo uma posição subalterna (quando não ignorada ou praticamente submersa) nos debates teóricos. Com isso, espera-se contribuir para um necessário "diálogo horizontal entre conhecimentos" diversos, defendendo o que Boaventura de Sousa Santos (2010a, p. 53) denomina, em contraposição à "monocultura da ciência moderna", uma "ecologia de saberes".

ALGUMAS PISTAS

Os conceitos produzidos por essas intelectualidades críticas da periferia têm "sucesso" (que pode significar se impor localmente, chegar a constituir a base de "ideologias de Estado", ou mesmo circular globalmente) caso elas consigam apresentá-los de forma convincente como enraizados em suas sociedades e povos. Com isso, suas ideias não podem ser entendidas como importações fora de lugar, realizadas por "pernósticos" intelectuais europeizados. As organizações de libertação nacional, socialistas, revolucionárias, anti-imperialistas inspiradas por essas ideias terão de ser "originais" e desse modo se legitimar, construir hegemonia (Gramsci, 2002). Por remeter ao passado, essas intelectualidades periféricas não podem ser entendidas como "pré-modernas", pois já estavam e estão inseridas no capitalismo, na modernidade. É precisamente isso o que as torna periféricas, forçando-

-as a atuar com base na disjuntiva "ser como o centro" ou "ser como nós mesmos" (Devés, 2017). É a modernidade que constitui a periferia, que nasce justamente ao longo do processo de expansão do capitalismo e da modernidade.[1]

Em resumo, o que será tratado neste livro se insere no campo de um pensamento ou teoria "crítica", aqui entendida de forma ampla — uma busca por alternativas ao capitalismo/à modernidade. Insere-se especificamente no pensamento crítico constituído a partir da periferia, em particular em suas versões que se apresentam como "originais", "identitárias", no sentido atribuído por Devés (2017) de "sermos como nós mesmos" em lugar de "sermos como o centro". Os conceitos aqui analisados são, em geral (mas não necessariamente), identificados com a esquerda, no sentido da proposição de uma sociedade mais igualitária e comunal — em oposição a mais desigualdade e individualismo. Tais conceitos são originais, identitários em relação ao centro, porque: (1) não são marxistas ou são consideravelmente renovadores do marxismo; (2) não defendem a existência de uma classe enquanto "sujeito universal" destinado a fazer a revolução, e em alguns casos chegam mesmo a se afastar da noção de classe social; (3) questionam a existência de um caminho evolutivo mundialmente reproduzível, um modelo único, uma ideologia universal, abrindo-se para a possibilidade de caminhos alternativos no interior da modernidade e para superações da modernidade; (4) de modo geral, apontam uma concepção mais plural, fragmentária e múltipla do desenvolvimento histórico-social, antecipando ou reforçando reflexões nesse sentido advindas da teoria crítica produzida nas últimas décadas tanto no centro quanto na periferia.

1 Por sua vez, a modernidade também emerge da formação dessa periferia. É o mesmo processo que envolve conquistas, ocupações, colonizações, escravismo moderno, independências formais e posteriores dependências e neocolonialismos, que são parte constitutiva da modernidade.

Por vezes, o tipo de processo de constituição de ideias na periferia aqui estudado integra o que foi entendido como "invenção das tradições" por Eric Hobsbawm e Terence Ranger (2012). Foram organizadas, repetidas e mesmo institucionalizadas por Estados, governos e forças políticas, constituindo formas de legitimação, coesão social e inculcação de ideias e valores. Analisando particularmente fenômenos africanos, Ranger apresentou esse tipo de visão comunalista das sociedades africanas pré-coloniais como tradições inventadas precisamente no período colonial (primeiro por estudiosos europeus e em seguida pela reação de intelectuais africanos à colonização). Para o autor,

> Essas sociedades sem dúvida valorizavam as tradições e sua conservação, mas seus costumes eram mal definidos e infinitamente flexíveis. [...] Além do mais, raramente existiu de fato o sistema consensual corporativo e fechado que era considerado "característico" da África "tradicional". [...] a África do século XIX não se caracterizava pela falta de competição econômica e social interna, pela autoridade indiscutível dos mais velhos, pela aceitação dos costumes que dava a cada um — jovens, velhos, homens e mulheres — um lugar na sociedade, definido e protegido. A competição, o movimento e a fluidez eram características presentes tanto nas pequenas comunidades como nos agrupamentos maiores. (Ranger, 2012, p. 308-9)

Paulin Hountondji (2010, p. 137) segue a mesma linha de problematização de um passado africano que ele entende como mitificado, ao questionar a

> ideia de que, nas sociedades de pequena escala ou sociedades primitivas, como são chamadas, vigorava uma total unanimidade, com toda a gente a concordar, por assim dizer, com toda a gente. Além disso, essa pretensa unanimidade era vista como uma virtude, e o desacordo, como algo mau ou perigoso. A esse duplo pressuposto

dei o nome de ilusão unânime. Em contraposição a isso, chamei a atenção para a virtude do pluralismo enquanto fator de progresso e para o fato de não só a África moderna como também a chamada África tradicional terem vivenciado o pluralismo ao longo dos tempos e em vários domínios.

A "invenção de tradições" é um conceito interessante que, entretanto, foi provavelmente motivado pelo que parece ser o internacionalismo/antinacionalismo daqueles autores. Isso deriva do tratamento hegemonicamente negativo que o tema do nacionalismo moderno recebe no interior do marxismo, e, portanto, da necessidade de reforçar os elementos de mistificação (até mesmo de consciente "falsificação", em muitos casos) presentes nos nacionalismos modernos e em seus movimentos, o que gera pelo menos dois problemas no marxismo — um acadêmico e outro político. Academicamente, impede de avaliar o que faz com que algumas tradições "inventadas" sobrevivam enquanto outras perecem. Politicamente, dificulta a compreensão do potencial revolucionário que os nacionalismos adquirem na periferia. Nesse sentido, considero aqui que essas "invenções" não constituem propriamente uma "falsificação" ou "mistificação", no sentido negativo que em geral o marxismo reserva ao papel das "ideologias". Efetivamente, todos os passados são em parte inventados, uns mais, outros menos. De todo modo, todo passado é reinterpretado, reconstruído, ressignificado desde o presente num fluxo contínuo.

Trate-se de passados mistificados ou não, sobreviventes no presente ou não, projetáveis ao futuro ou não; o que importa destacar aqui é o esforço em apresentar a igualdade, a harmonia, o comunalismo, a interconexão entre seres humanos e natureza como valores intrínsecos àquelas sociedades, como meios para se trilhar caminhos alternativos. Poderia-se dar a isso o nome de "socialismo", mas não é exatamente o socialismo no sentido assumido pelo conceito em sua formulação moderna na Europa Ocidental. Não importa tanto — e definitivamente não é o tema deste livro — o que haveria de base material e o que haveria de invenção nessas formulações. O que importa aqui é demonstrar a recorrência de um tema do pensamento crítico na periferia, que tem relação direta com o dilema do intelectual periférico entre "ser como o centro" ou "ser como nós mesmos".

Tal dilema seria agravado, me parece, pela necessidade constitutiva de qualquer projeto de esquerda (qualquer projeto ao mesmo tempo crítico ao capitalismo e futurista) de conceber um futuro alternativo. Essa urgência em projetar um futuro que tenha raízes sólidas se torna mais premente quando se trata da fundação de novos Estados ou de projetos de "refundação" de Estados periféricos preexistentes, bem como da constituição de novas forças políticas. As esquerdas inventam suas próprias tradições de modo a buscar legitimação, e além disso recriam "desde a esquerda" diversas tradições ao menos pretensamente preexistentes. Edward Said ressaltou o

> poder de mobilização das imagens e tradições apresentadas e seu caráter fictício ou, pelo menos, fantasiosamente tingido de cores românticas. [...] Nos Estados nacionais pós-coloniais, é evidente a flexibilidade de essências tais como o espírito celta, a negritude ou o islamismo: elas têm muito a ver com os manipuladores nativos, que também as utilizam para encobrir faltas, corrupções, tiranias contemporâneas, e ainda com os contextos imperiais conflituosos de onde surgiram, tendo se afigurado como necessárias naquele momento. (Said, 2011, p. 53)

Como na menção de Said, a noção de "romantismo" aparecerá ao se referir a ideias que buscam referências num passado pré-moderno. E para muitos autores, com base em certas tradições modernizantes e/ou marxistas, isso será entendido em chave negativa, depreciativa, denunciatória (e é curioso que um autor como Said pareça, na citação acima, insistir nessa direção). Já a leitura de *Revolta e melancolia: o romantismo na contracorrente da modernidade*, obra de Löwy e Sayre (2015), pode lançar luz sobre a questão numa chave bem mais rica. Os autores defendem que o romantismo pode ser entendido não apenas como uma corrente artístico-literária do começo do século XIX mas como um modo de ver o mundo moderno que se estende até os dias de hoje, quase como uma antítese da modernidade. Desse modo, constituiria uma crítica à modernidade surgida da própria modernidade, de seu interior. Isso leva os autores a questionarem a visão do romantismo como algo passadista, reacionário, destacando que ele muitas vezes aponta uma perspectiva de futuro, podendo constituir-se como revolucionário e de esquerda. Trata-se, assim, não de um retorno ao passado, mas de buscar no passado elementos para a construção de um futuro alternativo, pois esse passado é entendido como momento de realização plena do indivíduo, da nacionalidade, da comunidade. Se já ocorreu, poderá voltar a ocorrer em novas bases. Ficará evidente que essa abordagem tem muitas afinidades com o que proponho nestas páginas, tendo sido fortemente inspiradora do modo como procuro entender as conexões entre passado, presente e futuro. Em particular, os tipos e subtipos de romantismo propostos por Löwy e Sayre serão úteis em diversos momentos de minha análise.

Outra inspiração para este livro está na obra do historiador Reinhart Koselleck, sobretudo em *Futuro passado: contribuição à semântica dos tempos históricos* (reunião de ensaios publicada em 1979 e editada no Brasil em 2006). Pode-se pensar a partir dela que, se esses intelectuais, em seus processos de invenção e adaptação de conceitos, apelam a um passado, trata-se de apropriar-se dele e de transformar elementos de um passado que é parte efetiva de um presente. Nos termos de Koselleck, um "passado atual". Do contrário, politicamente não faria sentido realizar tal apropriação, de modo a reforçar um projeto de futuro. A proposta é se conectar a um dado "espaço de experiência" para produzir um novo "horizonte de expectativas", um novo "futuro presente". Insisto que a ênfase continua sendo no futuro, na construção de uma nova sociedade e, em certa medida, na "modernização" — mas procurando queimar etapas, evitar a reprodução de elementos do desenvolvimento capitalista, romper com posições periféricas no sistema mundial.

Nesse sentido, fica mais evidente que esses intelectuais estão inseridos na modernidade global, ainda que se possa sugerir que aprofundam sua pluralidade, sua multiplicidade e suas alternativas internas. Mesmo quando se insiste na sobrevivência de elementos comunitários, de valores tradicionais igualitários ou da vigência simbólica de personagens e eventos-chave do passado, não se considera que sociedades antigas possam ser reconstituídas ou que processos históricos devam ser repetidos. Espera-se que esses fragmentos sobreviventes, personagens e valores que são objetos de culto sejam potencializadores de uma nova sociedade, de uma nova era — não de um regresso. Eles dotam de conteúdo um novo horizonte de expectativas, atravessado em certa medida por um sentido de progresso característico das filosofias da história associadas à modernidade. Portanto, há nesses casos uma separação entre espaço de experiência e horizonte de expectativas, o que Koselleck aponta como característico da modernidade. Mas tal separação não é um abismo: há conexões e continuidades entre um e outro, há diversas combinações e hibridizações.

Para tratar dessa relação entre o passado e projetos de transformação na modernidade (seja por meio de reformas, seja por uma revolução), pode ser ilustrativo mencionar como Koselleck discute o conceito de "revolução" na modernidade. "Revolução" passa a remeter então a uma aceleração em direção ao futuro, e não a seu sentido anterior de uma volta no ponteiro do relógio, de um eterno retorno inserido numa concepção de tempo circular. Para aquele autor, a revolução em seu sentido moderno teria de se voltar apenas para o futuro, ou não seria revolução.

Sugiro que a questão deva ser pautada em chave parcialmente distinta, em particular na periferia global. Retomando a reflexão de Löwy e Sayre (2015, p. 269), pode-se afirmar que, sem "nostalgia do passado, não pode existir sonho de futuro autêntico. Nesse sentido, *a utopia será romântica ou não será*". As revoluções não se legitimam somente no futuro, na busca da nova sociedade e do "homem novo", mas também no passado. Remetendo às duas noções de legitimação do poder calcadas na história mencionadas esquematicamente por Norberto Bobbio (2000), pode-se afirmar que o pensamento crítico que é tema deste livro segue trabalhando no registro da legitimação baseada na "história futura". No entanto, agrega elementos associados à legitimação através da "história passada" — o que não deveria ser entendido como contraditório, mas algo que pode ser perfeitamente complementar. No limite, trata-se de compreender a modernidade e seus tempos como não monolíticos. E de reconhecer a convivência de "tempos heterogêneos" — expressão de Partha Chatterjee (2008) —, em especial na periferia global.

Encontrei outra inspiração para este livro em *Mélancolie de gauche: la force d'une tradition cachée (19ᵉ-21ᵉ siècles)* [Melancolia de esquerda: a força de uma tradição oculta (séculos XIX-XXI)] (2016), de Enzo Traverso. A ideia forte daquele texto é a de que, desde o século XIX, as esquerdas sempre realizaram uma prescrição memorial, ou seja, conservaram a lembrança de experiências passadas para legá-las ao futuro — uma memória estratégica, nutrida de esperança. Porém, neste princípio de século XXI, a dialética entre passado e futuro se rompeu, e o mundo permanece enjaulado num eterno presente (o que remete à formulação de "presentismo" de Hartog, mencionada na apresentação deste livro). À luz dessa reflexão de Traverso, sugiro que tal necessidade de reconexão com o passado é ainda mais premente ao longo de toda a história do pensamento crítico na periferia global, na medida em que essa intelectualidade surge com a necessidade de adaptar ao seu solo conceitos que foram produzidos nos países centrais. Desde o princípio ela se percebe periférica, e esse pensamento crítico na periferia precisa fazer a crítica de sua própria realidade e transformá-la, e não fazê-lo com base em realidades alheias — daí o constante debate entre a "cópia" e a "criação". A reconexão com o passado (e a criação de seu próprio passado), que já é, segundo Traverso, parte da tradição das esquerdas, torna-se ainda mais urgente no Sul global por conta dessa necessidade de adaptação de teorias críticas, modelos, táticas e estratégias a uma realidade distinta daquela para a qual elas foram pensadas.

A derradeira inspiração veio da leitura de Silvia Federici, *Calibã e a bruxa: mulheres, corpo e acumulação primitiva* — livro editado originalmente em 2004 e com tradução brasileira de 2017. A obra desenvolve de forma convincente a tese do recrudescimento da opressão feminina ao longo da expansão da modernidade. A autora argumenta que havia comparativamente maior autonomia das mulheres no medievo europeu, e que a expansão do capitalismo fez avançar o confinamento da mulher no espaço doméstico e um maior controle sobre a função reprodutiva feminina — seu confinamento, desse modo, ao trabalho reprodutivo. A caça às "bruxas" seria o símbolo dessa expansão repressiva e estaria na base da expansão da modernidade e do capitalismo, ao lado da colonização e do escravismo modernos e da expropriação das terras dos camponeses europeus. O argumento de Federici é importante para minha análise, pois evidencia a inexistência daquela teleologia da história típica das Luzes e explicita as sombras da modernidade e do capitalismo. Além disso, o estilo de Federici — e dos outros autores referidos — também me inspirou, no sentido de procurar produzir um texto mais ensaístico e com potencial para atingir um público mais amplo que o estritamente acadêmico.

ALGUMAS DELIMITAÇÕES

Metodologicamente, este livro se insere no campo dos estudos das ideias, dialogando com subáreas de distintas ciências que, a partir de diversas delimitações e denominações — como pensamento político, pensamento social, filosofia política, história das ideias, dos conceitos ou dos intelectuais —, investigam o desenvolvimento e as condições de produção do conhecimento na periferia de um modo geral. Desse modo, está localizado naquele ponto de encontro no qual se entrecruzam diversas abordagens analíticas — os chamados "estudos eidéticos", como formulado em Devés e Kozel (2018). Uma vez que minha trajetória de pesquisa se deu entre a história e a ciência política, me aproximo particularmente de duas áreas de estudo das ideias: a história dos conceitos ou das ideias e o pensamento político.

Urge avançar nos estudos cruzados das regiões que integram a periferia global, entendendo-as como comparáveis na modernidade, já que passaram por processos de dominação colonial e a partir de então ocupam posições semiperiféricas ou periféricas no sistema mundial. Suas ideias e conceitos nutrem a "consciência de ser periferia", como afirma Devés (2017). É isso que permite caracterizar essas formulações como partes constitutivas de um pensamento periférico, entendido aqui como interiorização reflexiva no campo das ideias de algo que assume concretude no sistema mundial capitalista, nas trocas comerciais, nas relações internacionais. Trata-se de uma lógica e inserção que se alimentam mutuamente, e que marcam fortemente a produção de conhecimento e o desenvolvimento de ideias políticas. Com isso, provocam situações assemelhadas, tais como o peso da recepção de ideias oriundas dos países centrais, o dilema entre a valorização de tradições e identidades locais ou a modernização baseada em modelos externos, e as reflexões sobre o papel dessas regiões no mundo — já modernas ou em processo de inserção subalterna na modernidade global, fadadas, desse modo, a procurar um lócus próprio e uma inserção internacional específica. Se lançamos um olhar sobre o desenvolvimento do pensamento crítico na periferia, logo observamos a relevância de conceitos políticos produzidos localmente, gestados tanto em limites estatais (já existentes ou em vias de criação) quanto em diálogos com dimensões regionais e mesmo continentais ou transoceânicas.

O que une todos os conceitos aqui apresentados é seu aspecto marcadamente "próprio", "original" (nacional e por vezes regional),[2] procurando deliberadamente demarcar suas fronteiras em relação às correntes principais do pensamento ("crítico", "progressista", "de esquerda") dos países centrais. Agregam elementos nacionalistas, tradicionalistas, "próprios", entendendo a criação e a valorização identitária como um valor e uma necessidade, em contraposição à mera reprodução ou cópia. Desse modo, não são de forma alguma "ideias fora de lugar", fomentando processos de transformação eminentemente nacionais. Richard Morse reforçou esse ponto ao afirmar que visualizava, na Ibero-América, não "a coexistência desvinculada de ideias desconexas", mas a recepção "de paradigmas abalizados e frequentemente férteis numa refratária matriz de pensamento e sentimento que possui uma admirável capacidade de autorrenovação, quando não de articulação programática" (Morse, 1988, p. 156).[3]

Uma parte das ideias ("progressistas" ou não) nos países periféricos justifica a viabilidade da construção de uma sociedade

2 Conceitos nacionais se articulam, na maioria das vezes, a identidades supranacionais regionais, como o latino-americanismo e o pan-africanismo (associadas, em algum nível e dependendo do contexto, a concepções "anti-imperialistas", "terceiro-mundistas", "não alinhadas", "Sul-Sul" etc.) e mesmo a identidades transatlânticas como a noção de diáspora negra.

3 Fernando Mires (2011) sinaliza na mesma direção de Morse ao analisar as principais revoluções sociais latino-americanas, defendendo o caráter nacional de todas elas.

mais "justa", "coletiva" ou "harmônica" mediante a existência pregressa — e ainda sobrevivente em forma de resquícios — de traços sociais e culturais comunitaristas. Remete-se a uma "tradição comunal original", pré-moderna, que pode ser readaptada à modernidade. É notável a semelhança de noções surgidas em contextos e em momentos diferentes, tais como *sumak kawsay/suma qamaña*, *ujamaa*, *ubuntu*, felicidade nacional bruta, entre muitas outras. Deve-se observar que o recurso a um passado comunal (sobrevivente ao menos de modo residual no presente e na memória social) parece ser um motivo recorrente das esquerdas periféricas. Trata-se de afirmar a existência de um passado que poderia garantir a preservação ou a retomada de características "positivas" nas tradições de determinada sociedade, evitando, desse modo, a reprodução dos "males" relativos ao desenvolvimento capitalista.[4] O surgimento de conceitos assemelhados em diversas partes da periferia — bem como o desenvolvimento e circulação de conceitos como o de "negritude", que recebeu contribuições africanas, caribenhas e estadunidenses e foi gestado em grande medida em território europeu — indica ser possível traçar paralelos e associações dentro de um pensamento periférico global e encoraja a avançar numa pauta de pesquisas mais global (e menos delimitada por fronteiras nacionais).

Para a realização deste estudo, fui levado a ler compulsivamente, a contatar uma rede global de estudiosos dos temas aqui estudados, a viajar por diversos países para atividades de pesquisa e para a apresentação de seus resultados preliminares. Ao longo do esforço realizado nos últimos anos, o que veio a constituir o *corpus* de sustentação dos argumentos presentes nestas páginas se formou com base em fontes primárias (livros, discursos,

4 Esse recurso, em enfoques da esquerda, permite defender a existência de base material e simbólica para o desenvolvimento de novas sociedades igualitárias, em grande medida alternativas a projetos imaginados originalmente pelos teóricos socialistas "clássicos" da Europa Ocidental.

artigos, programas produzidos pelos intelectuais e em torno dos conceitos que são objeto desta obra), de fontes secundárias (reunião e leitura de livros e artigos acadêmicos das mais variadas áreas, revisão de bibliotecas especializadas em diversos países) e de diálogos com especialistas locais e observações *in loco*.

Essas fontes variadas aparecem aqui na forma de um mosaico a sustentar a argumentação — no que se pensou desde o princípio como um ensaio sobre a longa viagem da ideia de comunidade pelo pensamento crítico na periferia global. Essa viagem se intensificou a partir de 1945, com os processos de independência e de constituição de um chamado "Terceiro Mundo" (expressão cunhada por Alfred Sauvy em 1952), e com o aumento da inserção de novas e antigas nações no sistema mundial. Provavelmente se acelerou ainda mais a partir dos anos 1990, dado o aprofundamento dos processos de "globalização" e a intensificação de contatos presenciais ou virtuais entre intelectualidades periféricas, sustentando diversos projetos nacionais, regionais e étnicos identitários. Porém, deve-se voltar um pouco no tempo para localizar o princípio desse longo percurso, antes de dedicar maior atenção aos conceitos, aos intelectuais e às correntes que receberão mais destaque. É por isso que, antes de seguir adiante, quero retroceder a dois momentos que considero terem assumido papel fundante na constituição de um pensamento comunal nas esquerdas periféricas.

A APOSTA DOS "POPULISTAS" RUSSOS E DE MARX NA COMUNIDADE

Ao longo do século XIX, diversos intelectuais de esquerda influenciados pelo romantismo se interessaram por formações sociais antigas, a começar por alguns dos (mal) denominados "socialistas utópicos". Em particular, os chamados "populistas" russos (*narodniki*) se notabilizaram por apostar no potencial revolucionário da *obschina*, formação social comunal então ainda sobrevivente na estrutura social russa. Esses populistas reproduziam pela esquerda um debate que vinha marcando a intelectualidade russa desde que esta começou a tomar consciência de sua condição periférica. Tratava-se da reprodução da mencionada disjuntiva "ser como o centro ou ser como nós mesmos". José Aricó, em seu clássico de 1980 *Marx y América Latina*, observou que

> ocidentalistas e eslavófilos discutiam, com a paixão romântica que caracterizou os debates russos, sobre o destino último de seu país. Estaria condenado a reproduzir as formas bárbaras do atomismo e da exploração burguesa, que caracterizou a Europa depois da revolução de 1848, ou o conhecimento dos males sociais dos países avançados podia permitir aos atrasados evitá-los? A debilidade do capitalismo na Rússia era um fato positivo ou negativo? A presença de formas comunitárias profundamente arraigadas no campo favorecia ou não um caminho próprio ao socialismo, capaz de contornar as misérias do capitalismo? Que papel devia ou podia cumprir a comuna rural no trânsito a uma sociedade igualitária? (Aricó, 2010, p. 206-7)

André Kaysel faz uma genealogia do conceito de "populismo", inaugurado naquele momento. O autor menciona que *narodnichetsvo* e *narodnik* derivam do termo *narod*, que pode ser traduzido como "povo" ou "nação". *Narodnichetsvo* passou a nomear

> os diversos grupos de revolucionários socialistas russos que, entre as décadas de 1840 e 1880, inspirados por fontes variadas como Rousseau, Saint-Simon, Fourier e Proudhon, defendiam formas de socialismo agrário baseadas na comuna camponesa russa [...], que possibilitassem à Rússia uma via própria para a modernidade

que não tivesse que passar pelas agruras do desenvolvimento do capitalismo industrial do Ocidente. (Kaysel, 2018, p. 50)

A expressão *narodnichetsvo* só teria sido cunhada efetivamente por volta de 1875 pelo grupo revolucionário Zemlia i Volia [Terra e liberdade], como sinônimo de "popular" ou "democrático". Por volta de 1892-1894, porém, a expressão passou a ser utilizada pelos social-democratas (o Partido Operário Social-Democrata Russo, organização marxista filiada à Segunda Internacional) para designar todos os seus adversários que consideravam possível a passagem imediata para o socialismo na Rússia. Todos os grupos revolucionários rivais dos social-democratas terminaram rotulados de *narodniki*, termo que foi rejeitado pelos próprios grupos que passaram à história como "populistas". Desse modo, logo no começo a expressão assumiu um sentido negativo e acusatório, marca que carrega até os dias de hoje — mesmo que seus significados tenham se modificado ao longo do tempo. Alguns anos depois, Lênin acabaria assumindo centralidade nesse debate contra os "populistas" de seu país, e o movimento comunista internacional fundado na esteira da Revolução Russa de 1917 — e o consequente marxismo hegemônico ao longo do século XX — levaria adiante as posições dos social-democratas russos naquele debate (Kaysel, 2018, p. 50-2).

Como vimos, para os denominados (contra a sua vontade) "populistas" russos, a *obschina* se apresentava como alternativa ao protagonismo de um proletariado ainda incipiente na Rússia da segunda metade do século XIX, e consequentemente à necessidade do desenvolvimento das forças produtivas do capitalismo como precondição para uma estratégia socialista. Essa teleologia da história, com a qual os populistas russos tentavam romper, já estava presente no pensamento dos primeiros marxistas russos com os quais aqueles debatiam. Para dirimir a questão, procuraram apelar então diretamente à maior autoridade disponível: o próprio Marx.

Antes de comentar mais detidamente esses textos, porém, é importante considerar a observação de Hobsbawm (2015, p. 32) de que

> a afirmação [marxiana] de que as formações asiática, antiga, feudal e burguesa são "progressivas" não implica [...] nenhuma visão linear simples da história, nem o simples ponto de vista de que toda a história é progresso. Simplesmente diz que cada um desses sistemas se afasta cada vez mais, em aspectos cruciais, da situação original do homem.

Nesse sentido, pode ser encontrado ao longo da vida de Marx (e de Engels) um crescente interesse pelas formas comunais pré-capitalistas, interesse que se manifestou em formulações como a do "modo de produção asiático" ou "oriental" ou do "tipo arcaico" de sociedade, bem como do "comunismo primitivo". Isso levou a um diálogo constante com populistas russos como o economista Nikolai Danielson, e ao conhecido envolvimento com os trabalhos do antropólogo estadunidense Lewis Henry Morgan. Desse modo, à influência romântica e humanista notável no jovem Marx (central para as reflexões de Senghor, como será demonstrado mais adiante) se somará o crescente interesse pela comunidade demonstrado pelo Marx maduro:

> A partir dos anos 1860, Marx e Engels manifestam cada vez mais interesse e simpatia por certas formações sociais pré-capitalistas — um tema característico da visão romântica da história. Esse fascínio de Marx e Engels pelas comunidades rurais primitivas — da *gens* grega à velha *Mark* germânica e à *obschina* russa — decorre da convicção de que essas formações antigas incorporavam qualidades sociais que estavam perdidas para as civilizações modernas, qualidades que prefiguram certos aspectos de uma futura sociedade comunista. (Löwy & Sayre, 2015, p. 123)

É a partir desses interesses, que vão crescendo nos últimos anos da vida de Marx, que deve ser entendida a resposta dele à consulta feita por Zasulitch.[5] A militante *narodnitsa* solicitou, em carta datada de 16 de fevereiro de 1881, que Marx escolhesse uma das opções assim expostas:

> A comuna rural, liberada das exigências desmesuradas do fisco, dos pagamentos aos donos das terras e da administração arbitrária, é capaz de se desenvolver pela via socialista, quer dizer, de organizar pouco a pouco sua produção e distribuição de produtos sobre bases coletivistas. Nesse caso, o socialista revolucionário deve envidar todos os seus esforços em prol da libertação da comuna e de seu desenvolvimento.

5 Marx já havia produzido outro texto sobre a comuna russa: uma carta à redação da revista russa *Otetchestvennie Zapiski* [Anais da pátria], que provavelmente não chegou a ser enviada, em resposta a um artigo do populista russo Nikolai Mikhailovski. Em seu artigo, Mikhailovski defendia Marx e *O capital*, mas fazia observações críticas em relação ao que entendia como a tese marxiana da inevitabilidade do desenvolvimento capitalista (com a desagregação dos modos de produção tradicional) em sociedades atrasadas. Marx procurou responder ao que entendeu como distorção de seu pensamento, afirmando que havia produzido um esboço do desenvolvimento dos países capitalistas da Europa Ocidental, não do desenvolvimento capitalista em geral. Segundo ele próprio, sua intenção não era a de apresentar uma "filosofia da história", pois considerava como melhor método a análise de cada fenômeno social para depois compará-los. Terminava por defender as potencialidades da comuna russa enquanto possibilidade de contornar as "peripécias" do desenvolvimento capitalista (Aricó, 2010). Essa carta, no entanto, teve posteriormente pouca circulação, não tendo servido de argumento de autoridade para os defensores da comunidade dos séculos XX e XXI. Como a interação Marx-Mikhailovski não foi citada por autores que serão estudados ao longo deste livro, damos atenção aqui apenas à troca de correspondência entre Zasulitch e Marx. Ademais, a argumentação daquela carta é semelhante à apresentada em maior detalhe por Marx nos esboços de resposta a Zasulitch (ainda que não na carta que ele efetivamente lhe enviou).

> Mas se, pelo contrário, a comuna está destinada a perecer, ao socialista como tal não resta outra coisa senão dedicar-se a cálculos mais ou menos mal fundamentados para descobrir em quantas dezenas de anos a terra do camponês russo passará de suas mãos para as da burguesia, em quantas centenas de anos, talvez, o capitalismo atingirá na Rússia um desenvolvimento comparável ao da Europa ocidental. (Zasulitch *apud* Marx, 2013, p. 79)

Zasulitch explica a razão da solicitação, expondo como os escritos de Marx vinham penetrando na intelectualidade socialista russa, utilizados como argumento de autoridade pelos adversários dos *narodniki*:

> Nos últimos tempos, ouvimos dizer com frequência que a comuna rural é uma forma arcaica, condenada à morte, como se fosse a coisa mais indiscutível, pela história, pelo socialismo científico. As pessoas que apregoam isso se dizem vossos discípulos por excelência: "marxistas". Seu argumento mais forte muitas vezes é: "Foi Marx quem disse isso". Quando se objeta: "Mas como vós deduzis isso de seu *O capital*? Ele não trata da questão agrária e nunca fala da Rússia", eles replicam, de um modo talvez um tanto temerário: "Ele o teria dito se tivesse falado do vosso país". (Zasulitch *apud* Marx, 2013, p. 79)

Todos os longos esboços que Marx elaborou para ao fim enviar uma curta resposta, para além dos problemas de saúde então enfrentados por ele, demonstram sua dificuldade em lidar com a questão. Efetivamente, os esboços e a resposta enviada apontam para um caminho em certa medida contraditório em relação a muitas passagens de sua obra, e particularmente à maioria das interpretações que ela motivou (a marxista e as de seus críticos) durante a vida do teórico e nas décadas seguintes. Aqui, Marx opta pela primeira possibilidade apresentada por Zasulitch, a defesa da comuna rural, e procura explicá-la de diversas maneiras. Afirma que a "fatalidade histórica" que levava à expropriação do camponês de suas terras e à consequente separação radical entre produtor e meios de produção era um processo restrito aos países da Europa Ocidental. Nessa região se encontravam formas de produção comunal arcaicas, em processo de desaparecimento. Mas na Rússia poderia ser diferente:

> a comuna rural, ainda estabelecida em escala nacional, pode se livrar gradualmente de suas características primitivas e se desenvolver diretamente como elemento da produção coletiva em escala nacional. É justamente graças à contemporaneidade da produção capitalista que ela pode se apropriar de todas as conquistas positivas e isto sem passar por suas vicissitudes desagradáveis. A Rússia não vive isolada do mundo moderno, tampouco foi vítima de algum conquistador estrangeiro, como o foram as Índias Orientais. (Marx, 2013, p. 89-90)

Apoiado em Morgan, Marx defende que, com o fim do capitalismo, as sociedades modernas retornariam ao modo "arcaico" de propriedade comum, mas num modo superior — e por isso não se deveria temer o termo "arcaico". Nesse sentido, uma revolução russa, ocorrida no momento oportuno, poderia "assegurar o desenvolvimento da comuna rural", que desse modo se revelaria um "elemento regenerador da sociedade russa" e uma vantagem em relação aos países subjugados pelo capitalismo. Marx afirma desconhecer os "marxistas" (termo que o desagradava e que ele coloca aqui entre aspas, valendo-se da típica ironia marxiana) mencionados por Zasulitch, pois todos os russos com os quais mantinha relações pessoais se nutriam dessa mesma opinião que o filósofo alemão procurava expor.

Por fim Marx enviou sua breve resposta, datada de 8 de março de 1881. Nela o autor se desculpa por não conseguir enviar o pretendido (e solicitado por Zasulitch) estudo sobre o tema. Apresenta então de forma sucinta seu argumento, retomando para isso trechos de *O capital*. Limita-se a expor que aquela "fatalidade histórica" mencionada nos esboços é exclusiva ao desenvolvimento capitalista da Europa Ocidental; que "nesse processo ocidental, o que ocorre é a transformação de uma forma de propriedade privada para outra forma de propriedade privada", enquanto entre os "camponeses russos, ao contrário, seria preciso transformar sua propriedade comunal (*propriété commune*) em propriedade privada" (Marx, 2013, p. 114-5); e que, em suma, *O capital* não oferece razões nem a favor da vitalidade da comuna rural nem contra ela. No entanto, conclui Marx,

> o estudo especial que fiz dessa questão, para o qual busquei os materiais em suas fontes originais, convenceu-me de que essa comuna é a alavanca (*point d'appui*) da regeneração social da Rússia; mas, para que ela possa funcionar como tal, seria necessário, primeiramente, eliminar as influências deletérias que a assaltam de todos os lados e então assegurar-lhe as condições normais de um desenvolvimento espontâneo. (Marx, 2013, p. 115)

Pode-se notar então que houve no pensamento de Marx uma transformação, desde a apresentação no *Manifesto comunista* (1848), de uma narrativa histórica marcadamente teleológica. Vai-se dando uma revalorização do campesinato, das estruturas comunais que ainda conviviam com o avanço da propriedade privada da terra, bem como dos povos (sobretudo na periferia da Europa, como Rússia e Irlanda, mas também para além dela) que ainda não haviam passado por todas as etapas do desenvolvimento capitalista. Malgrado tudo o que foi exposto, contudo, não se deve concluir que Marx fosse um "romântico". Para Löwy e Sayre (2015, p. 130), "ele deve mais à filosofia das Luzes e à economia política clássica do que às críticas românticas da civilização industrial". De um modo geral,

> As ideias de Marx não foram nem românticas nem "modernizantes", mas uma tentativa de *Aufhebung* dialética de ambas, em uma visão de mundo nova, crítica e revolucionária. Nem apologético da civilização burguesa nem cego a suas realizações, ele visava uma forma superior de organização social que integrasse tanto os avanços técnicos da sociedade moderna quanto algumas das qualidades das comunidades pré-capitalistas — e, sobretudo, que abrisse um campo novo e ilimitado para o desenvolvimento e o enriquecimento da vida humana. (Löwy & Sayre, 2015, p. 131)

Sem chegar a ser um romântico, mas influenciado pelo romantismo, será interessante então observar como a aceitação de Marx do potencial revolucionário da comunidade pré-capitalista — e em especial da *obschina* russa — se torna uma referência à qual autores que veremos neste livro recorrem constantemente, à medida que os manuscritos de Marx sobre o tema vão sendo publicados e ganham circulação ao longo do século XX. Antes disso, a batalha em torno da *obschina* no interior da intelectualidade revolucionária russa já havia sido perdida, com a vitória das teses dos social-democratas (e particularmente dos bolcheviques e de Lênin) sobre os populistas. Mais tarde, no entanto, as anotações de Marx publicadas postumamente aparecerão cada vez mais como referências importantes: os *Manuscritos econômico-filosóficos de 1844* (publicados em alemão em 1932) e os *Grundrisse: esboços da crítica da economia política*, de 1857-1858,[6] mas em particular a carta a Vera Zasulitch e seus esboços.[7] Tais usos do que se pode chamar o "lado B" de Marx serviram, obviamente, para a crítica à vertente hegemônica no marxismo e no movimento comunista do século XX — aquela mais materialista, economi-

6 A primeira publicação dos *Grundrisse* ocorreu em 1939, em alemão, pelo Instituto Marx-Engels-Lênin do Comitê Central do Partido Comunista da União Soviética.

7 Esse material foi publicado em 1924, em edições russa e alemã.

cista, evolucionista e eurocêntrica —, exatamente por reforçar elementos de um Marx mais explicitamente humanista (sobretudo em sua juventude) ou mais voltado para o passado e para formações sociais não europeias. Não surpreende, então, que tenham sido fontes de nossos autores periféricos. Veremos agora como o tema da comunidade foi incorporado ao marxismo latino-americano — efetivamente na primeira expressão do que pode ser considerado um marxismo "latino-americano", não um marxismo "na América Latina".

MARIÁTEGUI E O SOCIALISMO INDO-AMERICANO

O peruano José Carlos Mariátegui procurou produzir um marxismo original que não fosse "decalque e cópia", mas "criação heroica" — como expressou em sua famosa citação.[8] Nesse sentido, Mariátegui pode ser considerado o fundador de um marxismo latino-americano, ou, como preferia, "indo-americano". Não é a intenção destas páginas analisar a fundo a rica obra do autor, tampouco sua conturbada trajetória. Pretendo apenas mostrar como a comunidade, conectada à herança e ao presente indígena na região, esteve na base de sua tentativa de adaptação (ou seria recriação?) do marxismo.

8 Trata-se de fragmento do editorial da revista *Amauta* (ano II, n. 17, set. 1928) intitulado "Aniversario y balance": "O socialismo, enfim, está na tradição americana. A mais avançada organização comunista primitiva que a história registra é a incaica. Não queremos, certamente, que o socialismo seja na América decalque e cópia. Deve ser criação heroica. Temos de dar vida, com nossa própria realidade, em nossa própria linguagem, ao socialismo indo-americano. Eis aqui uma missão digna de uma geração nova" (Mariátegui, 2010, tomo V, p. 271-2).

Como observa Alberto Flores Galindo em sua biografia de Mariátegui, os debates entre nosso autor e seus contemporâneos giraram em torno da articulação entre marxismo e nação, "o que em outras palavras significa a confluência entre um fenômeno gerado inicialmente no interior do Ocidente e uma tradição cultural muitas vezes distinta e talvez antagônica em relação à Europa" (Flores Galindo, 2009, p. 19). Pode-se considerar que as contradições expressas nesse encontro — que, na maioria das vezes, é um desencontro — constituem boa parte do tema deste livro. Elas são um aspecto daquele dilema mais geral dos intelectuais periféricos, apresentado por Devés (2017) e já mencionado aqui, entre "ser como o centro ou ser como nós mesmos". A própria obra de Mariátegui oscilou entre elementos cosmopolitas e próprios.

Nessa adaptação do marxismo ao Peru e à Indo-América realizada por Mariátegui, deve-se insistir que o elemento indígena é central. Sua tese aponta a reprodução de um "comunismo agrário" pré-hispânico, sobrevivente mesmo ao Estado inca, à conquista e à colonização espanhola, e finalmente à República. Tal forma de comunismo, portanto, pertencia ao passado, mas também ao presente local — e era essa permanência no presente que permitiria a ele projetar-se ao futuro, e que fazia dele "tradição viva" (algo que poderia conectar passado, presente e futuro). Sua presença daria um senso de coletivismo ao campesinato (indígena), que o sensibilizava ao socialismo e o fazia compreender essa noção:[9]

9 "Com o tempo, esta imagem da comunidade e da evolução agrária peruana terminou convertida num dos aspectos mais frágeis do pensamento de Mariátegui, mas esse 'erro' foi imprescindível para que ele se localizasse num terreno de reflexão radicalmente diferente, conquistando uma difícil autonomia em suas análises, que lhe permitiu por sua vez fundar um socialismo 'peruano', 'indo-americano', 'nosso'" (Flores Galindo, 2009, p. 68).

> Na comunidade existiam "elementos de socialismo prático". Essa constatação — e só ela — permitia propor o socialismo como alternativa viável num país atrasado e camponês, com uma classe operária reduzida e uma indústria apenas nascente. Os camponeses podiam assumir a ideia socialista, fundi-la com suas aspirações messiânicas, porque em sua vida cotidiana haviam sabido manter e defender esse velho coletivismo andino. Ainda que fosse paradoxal, no próprio atraso da sociedade peruana Mariátegui encontrava a exigência e a justificativa do socialismo. (Flores Galindo, 2009, p. 65)

Desse modo, a consequência prática da tese da permanência de um "comunismo agrário" e da associação entre indígena e camponês era a defesa, por Mariátegui, do campesinato como classe revolucionária. De fato, o autor considerava que tanto operários quanto camponeses/indígenas eram parte do "proletariado". Com isso, conviveriam na sociedade peruana três modos de produção: o "comunismo agrário", o "feudalismo" e um capitalismo incipiente.

Tratava-se de uma avaliação consideravelmente distinta das teses da Internacional Comunista, então hegemônicas no marxismo. Essas teses entendiam o Peru — e a periferia de um modo geral — como um país "semicolonial" e "feudal", com a consequente impossibilidade tanto da defesa de um projeto socialista num futuro imediato (devendo, antes disso, ocorrer uma revolução "burguesa" e "anti-imperialista") quanto da agência revolucionária do camponês.[10] Kaysel (2018) aponta as super-

10 Para Flores Galindo, o que desagradou a Internacional Comunista no pensamento de Mariátegui foi sua insistência na autonomia, "mas sobretudo a defesa dos camponeses e a proclamação resoluta do socialismo, tudo que, a qualquer conhecedor da história bolchevique, evocava essa velha polêmica entre Lênin e os populistas. O defensor da comunidade teria que se colocar próximo a Vera Zasulitch ou [Alexander] Herzen, e numa perspectiva diferente e talvez antagônica à que se expõe em *O desenvolvimento do capitalismo na Rússia* [de Lênin, publicado em 1899], livro que Mariátegui não chegou a ler. Então [...] se ignoravam

ficialidades e os equívocos nas acusações de "populismo" proferidas por representantes da Internacional Comunista contra Mariátegui. Mas reconhece similitudes entre o pensamento de Mariátegui e o dos *narodniki*, que desde Alexander Herzen consideravam (como vimos) a *obschina* a "base para um socialismo russo que poderia contornar o doloroso processo de industrialização capitalista, com todas as suas consequências sociais deletérias" (Kaysel, 2018, p. 297). O problema, para Kaysel (com quem estou de acordo), "é estigmatizar essas coincidências como indícios de um 'socialismo pequeno-burguês' ou 'retrógrado'" (Kaysel, 2018, p. 297). Mariátegui era considerado por alguns de seus críticos um "passadista", um "reacionário", até mesmo um "racista" (um "racista às avessas"), por sua valorização dos indígenas (Beigel, 2001).

Vejamos, então, como Mariátegui apresenta sua argumentação acerca da comuna rural. Em sua obra mais conhecida, *Siete ensayos de interpretación de la realidad peruana*, o Império Inca é caracterizado como uma "agrupação de comunas agrícolas e sedentárias", "economia socialista" que a partir da conquista espanhola foi cedendo espaço (sem perecer de todo) a uma "economia feudal" que secundariamente possuía elementos "escravistas" (Mariátegui, 2010, tomo II). É notável que o desenvolvimento anterior à conquista seja apresentado por ele como orgânico e natural — do que deriva "a tendência natural dos indígenas ao comunismo" —, enquanto o processo posterior seria inorgânico e imposto de fora. A República modificou aquele cenário, mas até certo ponto. Teria ocorrido uma lenta transformação da economia peruana, que foi passando de feudal a burguesa, apesar de continuar sendo colonial "no quadro do mundo". A burguesia que se foi formando esteve,

---

os escritos de Marx sobre o chamado 'modo de produção asiático' (inédito até 1939) e a correspondência entre este e Vera Zasulitch" (Flores Galindo, 2009, p. 69).

desde sua origem, associada em sua estrutura e em seus valores com a aristocracia. Esse processo de adaptação inconcluso à economia capitalista não produziu uma burguesia que pudesse comandar a economia nacional, mas apenas servir de intermediária ao imperialismo, preservando na agricultura uma organização "semifeudal".[11] Consequentemente, não haveria no Peru uma burguesia "nacional", "progressista".

Em suma, esse desenvolvimento levou o autor caracterizar o Peru dos anos 1920 como a coexistência de três economias: "Sob o regime de economia feudal nascido da Conquista subsistem na serra alguns resíduos ainda vivos da economia comunista indígena. Na costa, sobre um solo feudal, cresce uma economia burguesa que, pelo menos em seu desenvolvimento mental, dá a impressão de uma economia retardada" (Mariátegui, 2010, tomo II, p. 50). O fundamental aqui é observar que, para ele, a "economia comunista indígena" seguiria viva em algum nível. É isso que permite a Mariátegui basear seu argumento numa forma específica de exploração da terra que é a comuna rural, e apresentá-la como a base material para sua estratégia socialista.[12] É o que preserva o sentimento comunista do indígena/camponês, como explicitado em fragmento de seu prólogo ao livro *Tempestade nos Andes* (obra clássica de Luis Valcárcel publicada em 1927), retomado aqui nos *Siete ensayos*:

11 "Pesam sobre o proprietário *criollo* a herança e educação espanholas, que o impedem de perceber e entender efetivamente tudo o que distingue o capitalismo do feudalismo. Os elementos morais, políticos, psicológicos do capitalismo não parecem ter encontrado aqui seu clima. O capitalista, ou melhor, o proprietário *criollo*, tem o conceito da renda antes do da produção. O sentimento de aventura, o ímpeto de criação, o poder organizador que caracterizam o capitalista autêntico são entre nós quase desconhecidos. [...] No Peru, contra o sentido da emancipação republicana, se encarregou ao espírito do feudo — antítese e negação do espírito do burgo — a criação de uma economia capitalista" (Mariátegui, 2010, tomo II, p. 55-6).

12 E por isso o ensaio econômico é o primeiro do livro.

> A fé no ressurgimento indígena não provém de um processo de "ocidentalização" material da terra quéchua. Não é a civilização, não é o alfabeto do branco o que levanta a alma do índio. É o mito, é a ideia da revolução socialista. A esperança indígena é absolutamente revolucionária. O próprio mito, a própria ideia são agentes decisivos do despertar de outros velhos povos, de outras velhas raças em colapso: hindus, chineses etc. A história universal tende hoje como nunca a reger-se pelo mesmo quadrante. Por que há de ser o povo incaico, que construiu o mais desenvolvido e harmônico sistema comunista, o único insensível à emoção mundial? A consanguinidade do movimento indigenista com as correntes revolucionárias mundiais é demasiado evidente para que se precise documentá-la. Eu já disse que cheguei ao entendimento e à valorização justa do indígena pela via do socialismo. (Mariátegui, 2010, tomo II, p. 59-60)

É desse modo que Mariátegui apresenta como "socialistas" o que eram então quatro quintos da população peruana: indígenas *e* camponeses, entendidos como um mesmo grupo social. E aponta a retomada da terra (progressivamente expropriada, em particular durante o período republicano) por esse grupo social como central para sua estratégia revolucionária. É o que o autor denomina o "problema da terra". Havia a necessidade de liquidar o feudalismo no Peru (sobrevivente ao seu desenvolvimento capitalista semicolonial), mas ao mesmo tempo a peculiaridade da "sobrevivência da comunidade e de elementos de socialismo prático na agricultura e na vida indígenas" (Mariátegui, 2010, tomo II, p. 77). O autor discorre sobre essa sobrevivência ao longo da história peruana — e por vezes expande sua argumentação a outras regiões. Mariátegui nota inclusive um paralelismo entre Peru e Rússia, um dado pelo qual temos particular interesse. Para ele, "o feudalismo deixou analogamente subsistentes as comunas rurais na Rússia, país com o qual é sempre interessante o paralelo porque ao seu processo histórico se aproxima o de nossos países agrícolas e semifeudais muito mais que ao dos países capitalistas do Ocidente" (Mariátegui, 2010, tomo II, p. 88).

Ele afirma ainda que:

> as Leis de Índias amparavam a propriedade indígena e reconheciam sua organização comunista. A legislação relativa às "comunidades" indígenas se adaptou à necessidade de não atacar as instituições nem os costumes indiferentes ao espírito religioso e ao caráter político do colonialismo. O comunismo agrário do *ayllu*, uma vez destruído o Estado inca, não era incompatível com um nem com outro. Ao contrário. Os jesuítas aproveitaram precisamente o comunismo indígena no Peru, no México e em maior escala ainda no Paraguai, para seus fins de catequização. O regime medieval, teórica e praticamente, conciliava a propriedade feudal com a propriedade comunitária. (Mariátegui, 2010, tomo II, p. 87)

Embora não tenha desaparecido, a "comunidade" sofreu ataques da República. Apesar de não ter garantido a superação do feudalismo e o pleno desenvolvimento capitalista, seu liberalismo formal foi utilizado para reduzir a vigência da propriedade comunal. Nesse ponto, Mariátegui faz uma observação que ajuda a compreender melhor sua visão. Para ele, o desenvolvimento capitalista peruano é efetivamente entendido como atrasado e inferior a seu congênere nos países do Ocidente. Mas a subsistência da comunidade seria uma "vantagem do atraso". Portanto, não se anula o viés teleológico e o sentido de "progresso" na concepção histórica de Mariátegui, que considera que tal "progresso" não ocorreu *no Peru*. Ele apenas (o que naquele contexto não era de pouca monta) se abre à possibilidade de desenvolvimentos alternativos culminando na mesma etapa "superior" socialista — do mesmo modo que Marx nas reflexões dos últimos anos de sua vida, como vimos.[13] Vejamos como Mariátegui o expressa:

> Pode-se dizer que o conceito de propriedade individual quase teve uma função antissocial na República por causa de seu conflito com a subsistência da "comunidade". Com efeito, se sua dissolução e expropriação tivessem sido decretadas e realizadas por um capitalismo em vigoroso e autônomo crescimento, haveria desaparecido como uma imposição do progresso econômico. O índio então teria passado de um regime misto de comunismo e servidão para um regime de salário livre. Essa mudança o teria desnaturalizado um pouco; mas o teria posto no nível de organizar-se e emancipar-se como classe pela via dos demais proletariados do mundo. Entretanto, a expropriação e absorção graduais da "comunidade" pelo latifúndio, por um lado, o afundavam mais na servidão e, por outro, destruíam a instituição econômica e jurídica que salvaguardava em parte o espírito e a matéria de sua antiga civilização. (Mariátegui, 2010, tomo II, p. 99-100)

Assim, temos em Mariátegui uma defesa da comunidade indígena que

> não repousa em princípios abstratos de justiça nem em sentimentais considerações tradicionalistas, mas em razões concretas e práticas de ordem econômica e social. A propriedade comunal não representa, no Peru, uma economia primitiva que foi substituída

13 Essa observação seria suficiente para afastar eventuais tentativas contemporâneas de releituras decoloniais de Mariátegui – algo que vem sendo feito com diversos autores que serão discutidos nestas páginas. Qualquer autor deve ser entendido em seu contexto, não exigindo dele posições *avant la lettre* ou distorcendo-o a ponto de fazer parecer o que ele não é. Por exemplo, fazer com que Mariátegui não se assemelhe ao que efetivamente era: um marxista dos anos 1920 que procurava (com dificuldades) adequar-se à linha definida pela Internacional Comunista.

gradualmente por uma economia progressista fundada sobre a propriedade individual. Não; as comunidades foram despojadas de suas terras em proveito do latifúndio feudal ou semifeudal, constitutivamente incapaz de progresso técnico. (Mariátegui, 2010, tomo II, p. 105)

É curioso notar que, mesmo desprovido de suas terras, esse indígena que aparece na obra de Mariátegui como classe revolucionária permanece culturalmente aberto a um senso de comunidade, o que o autor expressa em "El problema de las razas en la América Latina", uma das teses preparadas por ele para a Primeira Conferência Comunista Latino-Americana (Buenos Aires, 1929). Ali, ao defender o caráter revolucionário da questão racial,[14] ele destaca os arraigados hábitos de cooperação do índio: "Mesmo quando a propriedade comunitária passa à apropriação individual, e não só na serra como também na costa (onde uma maior mestiçagem atua contra os costumes indígenas), a cooperação se mantém: os trabalhos pesados são feitos em comum. A 'comunidade' pode se transformar em cooperativa, com mínimo esforço" (Mariátegui, 2010, tomo V, p. 79). Assim, o senso de comunidade poderia em certa medida sobreviver à expropriação do *ayllu* e ser reativado sem muito esforço.

14 É curioso observar que, no debate da questão racial (particularmente indígena) na América Latina, Mariátegui antecipa argumentos que serão utilizados décadas depois e em outro contexto pelos críticos da noção de negritude: "Do preconceito da inferioridade da raça indígena se começa a passar ao extremo oposto: o de que a criação de uma nova cultura americana será essencialmente obra das forças raciais autóctones. Subscrever esta tese é cair no mais ingênuo e absurdo misticismo. Ao racismo dos que desprezam o índio, porque creem na superioridade absoluta e permanente da raça branca, seria insensato e perigoso opor o racismo dos que superestimam o índio, com fé messiânica em sua missão como raça no renascimento americano" (Mariátegui, 2010, tomo V, p. 69-70).

Em suma, para Mariátegui, a comunidade era uma "tradição viva" e considerá-la um elemento central em sua análise não implicava "tradicionalismo". Essa diferenciação entre "tradição" e "tradicionalismo" (e sua respectiva associação com "futurismo" e "passadismo") pode ser identificada na epígrafe que abre este livro (extraída do texto apropriadamente intitulado "Heterodoxia de la tradición", de 1927), à qual podemos retornar agora:

> O passadista tem sempre o paradoxal destino de entender o passado de forma muito inferior ao futurista. A faculdade de pensar a história e a faculdade de fazê-la ou criá-la se identificam. O revolucionário tem do passado uma imagem um pouco subjetiva talvez, mas animada e viva, enquanto o passadista é incapaz de representá-lo em sua inquietude e fluência. Em geral, quem não pode imaginar o futuro tampouco pode imaginar o passado. Então não existe um conflito real entre o revolucionário e a tradição, a não ser para aqueles que concebem a tradição como um museu ou uma múmia. O conflito é efetivo só com o tradicionalismo. (Mariátegui, 2010, tomo V, p. 341)

Mariátegui procurava explicitar, com isso, que há "tradições revolucionárias", que o revolucionário pode buscar a tradição, pois a revolução é um elemento da história de todos os povos. Para ele, "a tradição era heterodoxa, 'viva e móvel', e estava em permanente criação graças à ação dos que a 'negavam' para renová-la e enriquecê-la" (Beigel, 2001, p. 45-6).

Viu-se, então, como a ideia de comunidade esteve na base da fundação do marxismo latino-americano. A seguir, analiso sua centralidade para a constituição do que considero ser um dos conceitos mais ricos (e polêmicos) do século XX: a ideia de negritude, uma construção original do "Atlântico negro".

2

A INVENÇÃO DA NEGRITUDE

Os que não inventaram nem a pólvora nem a bússola
os que nunca souberam domar o vapor nem a eletricidade
os que não exploraram nem os mares nem o céu
mas conhecem nos seus menores recantos o país do sofrimento
os que só provaram viagens de desenraizamentos
os que se tornaram flexíveis nos ajoelhamentos
os que foram domesticados e cristianizados
os que foram inoculados de abastardamento
tantãs de mãos vazias
tantãs inanes de chagas sonoras
tantãs burlescos de traição tábida [...]
Mas que estranho orgulho de repente me ilumina?

— Aimé Césaire, *Diário de um retorno ao país natal* (1939)

E o que é precisamente esta negritude, preocupação única destes poetas, assunto único deste livro? Cumpre responder primeiro que um branco não poderia falar convenientemente a seu respeito, porquanto não possui experiência interior dela e nos idiomas europeus faltam palavras capazes de descrevê-la. Eu deveria, pois, deixar que o leitor a encontrasse no curso destas páginas e fizesse dela a ideia que lhe parecesse melhor. Mas seria incompleta esta introdução se, após indicar que a busca do Graal negro expressava, em sua intenção original e em seus métodos, a mais autêntica síntese das aspirações revolucionárias e da preocupação poética, eu não mostrasse que esta noção complexa é, no cerne, Poesia pura.

— Jean-Paul Sartre, *Reflexões sobre o racismo* (1948)

A invenção do conceito de "negritude" e as críticas que ele suscitou representam um debate central no pensamento negro tanto na África quanto na diáspora negra, onde a ideia efetivamente se originou. Em meados do século XX, a negritude foi uma formulação incontornável na construção de identidades negras e de projetos descolonizadores e emancipatórios. No entanto, foi perdendo espaço à medida que recebia críticas cada vez mais acerbas. Não obstante os muitos réquiens da negritude compostos pelos principais pensadores negros pós-coloniais, a serem executados com pompa e circunstância em seguidos enterros, o espectro da negritude segue rondando a África Subsaariana e a diáspora negra. Cabe questionar então se, mais que um cadáver insepulto, esse conceito vilipendiado não seria um significante ainda vigente, que não só se recusa a morrer mas que foi assumindo diversos significados e que poderia servir ainda hoje à luta antirracista, a projetos de unidade africana e às incessantes trocas diaspóricas.

O impacto da negritude na genealogia do pensamento político africano e diaspórico já seria razão suficiente para discuti-lo. Mas não proponho realizar aqui um histórico do conceito — o que exigiria um detalhado acompanhamento de sua gênese, de suas metamorfoses e de suas viagens pelo globo (incluindo o Brasil e as então colônias portuguesas na África) em quase um século de desenvolvimento. Tenho dois objetivos mais instrumentais aqui: articular a negritude à tendência mais ampla de crítica comunal à modernidade investigada por este livro; e questionar se haveria lugar para o conceito nos debates intelectuais contemporâneos na periferia global, uma vez que ele vem sendo retomado em tempos recentes. Não há espaço, aqui, para uma arqueologia da negritude na vasta elaboração literária e teórica que se fez dela, muito menos para o (talvez ainda mais extenso) histórico das críticas que sofreu. A estratégia utilizada, mais modesta, será a de selecionar algumas obras arquetípicas dos principais momentos do desenvolvimento do debate, para a partir delas compreender a noção de negritude e discutir seu eventual porvir. As diversas obras aqui analisadas não serão discutidas por si mesmas e em todos os seus aspectos, mas apenas no que forem úteis às intenções deste capítulo.

Na primeira seção, apresento um breve histórico do conceito, com destaque para seu caráter transatlântico e diaspórico, sua formulação híbrida e criativa pensada por uma intelectualidade ativa nos interstícios da dominação colonial. Aqui serão expostos os usos da negritude por Aimé Césaire e Léopold Sédar Senghor, seus principais formuladores, em alguns de seus escritos mais relevantes. De Césaire, farei referência a *Cahier d'un retour au pays natal* (1939-1956), *Discours sur le colonialisme* (1950), "Culture et colonisation" (1956) e "Discours sur la Négritude" (1987). De Senghor, a "Ce que l'homme noir apporte" (1939), "L'esprit de la civilisation ou les lois de la culture négro-africaine" (1956), *Nation et voie africaine du socialisme* (1961) e *Ce que je crois: négritude, francité et civilisation de l'universel* (1988).[1]

1 *Cahier d'un retour au pays natal* possui excelente edição brasileira bilingue intitulada *Diário de um retorno ao país natal* (2012). *Discours sur le colonialisme* foi publicado em Portugal como *Discurso sobre o colonialismo* em 1978, com prefácio de Mário Pinto de Andrade e tradução de Noémia de Sousa (importantes escritores africanos de

Na segunda seção, exponho as reações à negritude. Procuro destacar que, embora num primeiro momento o conceito tenha recebido reconhecimento e apoio, isso se deu de forma dúbia, parecendo indicar que a negritude seria um movimento ao mesmo tempo compreensível, até necessário, porém limitado, fadado à superação. Demonstrarei isso por meio das relações e referências problemáticas de Jean-Paul Sartre, Frantz Fanon e Albert Memmi com a negritude. Para tal, remeto a *Orphée Noir* (1948), de Sartre; a *Peau noire, masques blanches* (1952) e a *Les damnés de la terre* (1961), de Fanon; e a *Portrait du colonisé, précédé du portrait du colonisateur* (1957), de Memmi.[2]

---

língua portuguesa, denotando a influência da negritude na origem dos movimentos de libertação das colônias africanas portuguesas). [O livro foi publicado no Brasil em 2019 pela editora Veneta. — N.E.] "Culture et colonisation" saiu em edição portuguesa como "Cultura e colonização", na coletânea *Malhas que os impérios tecem*, organizada em 2011 por Manuela Ribeiro Sanches. "Discours sur la Négritude" foi publicado em edição trilíngue (português, inglês e francês) em 2010 como *O discurso sobre a Negritude/ Le discours sur la Négritude/ Discourse on Negritude*. "Ce que l'homme noir apporte" possui versão em português intitulada "O contributo do homem negro", na referida coletânea *Malhas que os impérios tecem*. "L'esprit de la civilisation ou les lois de la culture négro-africaine" [O espírito da civilização ou as leis da cultura negro-africana] foi editado em inglês ainda em 1956 em volume especial da revista *Présence Africaine*, que reuniu as intervenções no I Congresso Internacional de Escritores e Artistas Negros. *Nation et voie africaine du socialisme* foi publicado no Brasil em 1965 como *Um caminho do socialismo*. *Ce que je crois: négritude, francité et civilisation de l'universel* [Em que acredito: negritude, francidade e civilização do universal] não teve até o momento tradução para o português.

2 As quatro obras têm edições brasileiras. *Orphée Noir* [Orfeu negro] encontra-se no livro *Reflexões sobre o racismo* (1960). *Peau noire, masques blanches* foi publicado em 2008 como *Pele negra, máscaras brancas*, com nova edição em 2020. *Les damnés de la terre* saiu em 1968 como *Os condenados da terra*. *Portrait du colonisé, précédé du portrait du colonisateur* foi lançado em 1967 como *Retrato do colonizado precedido pelo retrato do colonizador*, com nova edição de 2007.

Na terceira seção, abordo ataques diretos e por vezes pretensamente definitivos à noção de negritude, ataques que a acusaram de essencialista, racista, mistificadora — na melhor das hipóteses, um conceito já superado historicamente. Para tal, retomo as referências à negritude nos seguintes trabalhos: *Négritude et négrologues* (1972), de Stanislas Adotevi; *Bonjour et adieu à la Négritude* (1980), de René Depestre; *In My Father's House: Africa in the Philosophy of Culture* (1992), de Kwame Anthony Appiah; e *Critique de la raison nègre* (2013), de Achille Mbembe.[3]

Por fim, defendo a relevância do conceito em seu contexto histórico e discuto sua eventual vigência para os debates intelectuais contemporâneos na periferia global. Sugiro que a negritude poderia ocupar lugar no mundo contemporâneo de duas maneiras, a depender do contexto: como resposta ao racismo que segue vigente e não pode ser combatido apenas por meio de valores abstratos universalistas ora em questionamento; e como formulação transnacional (alternativa ou complementar) a nacionalismos e regionalismos, o que poderia servir à luta social transnacional e à construção e ao fortalecimento de estruturas de integração regional na periferia.

3 *Négritude et négrologues* [Negritude e negrologistas] não tem tradução para o português nem para o inglês. *Bonjour et adieu à la Négritude* foi publicado no site da Universidade Federal do Rio Grande do Sul (UFRGS) como "Bom dia e adeus à negritude". *In My Father's House* foi editado no Brasil em 2014 como *Na casa de meu pai: a África na filosofia da cultura*, e *Critique de la raison nègre* ganhou edição portuguesa em 2015 e brasileira em 2018 como *Crítica da razão negra*.

UM CONCEITO HÍBRIDO E DIASPÓRICO

Para compreender a gênese do conceito de negritude, é necessário analisar o perfil de seus inventores e seu lugar de criação. Trata-se de uma invenção de atores sociológica e geograficamente deslocados, de negros "assimilados" das colônias francesas na África[4] e no Caribe que se perceberam negros precisamente ao se deslocar para a Paris dos anos 1930. O sentimento de exílio é constitutivo da literatura da negritude (Irele, 2011). Há, portanto, dois movimentos concomitantes para esses autores: seu descolamento da massa dos colonizados na direção de uma classe intermediária em gestação, formada sob os valores franceses para atuar como mediadora entre colonizadores e colonizados; e seu deslocamento para o centro metropolitano como condição para concluir sua formação superior. O descolamento sociológico os distinguia de outros africanos e caribenhos, tornando-os, de certo modo, franceses; mas o deslocamento geográfico os tornava irremediavelmente negros entre brancos, ou seja, nunca franceses de todo.

A consciência de ser negro era ainda mais dramática devido a esse deslocamento geográfico, mais do que seria pelos esporádicos contatos com os colonos no país natal. Deparar-se com o racismo cotidiano era perceber a limitação do processo de assimilação, que em qualquer caso nunca chegaria a se completar por sua intrínseca impossibilidade. A negritude pode ser entendida como um rompimento com esse dilema, como a positivação de toda a negatividade recebida por meio do racismo. Não se trata exatamente de um "racismo antirracista", de uma inversão do racismo, como defende a análise de Sartre que apresenta-

4 Em especial nas comunas de Gorée, Dacar, Rufisque e Saint-Louis — constituídas onde hoje é o Senegal —, que possuíam um estatuto colonial superior aos demais territórios africanos ocupados pela França.

rei adiante. Mas não se deve perder de vista que o rompimento daquele dilema se dá por meio da utilização das ferramentas do colonizador — a língua francesa, a literatura ocidental, o modernismo, o surrealismo, a formação universitária, a antropologia, a etnografia, a sociologia, o existencialismo, o cristianismo etc. Em certo sentido, a negritude implica uma aceitação do Ocidente e está marcadamente inserida na modernidade (Ekpo, 2010).

Por outro lado, também não se deve desconsiderar em nenhum momento que esses intelectuais em esforço de (re)africanização ou de "negrificação" estão distantes não apenas geograficamente de seus conterrâneos mas também sociológica e psicologicamente, pois nunca deixarão de ser *intelectuais assimilados*. Isso ajuda a lançar luz sobre a própria necessidade daquele esforço de retorno às raízes empreendido por eles. Em suma, a negritude é uma criação híbrida em qualquer sentido que se queira discutir: de autores que estão na fronteira, no limiar entre dois mundos.[5] Eles buscam "produzir" essa identidade negro-africana, em grande medida, a partir de referências europeias, e veem esse negro-africano através da releitura de uma invenção europeia — desde o mito do "bom selvagem", no século XVII, até a visão de ser humano primitivo da escola durkheimiana no século XX, como mencionado por Michael Lambert (1993, p. 249-50). Mas é importante frisar que, embora muitas das referências e estruturas utilizadas nesse processo tenham raízes na Europa, há uma adaptação de

5 No caso dos intelectuais colonizados – considerados, portanto, de raças inferiores como uma justificativa essencial do colonialismo moderno –, esse caráter fronteiriço é ainda mais pronunciado. Trata-se, contudo, de característica do intelectual periférico de um modo geral: "Os intelectuais do que denomino Terceiro Mundo, com certa reserva, são o produto histórico de um encontro com o que, com reservas similares, continuo a chamar de Ocidente. Como vimos, a maioria dos escritores africanos recebeu uma educação de estilo ocidental; suas relações ambíguas com o mundo de seus antepassados e com o mundo dos países industrializados fazem parte de sua localização/deslocamento cultural característico" (Appiah, 2014, p. 86).

tais elementos. Como János Riesz observou sobre Senghor, o desenvolvimento de seu pensamento se dava "apoiando-se nos 'grandes' conhecidos e reconhecidos da cultura europeia, agarrando-se às suas teses, usando-as em seu proveito e desenvolvendo-as. Mais de uma vez se falou no 'anexionismo' de Senghor: tudo o que se adapta às suas teorias é anexado, africanizado e incluído nos seus horizontes de conhecimento e saber" (Riesz, 2001, p. 162). "Africanizado" pois, como outros autores, é marcado pela "dupla consciência" entre o universal e a diferença de que falava W. E. B. Du Bois.

Pelo que foi dito, insisto no caráter híbrido e diaspórico do conceito de negritude, fruto do hibridismo de seus criadores e das sucessivas ondas da diáspora. Seus antecedentes podem ser encontrados nas primeiras décadas do século XX, em outras iniciativas de valorização da identidade negra, sobretudo no movimento estadunidense chamado Harlem Renaissance [Renascença do Harlem],[6] de Claude McKay, Alain Locke e Langston Hughes, no indigenismo haitiano de Jean Price-Mars e no negrismo hispano-caribenho do cubano Nicolás Guillén. Na diáspora, portanto. O que veio propriamente a ser conhecido como negritude surgiu ao longo dos anos 1930, com as obras de Aimé Césaire (da Martinica), Léopold Sédar Senghor (do Senegal) e Léon-Gontran Damas (da Guiana Francesa), reunidos desde 1934 em torno da revista *L'Étudiant noir* [O estudante negro]. O termo "negritude" se impôs por iniciativa e insistência de Césaire e se notabilizou na primeira

6 O Harlem Renaissance foi um período de efervescência cultural, social e artística afro-estadunidense que ocorreu no bairro nova-iorquino do Harlem entre as décadas de 1910 e 1930. Considerada a era de ouro da cultura afro-estadunidense, teve como alguns de seus expoentes Langston Hughes, Zora Neale Hurston, Louis Armstrong, Marcus Garvey, Sterling A. Brown e Bessie Smith, entre outros escritores, pensadores, músicos e ativistas. O sentimento de orgulho e pertencimento alimentado pelo Harlem Renaissance serviu de pano de fundo para o movimento pelos direitos civis dos anos 1960. [N.E.]

edição de seu poema "Diário de um retorno ao país natal" e logo a seguir no texto "O contributo do homem negro", de Senghor (ambos de 1939).[7]

A partir de 1947, o movimento e seu legado foram divulgados pela revista *Présence Africaine* (e pela editora homônima, a partir de 1949). Através da revista e da editora foram organizados os Congressos Internacionais de Escritores e Artistas Negros em 1956 (Paris) e em 1959 (Roma), bem como o Festival Mundial de Artes Negras em 1966 (Dacar), eventos centrais nos debates do período sobre identidade e arte negra, pan-africanismo e descolonização. Seus três expoentes foram deputados na Assembleia francesa (Césaire por mais de meio século), e Senghor foi presidente do Senegal de 1960 a 1980. Não caberia nestas páginas traçar um histórico do movimento, menos ainda as biografias de seus principais autores. Remeto, então, a obras que já o fizeram (Vaillant, 1990; Lambert, 1993; Khalfa, 2009; Irele, 2011; Munanga, 2012; Reis, 2014; Diagne, 2016) e me concentro apenas em ressaltar as características que considero imprescindíveis para a compreensão do conceito.

Trata-se, originalmente, de um movimento de intelectuais negros francófonos que mais tarde ultrapassou essas fronteiras — como denota sua influência sobre a intelectualidade africana lusófona e o movimento negro brasileiro a partir dos anos 1940. Esse movimento veio a ser entendido por boa parte da literatura especializada como artístico, num primeiro momento, e mais tarde político-filosófico. Não farei essa distinção aqui por considerá-la artificial. Entendo que sua razão de ser possa ser compreendida como política (num sentido amplo da noção) desde seu primeiro ato provocativo de assumir o epíteto *nègre*

7 Pode-se considerar Damas um autor dedicado mais especificamente ao aspecto literário do movimento. Desse modo, a atenção aqui se volta a Césaire e, em especial, a Senghor. Damas entendia a negritude como a "força vital por trás de qualquer nova e verdadeira (libertadora) poesia" (Diagne, 2016).

(de conotação negativa, no francês) como algo positivo. Por sua parte, Senghor, já em 1939, havia procurado dar uma sustentação político-filosófica ao movimento em "O contributo do homem negro", e seria incorreto sustentar que seu prolífico esforço em codificar o conceito teria vindo somente *a posteriori*. Pode-se entender também a razão da opção por uma identidade racializada, etnicizada, e a necessidade de uma formulação supranacional, uma vez que se reagia a um contexto de racismo cujo alvo eram minorias inferiorizadas por serem genericamente "negras" (não especificamente martinicanas, caribenhas ou da África Ocidental), oriundas de diversas regiões da diáspora.

Por vezes a negritude tem sido vista também como um movimento paralelo ao pan-africanismo, sendo aquela uma expressão francófona, enquanto este seria anglófono. No entanto, entendo aqui a negritude como parte de algo mais amplo, que seria o pan-africanismo, podendo ser considerada em dado momento uma de suas principais correntes. Desse modo, reconheço que os autores da negritude não prescindiram, em sua gestação, do que Devés (2011) considera a segunda geração do pan-africanismo, sobretudo de seu principal formulador, W. E. B. Du Bois. Reconheço também que eles de fato disputaram espaço no interior do movimento pan-africanista de seu tempo. Como observa Munanga, ambos são expressões daquela volta às origens empreendida por intelectuais em rompimento com o processo de assimilação:

> Mas isso não constitui em si um ato de luta contra a dominação estrangeira (colonialista e racista) nem significa necessariamente um retorno às tradições. É a negação do dogma da supremacia colonizadora em relação à cultura do povo dominado, com o qual sente necessidade de identificação, a fim de resolver o conflito em que ambos se debatem. (Munanga, 2012, p. 45)

Feitas essas especificações, dedico-me agora a expor as formulações da negritude através de obras de Césaire e de Senghor. Na revista *L'Étudiant noir*, publicada entre 1934 e 1935, os intelectuais negros que chegavam a Paris para seguir com sua formação começaram a discutir e valorizar a identidade negra. Foi nesse contexto que se deu a decisão de Césaire de assumir a identidade *nègre* em lugar de *noir*, e cunhar o termo *négritude*. Na primeira obra de relevo a tratar do tema, *Diário de um retorno ao país natal*, Césaire (2012, p. 79) aceita "a determinação da minha biologia, não prisioneira de um ângulo facial, de uma forma de cabelo, de um nariz suficientemente achatado, de uma tez suficientemente melânica, e a negritude, não mais índice cefálico, ou um plasma, ou um soma, medindo-se agora ao compasso do sofrimento [...]. Aceito, aceito tudo isso". A (auto)aceitação do poeta de sua identidade negra ao longo do poema é como o retorno de Orfeu das profundezas nas quais foi reivindicar Eurídice, como um reerguimento (que mais tarde Sartre associará a toda a negritude):

> E estamos de pé agora, meu país e eu, os cabelos ao vento, minha mão pequena agora no seu punho enorme e a força não está em nós, mas acima de nós, numa voz que verruma a noite e a audiência como a penetrância de uma vespa apocalíptica. E a voz proclama que a Europa durante séculos nos cevou de mentiras e inchou de pestilências,
> porque não é verdade que a obra do homem está acabada
> que não temos nada a fazer no mundo
> que parasitamos o mundo
> que basta que marquemos o nosso passo pelo passo do mundo
> ao contrário a obra do homem apenas começou
> e falta ao homem conquistar toda interdição imobilizada nos recantos do seu fervor
> e nenhuma raça possui o monopólio da beleza, da inteligência, da força

> e há lugar para todos no encontro marcado da conquista e sabemos agora que o sol gira em torno da terra iluminando a parcela fixada por nossa única vontade e que toda estrela cai do céu na terra pelo nosso comando sem limite. (Césaire, 2012, p. 79-81)

A negritude recebeu quase imediatamente uma tentativa de definição mais sistemática com o texto de Senghor intitulado "O contributo do homem negro". Para Diagne, "Césaire e Damas puseram mais ênfase à dimensão de revolta poética enquanto Senghor insistiu mais em articular a Negritude a um conteúdo filosófico, como 'a soma total dos valores da civilização do Mundo Negro', o que significa que ela é uma ontologia, uma estética, uma epistemologia, ou uma política" (Diagne, 2016). Essa obra acabou se tornando o alvo principal de críticas ao movimento, o que levou Senghor a passar o resto de sua longa trajetória como destacado intelectual e político procurando reelaborar e refinar aquela reflexão inicial. Nesse trabalho, Senghor basicamente defendeu a existência de *uma* cultura negra (entendendo cultura enquanto "espírito da civilização") que sobreviveu na África e na diáspora ao ocaso da "civilização negra", e procurou delimitar suas características. A cultura seria derivada "da raça, da tradição e do meio". Se, na diáspora, a mestiçagem enfraqueceu o primeiro elemento e nela o meio mudou, a escravidão como fator comum atuou como o garantidor da manutenção daquela unidade.

Quanto ao que definiria aquela cultura, Senghor apresentou o negro como sensual, sensível, emotivo, rítmico (o "ritmo encarnado"), natural. Ele estaria em oposição ao utilitarismo, à praticidade, ao artificialismo, ao individualismo. Em suma, "a emoção é negra, como a razão helênica" (Senghor, 2011, p. 75).[8] Essa afirmação abriria espaço para críticas pesadas ao autor, às quais ele

8 Irele (2011) observa que a diferenciação de Senghor entre a "razão-olhar" do homem ocidental e a "razão-tocar" do negro foi baseada

buscou responder nas décadas seguintes. Daí a necessidade de se observar essa questão com maior detalhe. No mesmo texto, ele parece assinalar que não argumentava que a razão fosse uma característica menos presente no negro por uma determinação física ou metafísica, mas porque "a sociedade negra não se preocupou muito em desenvolver a razão; e é uma lacuna" (Senghor, 2011, p. 85). De todo modo, o que o autor faz é um elogio do negro, entre outros motivos precisamente por não ser tão racional, uma vez que o racionalismo seria um dos males da modernidade, considerada desumanizada, artificial.[9] Trata-se de uma inversão de caracteres considerados negativos que são lidos como positivos por Senghor. Sobretudo, trata-se de uma crítica romântica à modernidade, evidente no encerramento do texto:

> Receio que muitos que atualmente se reclamam dos gregos traiam a Grécia. Traição do mundo moderno que mutilou o homem, dele fazendo um "animal racional", ao sacralizá-lo como "Deus da razão".

---

na distinção entre lógica "ocidental" e "primitiva" realizada por Lucien Lévy-Bruhl em *La mentalité primitive* [A mentalidade primitiva], de 1921.

9 Não é minha intenção discutir em profundidade esse ponto, o mais polêmico na vasta obra de Senghor. Porém, é interessante observar que, especialmente em trabalhos seguintes nos quais buscou retomar o debate e responder a seus críticos, Senghor tentou precisar que questionava uma forma particular de razão, associada à colonização, aquilo que ele chamava a "razão europeia". Como afirma el-Malik, "Senghor localizou uma razão particular, a razão do Iluminismo, a forma de razão que distingue o observador do observado, a razão que busca significado num objeto em vez de procurá-lo na dinâmica pela qual os objetos são constituídos como significantes. [...] Senghor argumentou que a racionalidade europeia divide o intelecto e a emoção, enquanto a racionalidade africana não adotou sistematicamente aquela formação de conhecimento discursivo" (el-Malik, 2015, p. 53). De fato, a autora observa que aquela razão criticada por Senghor não poderia nem mesmo ser propriamente nomeada de "europeia", pois o autor a criticava com base em reflexões também europeias, porém alternativas e mais contemporâneas a ele — como, por exemplo, as de Henri Bergson, Pierre Teilhard de Chardin, Emmanuel Mounier e Leo Frobenius.

> O serviço negro terá sido o de contribuir, com outros povos, para refazer a unidade do Homem e do Mundo, para ligar a carne ao espírito, o homem ao seu semelhante, a pedra a Deus. Dito de outra forma: o real ao sobrerreal — através do Homem, não como centro, mas charneira, umbigo do Mundo. (Senghor, 2011, p. 92)

É interessante destacar qual seria, para Senghor, a visão do negro sobre religião e sociedade, sobre natureza e humanidade. Haveria uma compreensão holística, interconectada desses elementos. Para ele, o negro estaria em comunhão com a natureza (a "Terra-Mãe"), os vivos, os mortos, os gênios, Deus e os que virão. Sua concepção de mundo estaria enraizada na Terra-Mãe,[10] em comunhão com as forças cósmicas, com os outros homens, com tudo o que existe, "da pedra a Deus". Nesse sentido, a base da sociedade seria a família, que se estenderia em círculos concêntricos, passando pelo clã até chegar aos impérios ou confederações. O fundamental do argumento era seu coletivismo. Se a propriedade pessoal não era eliminada, ela era ao menos regulada e restringida nas sociedades negro-africanas:

> O solo, com tudo o que ele contém — rios, riachos, florestas, animais, peixes —, é um bem comum, repartido entre as famílias e mesmo, por vezes, entre os membros da família, de que estas têm propriedade temporária ou usufruto. Por outro lado, os meios de produção em geral, os instrumentos de trabalho, são propriedade comum do grupo familiar ou da corporação. Daqui resulta que a propriedade dos produtos agrícolas e artesanais é coletiva, sendo coletivo o trabalho em si mesmo. Daí esta vantagem capital: cada homem tem assegurado, materialmente, um "mínimo vital" de acordo com as suas necessidades. (Senghor, 2011, p. 82)

10 Ver, no capítulo 5, a centralidade da Pacha Mama [Mãe Terra] no pensamento indígena andino.

Esse coletivismo e essa comunhão são expressos também na política, como não poderia deixar de ser. Aqui Senghor faz um elogio dos sistemas políticos africanos tradicionais, em mais uma crítica romântica à modernidade. A política deveria servir ao bem da comunidade e da "pessoa" (não do "indivíduo", no que Senghor se aproxima do personalismo de Emmanuel Mounier), algo distante das "democracias ocidentais atuais". Nelas,

> o legislador é eleito, na melhor das hipóteses, por um partido que é um agregado de interesses materiais e legisla sob o ditame de uma oligarquia financeira e para ela. A legislação é duplamente desumana, porque duplamente viciada. Quanto ao governo, apesar de as forças policiais só aumentarem, ele não possui autoridade; pois a autoridade repousa sobre uma preeminência espiritual e o governo está nas mãos de habilidosos e de marionetes, de *políticos* em vez de políticas. (Senghor, 2011, p. 84)

Senghor ecoa as críticas das primeiras décadas do século XX às "democracias liberais", mas sem derivar na defesa do socialismo soviético ou dos fascismos. Ao "individualismo democrático" e ao "gregarismo totalitário", Senghor opunha as "comunidades harmoniosas", as "unidades pluralistas" africanas. Em suma, uma espécie de terceira via, um gregarismo democrático. É essa concepção de sociedade e de política que permitirá a Senghor se apresentar mais adiante como um dos principais autores e líderes do socialismo africano.

Apesar da ênfase culturalista e social, em alguns momentos do texto a raça ganha proeminência. Na concepção senghoriana de raça atua uma metafísica, um "espírito", uma "alma", mais que propriamente caracteres biológicos. Mas essa insistência no papel da raça será central nas críticas à negritude nas décadas seguintes. A favor de Senghor, deve-se levar em conta que seus primeiros escritos que procuravam afirmar a existência de uma cultura/civilização negras ecoam os debates das décadas anteriores, em especial da antropologia e da etnografia — especificamente daqueles primeiros autores que, nessas disciplinas, ofereceram qualquer argumento que poderia ser utilizado para defender a capacidade do negro de produzir alguma cultura e de reivindicar uma história (como Leo Frobenius). Ignorar tal contexto é desconhecer o papel que essas disciplinas exerceram enquanto agentes dos imperialismos europeus — algo brilhantemente argumentado por Edward Said (2007), entre outros. Ao ler o Senghor de 1939, salta aos olhos o diálogo com aquela literatura,[11] e a busca por argumentos de autoridade em suas páginas. No entanto, deve-se reconhecer também que, já naquele momento, o argumento da raça (físico ou metafísico) era comparativamente bem mais diluído em Césaire. Remeto à passagem do *Diário* já citada, na qual o martinicano apresenta a negritude como oriunda do sofrimento da escravidão. Penso também no trecho seguinte, no qual Césaire (autor diaspórico) entende a negritude como dinâmica e afirma que não deriva do ódio racial, mas daquilo com que o negro pode contribuir ao universal. Levemos em conta a presença do marxismo em Césaire já naquele momento, influência recebida por Senghor apenas a partir do final dos anos 1940 (e de forma mais matizada):

> minha negritude não é uma pedra, sua surdez lançada contra o clamor do dia
> minha negritude não é uma mancha de água morta sobre o olho morto da terra
> minha negritude não é uma torre nem uma catedral [...]
> não façais de mim esse homem de ódio por quem só tenho ódio

11 Ao ler as referências às determinações da raça, tradição e meio em Senghor, o leitor brasileiro talvez se recorde de debates semelhantes nas obras de Oliveira Vianna ou de Gilberto Freyre; ao deparar com a metafísica senghoriana, o leitor mexicano encontrará familiaridade com a *Raza Cósmica* de José Vasconcelos.

pois embora me restrinja a essa raça única
sabeis no entanto meu amor tirânico
sabeis que não é por ódio das outras raças
que me exijo lavrador dessa raça única
o que quero
é pela fome universal
pela sede universal
intimá-la livre enfim
a produzir de sua intimidade fechada
a suculência dos frutos. (Césaire, 2012, p. 65-9)

O papel da raça e a relação entre negritude e universalismo são temas refinados e reelaborados por Césaire e Senghor em seus trabalhos do pós-guerra, em particular nos anos 1950. Em seu *Discurso sobre o colonialismo*, de 1950, Césaire articula o colonialismo (e o racismo) ao capitalismo de forma mais explícita. Do mesmo modo, ali o negro é entendido como parte de um proletariado considerado "classe universal", o que reflete a influência marxista na obra do autor. Porém, Césaire associa "civilização europeia" a "proletarização" e "mistificação", e faz o elogio do que chama de "civilizações paraeuropeias". Se há no Marx do *Manifesto comunista* uma irreprimível admiração pela força destrutiva do capitalismo associada ao progresso (mas não no Marx maduro, como se viu no capítulo 1), aqui é denunciado o modo como o capitalismo/colonialismo eliminou sistematicamente aquelas civilizações:

> Eu falo de *economias* naturais, de *economias* harmoniosas e viáveis, de *economias* à medida do homem indígena destruídas [...]. Eram sociedades comunitárias, jamais de todos por alguns. Eram sociedades não somente pré-capitalistas, como se diz, mas também *anticapitalistas*. Eram sociedades democráticas, sempre. Eram sociedades cooperativas, sociedades fraternais. Eu faço apologia

sistemática das sociedades destruídas pelo imperialismo. (Césaire, 2004, p. 24-5)

Não se espera, porém, um retorno ao passado, mas que elementos daquele passado inspirem uma nova sociedade no futuro (que também recolherá elementos europeus): "Não é uma sociedade morta que nós desejamos fazer reviver. Nós deixamos isso aos amantes do exotismo. [...] É uma sociedade nova que devemos criar, com a ajuda de todos os nossos irmãos escravos, rica de toda a potência produtiva moderna, aquecida de toda a fraternidade antiga" (Césaire, 2004, p. 36).

Já em "Cultura e colonização", de 1956, Césaire defende que a unidade entre os negros (o que permite falar em negritude) se dá por características culturais comuns. O argumento é desenvolvido no contexto do I Congresso Internacional de Escritores e Artistas Negros (Paris, 1956) para justificar a reunião de intelectuais africanos e afro-americanos no mesmo movimento.[12] Césaire reconhecia que as culturas eram apenas nacionais, mas que entre as culturas nacionais havia agrupamentos por afinidades. Podia-se falar numa

> grande família de culturas africanas que merece a designação de civilização negro-africana e que cobre as diferentes culturas próprias a cada um dos países da África. E sabe-se que as transformações históricas fizeram com que o campo dessa civilização, a área dessa civilização, exceda em muito a África; e é nesse sentido que se pode dizer que há no Brasil ou nas Antilhas, tal como no Haiti e nas Antilhas Francesas ou mesmo nos Estados Unidos, se não focos, pelo menos franjas dessa civilização negro-americana. (Césaire, 2011, p. 254)

12 Ao final, explicitou-se no congresso uma diferenciação entre visões e anseios originados dos dois lados do Atlântico, em particular por parte dos estadunidenses.

A essa "solidariedade vertical", temporal (a origem comum na civilização africana que se diferenciou progressivamente em diversas culturas), o autor agregava uma "solidariedade horizontal", decorrente da "situação colonial, semicolonial ou paracolonial que é imposta de fora" (Césaire, 2011, p. 256). Dessa dupla solidariedade decorria o duplo caráter daquele congresso: um "regresso às fontes", "típico de qualquer comunidade em momentos de crise", e a luta anticolonial. E insistia mais uma vez em não haver contradição entre os dois objetivos. Pelo contrário, eles se completavam: "A nossa estratégia, que pode parecer hesitação e embaraço entre o passado e o futuro, é, pelo contrário, das mais naturais, dado que se inspira na ideia de que a via mais curta para o futuro é sempre a que passa pelo aprofundamento do passado" (Césaire, 2011, p. 257). Aqui, o poeta da negritude mais uma vez[13] procurava responder a acusações de "passadismo", "reacionarismo", "tradicionalismo" e "exotismo" dirigidas ao movimento, reafirmando que elementos do passado dos povos negros deveriam servir à construção do futuro, a uma nova síntese entre o antigo e o novo. Soluções originais e válidas aos problemas modernos; e válidas — o autor fazia questão de frisar — porque originais.[14]

13 E mais uma: "Recuso-me a acreditar que a civilização que deu ao mundo da arte a escultura negra; que a civilização que deu ao mundo político e social instituições comunitárias originais, como, por exemplo, a democracia aldeã ou a fraternidade de idades ou a propriedade familiar, essa negação do capitalismo, e tantas outras instituições marcadas no fundo pelo espírito da solidariedade; recuso-me a acreditar que essa civilização, a mesma que deu, num outro plano, ao mundo moral uma filosofia original fundada no respeito da vida e na integração no cosmos, que a destruição e a negação dessa civilização – por mais rudimentar que ela seja – constituam uma condição do renascimento dos povos negros" (Césaire, 2011, p. 271).

14 Aos que acusavam a negritude de "particularista", Césaire respondia naquele mesmo ano, na célebre "Carta a Maurice Thorez" (secretário-geral do Partido Comunista Francês), na qual nosso autor rompia com seu partido: "Provincianismo? Em absoluto. Não me enterro num

Naquele mesmo congresso, Senghor apresentou "L'esprit de la civilisation ou les lois de la culture négro-africaine". Ali o autor buscava precisar sua afirmação de outrora sobre a emoção ser negra, e a razão, grega. Segundo ele, o negro não seria por tradição desprovido de razão: ele apresentaria uma outra racionalidade, não "discursiva", mas "sintética"; não "antagonística", mas "simpatética". Em suma, uma outra forma de conhecimento: "A razão do Branco é analítica através da utilização: a razão do Negro é intuitiva através da participação" (Senghor, 1956, p. 52). Ligado à terra e ao cosmos, portanto, o negro seria "toque antes de olhar"; se abandonaria ao outro, passando de sujeito a objeto; não seria assimilado, se assimilaria no outro. Essa "fisiopsicologia" do negro influenciaria os mais diversos aspectos, como sua metafísica, sua arte, sua cultura, sua organização social e política. Como uma novidade entre suas numerosas fontes intelectuais, a obra de Placide Tempels sobre a filosofia banto e sua "força vital" (*La philosophie bantoue* [A filosofia banto], de 1945) já compunha a base para a explicação senghoriana da alma negra.[15] Outra novidade no desenvolvimento do pensar de Senghor naquela época foi o diálogo com a obra de Pierre Teilhard de Chardin.[16] Todas as raças teriam as mais diversas características, porém combinadas de formas, ênfases e resultados distintos — o que

particularismo estreito. Mas tampouco quero me perder num universalismo descarnado. Há duas maneiras de perder-se: por segregação amuralhada no particular ou por dissolução no 'universal'. Minha concepção do universal é a de um universal depositário de todo o particular, depositário de todos os particulares, aprofundamento e coexistência de todos os particulares" (Césaire, 1956).

15 A publicação de Tempels foi a primeira a associar algum povo negro à filosofia, então entendida como algo que seria expressão exclusivamente branca, europeia, ocidental. Com isso, compreende-se a forte impressão que o texto causou em Senghor.

16 Pode-se afirmar que o encontro de Senghor com a obra do jesuíta Teilhard de Chardin constituiu a possibilidade de conciliar a negritude com o cristianismo do senegalês, cultivado desde a juventude até o final da vida.

garantiria a originalidade de cada uma delas. Assim, elas não seriam iguais, mas complementares, e todas teriam sua contribuição à futura "civilização do universal".[17] Além dessas precisões e inclusões, contudo, Senghor seguia positivando aquelas que seriam as características arquetípicas do negro, definidas em obras racialistas como a de Arthur de Gobineau. A propósito, o conde de Gobineau foi um dos citados naquele texto como referência — um espectro a rondar a obra de Senghor, na feliz expressão de René Ménil (1981).

Senghor voltou ao problema em *Um caminho do socialismo*, obra publicada em 1961 e que reúne alguns de seus principais textos da fase "socialista africana" (que será abordada no próximo capítulo), e é útil acompanhar mais uma vez seus esforços para se fazer entender pelos "jovens" que o criticavam. Talvez aqui Senghor elabore com mais clareza seu ponto:

> Eu me explico. Se bem que possa parecer paradoxal, a força vital do negro-africano, sua rendição ao objeto, é animada pela razão. Vamo-nos entender claramente: não falo da *razão-olho* da Europa, mas da *razão sensorial*, melhor ainda, *razão-envolvente*, a razão simpática, mais relacionada com o grego *logos* do que com o latim *ratio*. *Logos*, antes de Aristóteles, significava razão e palavra. [...] A razão europeia é analítica, discursiva por utilização; a razão negro-africana é intuitiva por participação. Os jovens da África Negra estão errados em cultivar um complexo e acreditar que a razão negro-africana é

17 Naquele momento de sua obra, Senghor já estava incorporando Marx, que se tornou um autor central para o Senghor "socialista africano" que então começava a emergir (sempre em articulação com os valores da negritude). Mais precisamente, Senghor assimilou dois Marx bem particulares: o jovem Marx humanista e hegeliano de esquerda dos *Manuscritos econômico-filosóficos* e o velho Marx comunal da "Carta a Vera Zasulitch". Ou seja, Senghor não incorporou as obras clássicas de Marx, muito menos o Marx de qualquer vertente marxista, mas manuscritos e fragmentos que foram sendo editados ao longo do século XX (Kisukidi, 2014; Ripert, 2016). Discutirei o tema no próximo capítulo.

> inferior à europeia. [...] Quer isso dizer, como alguns jovens gostariam que eu dissesse, que o negro-africano é desprovido de razão discursiva, que ignora a lógica e a dialética e que nunca as usou? Não disse isso. Em verdade, todo grupo étnico possui todos os diferentes aspectos da Razão e todas as virtudes do homem, mas cada qual deu maior ênfase somente a um aspecto da Razão, somente a certas virtudes. Nenhuma civilização pode ser construída sem o uso da razão discursiva e sem técnicas. A civilização negro-africana não é exceção a essa regra. (Senghor, 1965, p. 85-6)

Para concluir essa exposição dos significados da negritude, retomo obras da maturidade dos dois autores. Césaire voltou ao tema em *O discurso sobre a negritude* que proferiu na I Conferência Hemisférica dos Povos Negros da Diáspora (Miami, 1987), para insistir que a questão não era essencialmente de ordem biológica, mas histórica: a negritude era uma das formas adotadas historicamente pela humanidade. O trecho a seguir é esclarecedor:

> A Negritude, aos meus olhos, não é uma filosofia. A Negritude não é uma metafísica. A Negritude não é uma pretensiosa concepção do universo. É uma maneira de viver a história na história: a história de uma comunidade cuja experiência parecia, a bem dizer, singular com suas deportações de populações, suas transferências de homens de um continente ao outro, as memórias de crenças longínquas, seus fragmentos de culturas assassinadas. Como não crer que tudo aquilo em sua coerência constitui um patrimônio? Mais do que era preciso para basear uma identidade? Os cromossomos me importam pouco. Mas eu creio nos arquétipos. Eu creio no valor de tudo que está enterrado na memória coletiva de nossos povos e mesmo no inconsciente coletivo. (Césaire, 2004, p. 82-3)

A negritude seria a tomada de consciência da diferença (e do direito à diferença), da memória, da fidelidade, da solidariedade — mas também seria ofensiva, combate, recusa da opressão, revolta, busca pela igualdade. Seria a tomada de consciência de um passado, de uma história — não por um "passadismo arcaizante", mas pela reativação do passado rumo à sua própria superação. Uma busca pela identidade, não pela etnicidade (e o autor, falando a uma audiência majoritariamente estadunidense, incluiu em seu discurso os termos *identity* e *ethnicity* para se fazer mais claro). Nesse caso, tampouco propunha uma identidade arcaizante, mas "devoradora do mundo". Diante da escolha (na ordem do dia) entre livrar-se do passado como se fosse um fardo ou assumi-lo como ponto de apoio para seguir em frente, Césaire havia tempos tomara sua decisão: recusar-se a esquecer. Universalidade sim, não como negação, mas como aprofundamento do singular.

Por sua vez, Senghor, em seu livro *Ce que je crois* (1988), nos fornece já no subtítulo a resposta à pergunta do título, resumo daquilo em que ele acreditava na sua maturidade: "negritude", "francidade" e "civilização do universal". Nessa obra, pouco estudada pela literatura sobre a negritude e talvez a mais importante para a compreensão do pensamento senghoriano, é interessante observar que, após um progressivo afastamento das raízes parcialmente biológicas do conceito nos primeiros escritos de Senghor na direção de uma argumentação basicamente culturalista e espiritualista, o autor retoma a biologia em nova roupagem. *Ce que je crois* constitui o retorno do biológico e do físico na noção senghoriana de raça. É como se o pensador senegalês tivesse, ao longo do tempo, despido-se da noção biológica de raça como uma resposta a seus detratores (à medida que eram desacreditadas as tradicionais fundamentações baseadas nos traços físicos aparentes), mas apenas até o ponto em que encontrou novos fundamentos biológicos que julgou críveis e defensáveis, com base "científica": os grupos sanguíneos — ou, mais exatamente, os cromossomos. Senghor afirma[18] que as raças se traduzem em diferentes grupos sanguíneos: O para os negros, A para os brancos e B para os amarelos. "Cada temperamento, porque enraizado na carne e no sangue, é determinado por um grupo sanguíneo (A, O, B), ou melhor, pelo equilibrio de sua mistura [...]. A é 'harmônico', O 'melódico', B 'rítmico'. E AB 'polifônico'" (Senghor, 1988, p. 98). Em específico, os fatores considerados então por Senghor para definir a negritude ("a cultura negro-africana") são a pré-história e história africanas e o sangue, pois estes determinam o "temperamento" do qual a cultura "é filha". A determinação biológica aqui é explicitada como talvez nunca havia sido. É como se o espectro de Gobineau retornasse por outros meios à obra de Senghor.

Além da raça e de seu sustento biológico, a mestiçagem é crucial na argumentação de Senghor, uma vez que já era um traço comum a todos os povos no final do século XX e era para ele um objetivo a ser perseguido. A mestiçagem (racial e cultural) constituiria a base do que o autor chamava — com base em Teilhard de Chardin — de "civilização do universal", o que então era explicitamente seu objetivo maior. Nesse contexto, a negritude seria mais uma das civilizações que contribuiriam à constituição da civilização do universal. Senghor afirma que a significação da negritude evoluiu do "conjunto de valores da civilização negra" para o "combate por uma libertação das cadeias da colonização cultural, mas sobretudo para um novo humanismo" (Senghor, 1988, p. 137). Sua contribuição essencial à civilização do universal seria exatamente esse "novo humanismo", "uma certa maneira de ser homem, sobretudo de viver como homem. É a sensibilidade e, portanto, a alma mais que o pensamento" (Senghor, 1988, p. 139). De certo modo, Senghor assumia em parte a argumentação de Sartre de que a negritude teria

18 Para construir o argumento, ele se baseia nas obras dos biólogos Jean Bernard, Jacques Ruffié e Léone Bourdel.

um caráter antitético. Todavia, como mostrará a seção seguinte, se para Sartre ela desapareceria na síntese universal que era o socialismo, para Senghor as diferenças permaneceriam expressas e vivas na civilização do universal. Mais precisamente, esta só existiria em função do reconhecimento e da comunhão entre os diferentes grupos humanos enquanto diferentes. Em termos bem distintos, algo próximo ao que Césaire afirmava no ano anterior quando falava de universalidade como aprofundamento do singular.

A negritude contribuiria tanto para aquele almejado resultado final e superior quanto a francofonia, movimento do qual Senghor era um dos principais idealizadores e líderes desde que este começou a se constituir ao longo dos processos de descolonização das colônias africanas francesas. Senghor explicava sua articulação entre negritude e francofonia, lida por seus críticos como contraditória, defendendo que o movimento da negritude sempre havia sido o de buscar as raízes da alma negra "para melhor se abrir, na sequência, aos aportes fecundantes das outras civilizações, essencialmente da civilização francesa" (Senghor, 1988, p. 161). Tais aportes seriam o que o autor entendia como o espírito de método e de organização dos franceses, e a riqueza e clareza de sua língua. Por fim, Senghor defendia seu novo conceito recém-lançado, a "francidade" (*francité*): "O conjunto de valores da língua e da cultura, portanto, da civilização francesa" (Senghor, 1988, p. 158). E lançava o projeto da "latinofonia" (ao qual a francofonia deveria se agregar), como modo de constituir o "Humanismo do universal". Senghor se mostrava, talvez mais explicitamente que nunca, como o protótipo do intelectual assimilado que resulta numa espécie de mestiçagem cultural. Ou, melhor dizendo, de "hibridismo" cultural, expressão tão ao gosto da literatura pós-colonial, que prefere evitar a referência racial contida na noção de mestiço.

A ideia de "humanismo do universal" e de "civilização do universal" nos leva ao coração do romantismo de Senghor. Talvez a principal confirmação de sua associação ao romantismo seja o último capítulo de *Ce que je crois* (que por si só justificaria maior atenção dos estudiosos do tema). Senghor apresenta ali uma compreensão da história universal carregada de elementos notáveis. Sua narrativa começa no surgimento da humanidade e da civilização na África negra, seguindo pela cultura greco-latina marcada pela mestiçagem com a África negra. Afirma a consolidação, por mil anos (a Idade Média), de uma "civilização ocidental" que era uma mestiçagem de Ocidente e Oriente (este, por sua vez, também anteriormente mestiçado com os negros). Esse momento, portanto, teria sido a primeira realização de um tipo de universalidade no mundo. Universalidade abafada, porém, pelo Renascimento, por Descartes e pela máxima realização da "razão discursiva" e do "realismo sem alma" no "estúpido século XIX". Por fim, a reação que levaria em breve à civilização do universal foi iniciada em 1889 ("a Revolução de 1889") com a publicação do *Ensaio sobre os dados imediatos da consciência*, por Henri Bergson, e de *Tête d'Or* [Cabeça de ouro],[19] por Paul Claudel. Tratava-se "das primeiras reações maiores e convincentes ao *cogito ergo sum*: tanto ao racionalismo discursivo quanto ao positivismo materialista" (Senghor, 1988, p. 210). Temos aqui, em poucas páginas, a valorização do passado africano e também do medieval europeu; a crítica aos males da modernidade, da racionalidade, do utilitarismo, do positivismo; e a retomada de valores pré-modernos (espiritualidade, sensibilidade, comunitarismo, personalismo...) para a construção de um futuro superior verdadeiramente universal, no qual o homem voltará a viver em comunhão. Temos, portanto, todos os elementos do roman-

19 Bergson, em particular, permitia a Senghor a conciliação entre razão e sensibilidade/fé, almejada por este desde o princípio. Claudel — e, através dele, Arthur Rimbaud — significava o mesmo tipo de conciliação, porém no campo estético.

tismo — e de um tipo particular de romantismo, como veremos no final deste capítulo.

Entre o metafísico, o biológico, o psicológico, o cultural, o histórico, o social, os criadores da negritude se movimentaram em idas e vindas para justificar a tese da unidade negra em seu passado, presente e porvir. Essa longa viagem foi resumida por V. Y. Mudimbe (1988, p. 88) da seguinte forma:

> Se eles [os autores da negritude] acreditaram na afirmação de sua diferença, foi [...] por causa dos antropólogos e dos negros estadunidenses. Também, no período entre as duas guerras eles foram observadores privilegiados da crise dos valores ocidentais. Além do mais, sua descoberta mais recente de Marx lhes deu razões para sonhos utópicos.[20]

20 Creio que Sanches resuma bem a trajetória dos dois autores nesta longa passagem: "Senghor evoluiria de uma negritude militante para uma noção de crioulidade e de assimilação como processo de apropriação criativa, o que lhe permitiria reconciliar-se com a francofonia, recusando sempre qualquer via marxista, pese embora a sua adesão a um modelo socialista mais local do que universal. Já Césaire, depois da descoberta da sua negritude em França, vira-se para o internacionalismo comunista, de que, contudo, se viria a distanciar na célebre 'Carta a Maurice Thorez' (1956), ao reconhecer as limitações que essa abordagem desracializada apresentava para os negros franceses e a causa anticolonial. Mais tarde viria a admitir [...] as vantagens de uma não independência para a sua Martinica natal, tornando-se, tal como Senghor, antes da independência do Senegal, deputado francês desse novo território ultramarino, o que não invalidaria a sua permanente militância pela causa da diferença, nomeadamente no contexto republicano francês, acentuando a necessidade de acrescentar à tríade liberdade, igualdade, fraternidade a causa da identidade" (Sanches, 2011, p. 21).

UM CONCEITO CONTINGENTE

Com relativa rapidez, a negritude recebeu reconhecimento entre intelectuais referenciais da teoria crítica. Entretanto, desde o primeiro momento isso se deu de forma condicionada. Sem dúvida, o marco inicial na divulgação do conceito e do movimento foi o apoio brindado por Jean-Paul Sartre, ao publicar "Orfeu negro" em 1948 como introdução à compilação *Anthologie de la nouvelle poésie nègre et malgache de langue française* [Antologia da nova poesia negra e malgaxe em língua francesa], editada por Senghor.[21] O curioso é que, ao mesmo tempo que respaldava a negritude, Sartre previa seu ocaso. A dubiedade estava implícita em sua própria compreensão do fenômeno enquanto um "racismo antirracista", e sua argumentação o apresentava como uma "antítese" necessária à "tese" do racismo branco. Entretanto, tese e antítese deveriam ser superadas pela síntese que debelaria as raças: o socialismo. Vejamos como ele traça seu argumento.

Sartre dirige-se aos brancos ao introduzir aquela antologia, defendendo seu conteúdo como revolucionário — a única poesia revolucionária naquele momento. Enquanto isso, o proletariado europeu estaria incapacitado de produzir poesia revolucionária, dados sua reificação e seu embrutecimento. Embora a opressão aos trabalhadores no capitalismo seja uma só, ela se apresentaria de formas diferentes no tempo e no espaço. O negro é oprimido primeiramente por ser negro, e é natural que seu primeiro passo seja tomar consciência de sua raça. Se durante séculos tentaram convencê-lo de sua animalidade, é mister que ele agora, inversamente, convença seu opressor de sua humanidade. Para Sartre, aquele esforço era incontor-

21 Para uma análise aprofundada da relação de Sartre com a negritude e posteriormente com seus críticos, ver Jules-Rosette (2007).

nável, pois se um judeu pode viver entre os brancos negando ser judeu, no caso do negro não há alternativa: "Ele é preto".

> Está pois encurralado na autenticidade: insultado, avassalado, reergue-se, apanha a palavra "preto" que lhe atiram qual uma pedra; reivindica-se como negro, perante o branco, na altivez. A unidade final, que aproximará todos os oprimidos no mesmo combate, deve ser precedida nas colônias por isto que eu chamaria momento da separação ou da negatividade: este racismo antirracista é o único caminho capaz de levar à abolição das diferenças de raça. (Sartre, 1960, p. 111)

Se a negritude enquanto resposta do negro à opressão do branco é "subjetiva" e o marxismo como resposta do proletariado europeu à opressão do burguês é "objetivo", é porque a opressão ao negro vem de uma contestação ao seu ser, e não de condições de exploração meramente objetivas. Daí a necessidade da busca e expressividade da "alma negra", o "ser-no-mundo do negro" (aqui Sartre faz menção a Heidegger) e sua apresentação geralmente de um modo literário. Ele entende essa busca e expressividade como "órfica", associando a descida incansável do negro ao interior de si mesmo com a que fez Orfeu para reclamar sua amada Eurídice a Hades e Perséfone.[22] E considera aqueles poetas negros "autênticos", autores de uma "poesia de agricultores" oposta a uma "prosa de engenheiros", porque mais próximos de uma "tradição popular" (desconsiderando

22 Como mencionado, a descida de Orfeu ao mundo dos mortos em busca desesperada por sua amada havia sido apropriada primeiramente por Césaire no *Diário de um retorno ao país natal*, de 1939. A partir de seu uso por Sartre como alegoria de todo o movimento, se constituiu num símbolo da busca do negro por sua identidade, sendo retomado em diversas obras subsequentes: vide a peça brasileira *Orfeu da Conceição* (1956), de Vinicius de Moraes (encenada pelo Teatro Experimental do Negro, de Abdias do Nascimento), bem como sua adaptação francesa ao cinema intitulada *Orphée Noir* (1959), de Marcel Camus.

a origem de todos eles), enquanto o intelectual europeu estaria separado do popular por "dez séculos" de poesia erudita. De resto, reproduzindo a filosofia da história do materialismo dialético que o influenciava cada vez mais naquele momento de sua trajetória intelectual, Sartre insiste que a negritude era

> o tempo fraco de uma progressão dialética: a afirmação teórica e prática da supremacia do branco constitui a tese; a posição da Negritude como valor antitético é o momento da negatividade. Mas esse momento negativo não possui autossuficiência e os negros que o usam o sabem muito bem; sabem que visa preparar a síntese ou a realização do humano numa sociedade sem raças. Assim a Negritude é para se destruir, é passagem e não término, meio e não fim último. (Sartre, 1960, p. 145)

Para além dessa tese, que força seu objeto de análise no interior da filosofia da história marxista e que subalterniza a luta do negro (particular) à luta do proletariado (universal), talvez o mais interessante da análise sartreana seja a percepção da negritude enquanto busca de uma narrativa histórica e de uma identidade. Sartre observa que aquela literatura já havia produzido uma "gesta negra", com uma idade de ouro seguida da dispersão e do cativeiro, da tomada de consciência, das revoltas escravas e seus heróis como Toussaint Louverture, da abolição e, finalmente, da necessidade da libertação definitiva. Que aquilo lhes atribuía, portanto, um passado coletivo e um futuro comum. Que era, assim, ao mesmo tempo passado e futuro, uma remota "inocência perdida" e um projeto a realizar-se no futuro. A negritude seria concomitantemente descoberta e criação, ser e dever-ser, o que nos constitui e o que nós constituímos — como toda noção antropológica, observa Sartre.

Se a atitude de Sartre em relação à negritude é a de um *compagnon de route*,[23] as referências ao conceito feitas por Frantz Fanon são bem mais ambíguas e marcadas pela especificidade, pela ironia e por vezes pela obscuridade, tão características de sua obra. Fanon reconhece a influência da negritude em sua formação e demonstra especial admiração por seu conterrâneo e mestre Césaire; remete a todo momento a Senghor, apesar de nem sempre nomeá-lo explicitamente; e participa de eventos organizados pelo grupo, mas sempre num diálogo tenso. Pode-se dizer que sua postura em relação à negritude se apresenta de quatro formas não excludentes:

> Elogio da Negritude como reabilitação da "consciência negra", da experiência vivida do homem negro; virulenta crítica da Negritude como "retorno ao passado", reclusão numa identidade negra, dissimulação derradeira de "máscaras negras"; definição da Negritude como "preâmbulo" das lutas de liberação nacional, momento (necessário mas não suficiente) de contra-assimilação, de edificação de mecanismos de defesa contra as agressões coloniais; subversão da Negritude, repetição de suas teses culturais-raciais sobre o homem africano reconduzidas às suas verdadeiras causas político-sociais. (Renault, 2014, p. 22)

Em *Pele negra, máscaras brancas* (1952), citando trechos de Senghor e principalmente de Césaire (sendo irônico nas referências ao primeiro e respeitoso em relação ao segundo), Fanon afirma ter se afundado até o pescoço na tese do "irracionalismo" negro, pois ele havia racionalizado o mundo e o mundo o havia rejeitado pelo preconceito de cor. O autor afirma ter reivindicado

23 Sartre utilizou a expressão "companheiro de viagem" para se referir à sua militância no Partido Comunista Francês de 1952 a 1956, sinalizando exatamente que seu engajamento no partido não representava um apoio total e irreflexivo às suas políticas.

sua negritude até o momento em que Sartre demonstrou ser aquilo apenas uma etapa "na dialética". Ao ler Sartre, Fanon sentiu "que perdia minha última chance. Eu declarei aos meus amigos: 'a geração dos jovens poetas negros recebeu um golpe que não se perdoa'. Eles tinham apelado a um amigo dos povos de cor, e esse amigo não tinha encontrado nada melhor para fazer que mostrar a relatividade de sua ação" (Fanon, 1971, p. 108). Sartre havia esquecido que a consciência necessita perder-se no absoluto, no substantivo, no essencial, para tomar consciência de si mesma. Ao enunciar que aquele esforço era a negatividade de uma dialética, Sartre "destruiu o entusiasmo negro". Num lamento, Fanon afirma que contra o devir histórico havia de se opor a imprevisibilidade, pois ele desejava "se perder na negritude absolutamente. Talvez um dia, no seio desse romantismo infeliz..." (Fanon, 1971, p. 109). E segue dialogando com Sartre, reconhecendo que a experiência negra é ambígua e individual (não há um negro, há negros, observação que se articula à ênfase psicológica de sua análise), que sua negritude "não é uma torre nem uma catedral" (aqui citando Césaire). No entanto, insistia: *je suis un nègre, je suis un nègre, je suis un nègre*... "Sem passado negro, sem futuro negro, seria impossível existir minha negridão. Ainda não branco, e não mais negro, eu era um condenado. Jean-Paul Sartre esqueceu que o negro sofre em seu corpo diferentemente do Branco. Entre o Branco e eu há irremediavelmente uma relação de transcendência" (Fanon, 1971, p. 112).

Albert Memmi, em *Retrato do colonizado, precedido de Retrato do colonizador* (1957), obra que se tornou um clássico da literatura anticolonial, apresenta diversas reflexões que iluminam a compreensão da negritude. Reflexões em certa medida próximas da visão sartreana sobre o tema, mas, em seu caso, pela perspectiva do colonizado (mais especificamente, um colonizado tunisiano integrante da minoria judaica), sistemicamente inserido no colonialismo e sem o recurso da filosofia da história marxista. Assim como o Fanon de *Pele negra, máscaras brancas*,

Memmi adota posição tanto crítica quanto compreensiva em relação à negritude. Entendendo que o colonizado se forma em função do colonizador (do mesmo modo que o colonizador se constitui em função do colonizado) e que sua situação enquanto colonizado é a longo prazo instável e insuportável, restam-lhe duas soluções que podem ser adotadas simultânea ou sequencialmente: a assimilação e a revolta.

A assimilação seria, no fim das contas, um caminho impossível, pois a assimilação efetiva iria contra o sistema e o faria ruir. O colonizado pode até se afastar de seu meio, mas nunca adentrará de todo no meio do colonizador. Nesse ponto é que, para o autor, surge a xenofobia, e mesmo o racismo do colonizado. Esse racismo, entretanto, não seria biológico nem metafísico, mas social e histórico: "Enquanto o moderno racismo europeu odeia e despreza mais do que teme, o do colonizado teme e também continua a admirar. Em suma, não é um racismo agressivo, mas defensivo" (Memmi, 1991, p. 131). Segue-se que o colonizado assume a religião e a tradição, incorpora sua pretensa inaptidão para a tecnologia. Em clara referência a Senghor e aproximando-se da visão sartreana da negritude como etapa provisória e antitética, Memmi observa que

> um autor negro fez o seu melhor para explicar para nós que a natureza dos negros, seu próprio povo, é incompatível com a civilização mecanizada. Ele obteve um orgulho curioso daquilo. Então, sem dúvida provisoriamente, o colonizado admite que ele corresponde àquele retrato de si mesmo que o colonizador lhe impôs. Ele está começando uma nova vida, mas continua a subscrever a decepção do colonizador. (Memmi, 1991, p. 137)

Portanto, o colonizado começa por se aceitar como algo negativo, mas esse elemento negativo se tornou parte essencial de seu revivalismo e da luta contra o colonialismo. De repente, como uma reversão da acusação colonial, "o colonizado, sua cultura, seu país, tudo que pertence a ele, tudo que ele representa se tornam elementos perfeitamente positivos" (Memmi, 1991, p. 138). Trata-se, para Memmi, de uma "contramitologia" (voltarei a essa ideia mais adiante). "O mito negativo imposto a ele pelo colonizador é sucedido por um mito positivo sobre si mesmo sugerido pelo colonizado" (Memmi, 1991, p. 139). Inevitavelmente, antes da revolta e durante ela, o colonizador representa para o colonizado seu modelo ou sua antítese. Com o fim do colonialismo, o ex-colonizado precisaria parar de se definir com base nas categorias do colonizador. Uma vez que, para Memmi, não havia qualquer essência psicológica ou metafísica a determiná-lo, com o fim da colonização o colonizado se tornaria algo distinto, "um homem como qualquer outro": "Geografia e tradição são obviamente forças permanentes. Mas talvez naquele momento haverá menos diferenças entre um argelino e um marselhês do que entre um argelino e um libanês" (Memmi, 1991, p. 153).

Por fim, é interessante voltar a Fanon, que rediscute a negritude com olhar menos condescendente em sua obra mais relevante, a última publicada durante sua curta vida e indelevelmente marcada por sua participação na luta pela libertação da Argélia. Em *Os condenados da terra* (1961), sua insistência já estava na luta não mais por uma identidade supranacional, mas por uma cultura nacional como parte essencial nos processos de descolonização — tese já antecipada em suas participações nos referidos congressos de escritores negros organizados pela *Présence Africaine*. Para construir seu argumento, Fanon remete àqueles dois congressos e à negritude — àquela altura, pertencentes a seu passado intelectual. Justifica os distintos interesses e projetos entre negros africanos e americanos em prol de suas diferentes culturas nacionais, visto que uma cultura só pode ser nacional. Enquanto naturalmente os líderes da negritude insistiam nas semelhanças e na necessidade de articulação entre os negros do mundo (vimos parte da argumentação de Césaire nesse sentido na seção anterior), diversos intelectuais estadunidenses (e também Fanon) insistiam nas especificidades nacionais. Fanon afirma ter sido compreensível a reação inicial da intelecualidade negra ao racismo por meio da negritude, invertendo os argumentos do colonizador. No entanto, a insistência nesse caminho levaria a intelectualidade negra a um beco sem saída.

> A cultura negra e negro-africana se partiu em diferentes entidades porque os homens que gostariam de encarnar essas culturas entenderam que toda cultura é primeiro e antes de tudo nacional, e que os problemas que mantiveram Richard Wright ou Langston Hughes em alerta eram fundamentalmente diferentes daqueles que poderiam confrontar Léopold Senghor ou Jomo Kenyatta. (Fanon, 1966, p. 174-5)

Para Fanon, a cultura nacional alimenta a luta de libertação política, cujo elemento central seria a violência revolucionária (o elemento principal desse clássico livro). A cultura nacional será, em grande medida, construída ao longo da luta, e aqui é importante destacar que o autor diferencia cultura nacional de "costumes", "folclore" ou um "populismo abstrato" ("deterioração da cultura"). Fanon até concede que o intelectual revolucionário poderia "usar o passado com a intenção de abrir o futuro, como um convite à ação e uma base para a esperança. Mas, para garantir aquela esperança e dar-lhe forma, ele deve tomar parte na ação e se entregar de corpo e alma à luta nacional" (Fanon, 1966, p. 187). De resto, nunca haverá uma cultura negra. Seguir instistindo nisso seria nada mais que mistificação. O que haverá serão culturas nacionais, mas, para isso, deve-se produzir condições para seu pleno desenvolvimento, o que só seria possível com as independências. Para Fanon, o próprio Senghor demonstrava na prática não agir de acordo com essa premissa ao, segundo o autor, defender como presidente do Senegal os interesses franceses na Argélia.

A pretensa mistificação, o culturalismo e o "racismo reverso" ou "racismo antirracista" seriam as bases das críticas lançadas à negritude nas décadas seguintes, particularmente daquelas oriundas do próprio continente africano (muitas vezes acompanhadas de ataques à política do presidente Senghor, já antecipados pelo próprio Fanon), quando a negritude progressivamente foi perdendo apoio. Vejamos a seguir alguns exemplos de como essas críticas se apresentam.

UM CONCEITO VILIPENDIADO

Se a negritude recebeu suas primeiras críticas ainda na forma de apoios condicionados (de certo modo, apoios críticos ou críticas internas), ela passou a sofrer progressivos ataques frontais, particularmente após os processos de descolonização africana. De início, eles vieram sobretudo do marxismo africano, que denunciou na negritude fatores como sua ênfase racial em detrimento da análise classista, seu culturalismo e sua passagem a "ideologia oficial" (em especial no Senegal governado por Senghor). Posteriormente, recebeu críticas de fontes mais diversas, pós-coloniais, cosmopolitas, liberais etc., que procuraram questionar a existência de uma essência negra ou africana para enfatizar a busca pela universalidade e também diversidades múltiplas e híbridas.

Além de autores (como Fanon) que foram adotando um tom crescentemente crítico ao conceito e ao movimento, porém sempre fazendo diversas concessões a ambos, podem-se localizar bem cedo algumas críticas mais demolidoras. Elas já estavam presentes nos trabalhos "Une dangereuse mystification: la théorie de la négritude" [Uma perigosa mistificação: a teoria da negritude], de Gabriel d'Arboussier (1949), e "La Négritude: réalité ou mystification?" [A negritude: realidade ou mistificação?], de Albert

Franklin (1953). Os ataques ao caráter mítico do negro-africano e seu passado, mobilizados pela negritude, seriam recorrentes desde então, em geral baseados em uma abordagem marxista. Mais tarde, a isso se acrescentaria sua caracterização enquanto "ideologia neocolonial".[24]

Considerando autores e obras de maior impacto, Marcien Towa se constituiu talvez como o primeiro grande crítico da negritude, com seu *Léopold Sédar Senghor: Négritude ou servitude?*, livro de 1971. O autor procurou conectar a "conciliação" e a "acomodação" que pretendeu sublinhar na obra poética de Senghor com a atitude deste enquanto governante, e o que seria a transformação da negritude em "ideologia" no sentido de "falsificação", "alienação". Para Towa,

> ao fixar os traços da cultura e civilização negra em termos quase biológicos, contrapondo-os ao *éthos* europeu, as definições de Senghor pendiam perigosamente para o particularismo e o con-

24 Senghor simplifica consideravelmente as críticas dirigidas à negritude no texto em que as aborda de maneira mais sistemática, "Problématique de la Négritude" [Problemática da negritude], de 1971. Nele, o autor afirma que as críticas ao conceito teriam duas motivações: as diferenças entre negros da diáspora e de colonização francesa e inglesa; e geracionais. O primeiro fator deve ser para ele relativizado: Senghor destaca a origem afro-estadunidense da ideia de negritude (ainda que anterior ao conceito), a partir de Du Bois, bem como procura aproximar as motivações entre o movimento e a ideia de *African personality*, mais comum aos intelectuais africanos anglófonos. Por sua vez, o fator geracional deveria ser comemorado: é positivo que as novas gerações busquem superar as anteriores. Por fim, Senghor procura defender-se do conteúdo das críticas, insistindo na validade de sua abordagem culturalista e étnico-racial. Considero que os fatores "origem" e "geração" expliquem apenas parte das críticas dirigidas ao movimento. Podemos agregar fatores ideológicos, políticos, de classe, de área profissional, de raça etc. Como estamos vendo, o campo de argumentações étnico-racial tão caro ao movimento foi sendo desconstruído ao longo do século XX em muitos flancos. Por sua vez, a abordagem culturalista foi ganhando peso no final do século, o que explica parte do resgate mais recente do conceito de negritude.

> formismo. Sua concepção teria como armadilha sua própria base teórica, que era dualista e universalista. Dualista porque, embora pareça a princípio libertadora, ao demonstrar um distanciamento do ex-colonizador, a forma como tal distanciamento se dá é polarizada, dual, na qual o africano é o não europeu e, uma vez que se define o europeu como racional, o africano é o não racional. [...] Universalista porque coloca os africanos em uma única categoria, a de negros, caracterizada pela predominância da sensibilidade em detrimento da racionalidade, definindo-os como seres que compreendem o mundo através do universo mágico-religioso. (Silva, 2016, p. 59)

Towa afirmava então que "a negritude de Senghor [...] é a ideologia oficial do neocolonialismo, o cimento da prisão onde o neocolonialismo pretende nos enfurnar, e que nós devemos portanto derrubar" (*apud* Mpala-Lutebele, 2005, p. 42). Deve-se mencionar também que esse (anti)"movimento" de intelectuais negros em direção a uma "antinegritude" teve um momento institucional importante no Festival Cultural Pan-Africano realizado em Argel (Argélia) em 1969. Ali, a crítica à negritude se expressou fortemente, em especial através da atuação de dois autores analisados a seguir: Stanislas Adotevi e René Depestre.

Talvez a crítica mais dura à negritude tenha vindo de *Négritude et négrologues* (1972), de Adotevi, sociólogo que foi ministro da Informação e da Juventude e Cultura do Daomé (atual Benin) ao longo dos anos 1960. Nesse ensaio marcado pela ironia e por ataques fortes (por vezes grosseiros e nem sempre desenvolvidos a contento), Adotevi mira a negritude, os socialismos africanos e a etnografia e antropologia ocidentais. Procura superar qualquer versão essencializada do negro-africano, para chegar a um negro "real" que terá seu papel a cumprir na revolução socialista universal (e para isso deve deixar de lado negritudes, negrologias, negrofilias, e falar de negros). Sem dúvida alguma, o principal alvo é Senghor, apresentado como o símbolo da degeneração, da "cadaverização" do conceito:

> A negritude de hoje, a negritude dos discursos, não é nada menos que uma pura e simples propaganda, uma panaceia aos problemas de governo. A muito bizarra fórmula senghoriana de divisão racial do trabalho intelectual (a emoção é negra como a razão é helênica) visa unicamente perpetuar um regime considerado como neocolonialista no qual ele é presidente. A negritude deve ser o soporífero do negro. É o ópio. É a droga que permitirá na hora das grandes ações haver "bons negros". (Adotevi, 1998, p. 100)

Para Adotevi, o conceito teve uma função a cumprir como uma das respostas possíveis ao racismo em seus primeiros dias, naquele "tempo primitivo do Renascimento africano". Porém, tornou-se ideologia no pior sentido do termo (mistificação ou falseamento da realidade), a serviço do "neocolonialismo" que impediria, então, o negro de tomar consciência de seu papel revolucionário. O elemento principal da crítica recai no essencialismo do conceito, que repousa

> sobre noções ao mesmo tempo confusas e inexistentes, na medida em que afirma de maneira abstrata uma fraternidade abstrata dos Negros. Inclusive porque a tese fixista que a sustenta é não somente anticientífica, mas procede da fantasia. Ela supõe uma essência rígida do Negro que o tempo não atinge. A essa permanência se acrescenta uma especificidade que nem as determinações sociológicas, nem as variações históricas, nem as realidades geográficas confirmam. Ela faz dos Negros seres semelhantes por toda parte e ao longo do tempo. (Adotevi, 1998, p. 45-6)

Talvez o ponto mais interessante da crítica de Adotevi — nesse caso, seguindo Towa — seja destacar que a negritude de certo modo reifica concepções extraídas da etnologia, promovendo sua inversão, positivando o que antes era negativado. Porém, ao não romper com as estruturas recebidas e apenas invertê-las, ela não liberaria o negro de sua posição subalterna. Se o negro tem a contribuir com a sensualidade, a arte, o ritmo, a dança, o misticismo e a emoção a uma civilização que é basicamente racional, industrial, mecanizada, parece evidente que suas contribuições serão secundárias e o levarão a cumprir um papel ainda inferiorizado.[25]

Esse apontamento de Adotevi, contudo, não é de todo justo, pois vimos que Senghor não espera que a "civilização do universal" seja essa civilização ultramodernista descrita (e valorizada) por Adotevi. Senghor (e até certo ponto Césaire) é um crítico romântico da modernidade, um valorizador do passado como elemento a ser resgatado para a sociedade do futuro, e espera que as características desumanizantes, individualistas, materialistas e reificantes da modernidade sejam superadas exatamente pelos atributos inerentes à negritude, por enfatizar sua pretensa tolerância, espiritualidade, integração à natureza, comunalismo, democracia real — não exatamente por sua sensualidade ou seu ritmo. Retomarei essa discussão sobre o romantismo ao final do capítulo. Por ora, só é necessário destacar que Adotevi leva seu argumento ao extremo e segue a direção oposta, expondo uma abordagem marxista em sua versão mais radicalmente modernista — entendendo o socialismo como pensamento do desenvolvimento, do progresso, "antinatureza". Considera que os negros e as novas nações africanas devem se libertar do passado e das tradições para construir seu futuro, passar por processos de moderni-

25 Podemos estender essa crítica a outros autores que, como Senghor, procuraram superar as hierarquias racialistas propondo que cada raça teria seus contributos particulares e, desse modo, algo a agregar através da miscigenação ou hibridização. Vide, por exemplo, Gilberto Freyre.

zação radical, culminando no socialismo — para ele, a etapa superior nesse processo de modernização, o ponto máximo do progresso e da dominação da natureza. Adotevi ataca o romantismo da negritude, seu pretenso culto ao irracional, sua defesa da comunhão com a natureza. Explicita que a modernidade, para ele, é a separação entre ser humano e natureza e a dominação desta por aquele,[26] que "não se faz uma sociedade moderna com uma promessa de simbiose com a natureza" (Adotevi, 1998, p. 116). E arremata dizendo que "a revolução não se faz com mitos", como os da negritude, dos socialismos africanos ou da própria noção de "Terceiro Mundo".

Se a crítica dos anos imediatamente posteriores à descolonização africana insistia na incapacidade de intervenção da negritude na nova realidade de Estados recém-independentes (e sob ameaça do "neocolonialismo"), em "Bom dia e adeus à negritude" (1980) o haitiano René Depestre criticou, por sua vez, a pretensão ontológica do conceito: uma "metafísica somática". De início associado ao movimento, Depestre procurou nesse texto apresentar seu réquiem — o que se reflete no próprio título do trabalho. O autor defendeu seu esgotamento com a negritude, pois agora esta seria uma mistificação apropriada pelo neocolonialismo para afastar os negros de suas reais motivações revoltosas. E insistiu na necessidade de pensar novas formas de compreender a realidade dos negros caribenhos (sua preocupação central).

26 A crítica de Adotevi é recorrente entre as esquerdas quando se trata de desqualificar suas correntes mais românticas, comunais e/ou ecologistas. Como veremos mais adiante, recentemente Pablo Stefanoni a reeditou ao atacar o *sumak kawsay/suma qamaña*, acusando-o de "pachamanismo", baseando-se em uma abordagem modernista, desenvolvimentista, sumamente eurocêntrica. (Quando se espera que certas posturas tenham sido ultrapassadas, elas retornam com força desmesurada.)

O ponto mais interessante de sua argumentação talvez seja a ênfase na "marronagem cultural"[27] nas terras do Novo Mundo, e o entendimento da negritude como mais uma de suas formas:

> Como os escravos originários da África e seus descendentes crioulos americanos reagiram à opressão social e racial que despersonalizou suas vidas? O que fizeram para reestruturar, em terras estrangeiras, os componentes desarticulados de sua identidade histórica? Na medida do possível, eles marronizaram os horríveis mecanismos desculturalizantes ou assimilacionistas da colonização. A história sociocultural das massas submissas do hemisfério ocidental é globalmente a história da marronagem ideológica que lhes permitiu não reinterpretar a Europa da espada, da cruz e do chicote, através de não se sabe qual imutável "mentalidade africana", mas dar prova de uma criatividade heroica, para reelaborar novos modos de sentir, de pensar e de agir. (Depestre, 2001, p. 12)

Depestre nos fala de uma "condição" negra em lugar de uma "alma" negra, uma condição iniciada no primeiro navio negreiro, desenvolvida a partir das condições econômico-sociais encontradas na escravidão das plantations e engenhos e sobrevivente a seu fim pela preservação do racismo. Com isso, as marronagens seguiram existindo e contribuíram na construção das distintas identidades: haitianidade, cubanidade, antilhanidade, brasilidade etc.

Depestre é particularmente duro com Senghor. Associa o senegalês em chave negativa ao "romantismo" por sua visão essencialista, vitalista, mística. Sua posição "nos parece mais próxima do romantismo alemão, de Barrès, Drieu La Rochelle, Ernst Jünger, do que das experiências realmente vividas pelos povos na época da descolonização" (Depestre, 2001, p. 39). O haitiano insiste, ao

27 *Marron* é o termo francês que nomeava no Caribe o que chamamos de "quilombos", e derivaria do espanhol *cimarrón*, como são nomeados os animais domésticos que voltam a ser selvagens.

longo do texto, no caráter temporal, condicional da negritude — que não poderia ser entendida como atemporal nem ser elaborada como ideologia política. O desaparecimento da negritude na universalidade, previsto por Sartre, estava se dando, mas não exatamente como sugerido em "Orfeu negro". As particularidades seguiam vigentes como necessidades das descolonizações e desenvolvimentos dos povos do Terceiro Mundo. Deveriam, porém, estar inseridas no universal: "A diversidade dos traços físicos, das nuances de pele, o fato de ser de uma ou de outra cor, devem poder ser vividos como diferenças felizes de uma mesma condição humana" (Depestre, 2001, p. 39).

Particularmente interessante é a associação, por Depestre, da negritude ao mito grego de Orfeu (o "Orfeu negro"), seguindo a sugestão sartreana; e a sugestão de que esse paralelo já havia sido superado na América Latina e no Caribe pela releitura[28] do Calibã, personagem shakespeareano de *A tempestade* associado agora ao escravo, ao colonizado, ao negro, ao latino-americano. As duas imagens são apresentadas pelo autor para simbolizar a superação da negritude:

> O branco e o negro, como as outras categorias vergonhosamente "raciais" da história contemporânea, estão engajados no processo irreversível de seu desaparecimento da cena histórica. A dupla classe/raça, que tem tantos cadáveres na sua conta, está condenada a desaparecer das leis, das instituições, dos costumes, das mentalidades, dos diversos modos de pensar e de agir da humanidade. O negro assim como o branco são tipos de uma formação social precisa.

28 Depestre é um dos vários responsáveis por essa releitura, junto com o próprio Césaire, Aníbal Ponce, Roberto Fernández Retamar e muitos outros. Enquanto Calibã, o escravo bestializado de Próspero, foi sendo relido pela teoria crítica (e particularmente pós-colonial) segundo essa nova perspectiva, Próspero foi, por sua vez, cada vez mais associado ao senhor de escravos, ao colonizador, ao branco, ao estadunidense.

> [...] A espécie humana — hominização decisiva dos povos — se faz dolorosamente contra os fetiches e os últimos bruxos de um tempo revolto. Os traços dos novos tipos sociais que vão substituir brancos e negros se desenham, timidamente desfigurados, nas gestações atrozes da história. Pode-se, entretanto, estar certo de uma coisa: não é o mito odiosamente homicida de "raça", mas a força e a beleza de uma solidariedade irrestrita que tem chances de unificar os povos do planeta com o odor de maré de uma nova ordem redentora da economia, da cultura e da comunicação. Logo, o fato está aí: não há negritude para amanhã. Nesta manhã, acordando antes dos galos, Calibã, o homem das boas tempestades da esperança, viu o Orfeu negro de sua juventude voltar dos infernos com uma fada sem vida nos braços... (Depestre, 2001, p. 40)

Outra obra já referencial que remete à negritude é *Na casa de meu pai: a África na filosofia da cultura* (1992), de Kwame Anthony Appiah. O esforço do autor se dirige a questionar até que ponto o pan-africanismo seria vigente na contemporaneidade e, respondendo positivamente, estabelecer em que bases ele deveria ser pensado. Entre essas bases não estaria a negritude enquanto conceito essencialista e biologizante, pois calcado sobre a concepção de algo ilusório, a raça/o racismo. A partir daí, Appiah deriva que irreal é também a noção de que haveria uma ontologia africana ou negra, de que todos os negros deveriam pensar da mesma maneira e compartilhar ideias comuns por serem negros, o que chama de ilusão do "unanimismo", seguindo Paulin Hountondji; e afirma ser enganosa a tese de que essa ontologia mereceria ser resgatada, revalorizada.

Appiah aponta também a impossibilidade de buscar um passado histórico comum para o continente, que já era fragmentado antes da efetiva ocupação europeia. Entretanto, mesmo afastando as "falsidades" raciais, metafísicas e históricas, não se deveria abandonar a noção de África (ou de filosofia africana, cultura africana, literatura africana), mas entendê-la em suas bases empíricas e geográficas. Appiah afirma a possibilidade da "escolha" pela identidade africana (para ele, em constituição depois de um século de tentativas):

> Para que uma identidade africana nos confira poder, o que se faz necessário, eu creio, não é tanto jogarmos fora a falsidade, mas reconhecermos, antes de mais nada, que a raça, a história e a metafísica não impõem uma identidade: que podemos escolher, dentro de limites amplos instaurados pelas realidades ecológicas, políticas e econômicas, o que significará ser africano nos anos vindouros. (Appiah, 2014, p. 246)

A identidade africana, como todas as outras, é para Appiah complexa e múltipla, brotando como resposta mutável a forças econômicas, políticas e culturais, em oposição a outras identidades. Floresce mesmo que desconheçamos suas origens, mesmo que estas sejam ilusórias e enganosas. E não é um fenômeno "racional". De resto, não era surpreendente que a identidade continental estivesse florescendo e

> se transformando numa realidade cultural e institucional através de organizações regionais e sub-regionais. Compartimos um continente e seus problemas ecológicos; compartimos uma relação de dependência perante a economia mundial; compartimos o problema do racismo, na maneira como o mundo industrializado pensa em nós (e permitam-me incluir aqui, explicitamente, a África "negra" e a "magrebina"); compartimos as possibilidades de desenvolvimento dos mercados regionais e dos circuitos locais de produção; e nossos intelectuais participam, através das contingências comuns de nossas histórias diversas, de um discurso. (Appiah, 2014, p. 251)

Por fim, uma das mais recentes críticas à negritude vem de *Crítica da razão negra*, de Achille Mbembe, publicada em 2013.

O filósofo camaronês faz uma crítica respeitosa à obra de Césaire e ao papel da negritude, entendendo-a como compreensível em seu momento. Mas propõe sua superação ao afirmar ser possível uma era "pós-césairiana" rumo a uma universalidade. De fato, a recusa da negritude vem de uma opção filosófica de Mbembe pelos valores do humanismo e do que chama de "comunidade humana", acompanhada de sua insistência na necessidade de superar a afirmação das diferenças. É nesse ponto que o camaronês vai se afastar do legado de Césaire e de Senghor enquanto projeto político-filosófico, pois estes optaram pela "diferença radical" como modo de resgatar sua parcela de humanidade e recusaram um universalismo abstrato. Mas trata-se de um afastamento em relação à negritude que se pode considerar parcial, em processo, pois que Mbembe reconhece haver lugar para ela no mundo atual (mas não no mundo projetado por ele):

> Afirmar que o mundo não se reduz à Europa é reabilitar a singularidade e a diferença. Nisso [...] Césaire é muito próximo de Senghor. Os dois recusam as visões abstratas do universal. [...] Aos seus olhos, o universal é precisamente a ligação de uma multiplicidade de singularidades [...] não há então o universal absoluto. Só há o universal enquanto comunidade de singularidades e diferenças, repartição que é ao mesmo tempo posta em comum e separação. Aqui, a preocupação com o "homem negro" só faz sentido na medida em que abre o caminho a uma outra imaginação da comunidade universal. Nessa era da guerra sem fim e dos múltiplos retornos do colonialismo, uma crítica como essa está longe de estar esgotada. Ela ainda é indispensável nas condições contemporâneas. (Mbembe, 2013, p. 228)

Já que estamos longe ainda de um mundo "pós-racial", seria possível falar então de uma "era pós-césairiana"? Sim, mas apenas se num

> íntimo bloqueio se abraça o significante "negro", não com o objetivo de se comprazer, mas de melhor embaralhá-lo para melhor afastá-lo, para melhor conjurá-lo e para melhor reafirmar a dignidade inata de cada ser humano, a ideia de uma comunidade humana, de uma mesma humanidade, de uma semelhança e de uma proximidade humana essencial. (Mbembe, 2013, p. 248)

O objetivo então é um mundo para além das raças, no qual não haverá lugar para racismos e ideologias da diferença, no qual o africano será um homem livre, capaz de se autoinventar. "O que nós devemos imaginar é uma política do humano que é, fundamentalmente, uma política do semelhante, mas num contexto em que, é verdade, o que nós compartilhamos primeiramente são as diferenças. E são elas que nos fazem, paradoxalmente, nos aproximar" (Mbembe, 2013, p. 255).

Em suma, para Mbembe a proclamação da diferença era um momento num projeto mais longo, de um mundo universal livre do fardo da raça e do racismo. Como se viu, esse argumento, apresentado de diversos modos, é o mais recorrente entre autores que apoiaram de forma crítica a negritude num primeiro momento (seus *compagnons de route* por certo período) e entre os que posteriormente a criticaram de forma mais respeitosa, procurando extrair algo de positivo de sua herança. Dito de outro modo, as críticas à negritude oscilaram entre dois grupos de autores: aqueles que procuraram liquidá-la e os que concederam que ela tinha validade parcial ou temporária (no presente ou já no passado) como um anticonceito ou conceito antitético. É neste quadro que vou discutir se ainda haveria lugar para a negritude. Ao oferecer à questão uma resposta positiva, sugerirei diversos condicionamentos, assim como fizeram os autores daquele segundo grupo.

AINDA A NEGRITUDE?

Observadas todas essas criticas à negritude, cabe questionar se haveria lugar para ela no século XXI. Antes de tomar uma posição, deve-se reconhecer que o "negro" e a "África" são invenções surgidas, em grande medida, de fora. O "negro" é uma invenção do "branco", do "europeu", do "ocidental", assim como a "África" ou o "Oriente", construídos negativamente para a autoafirmação de uma identidade superior — como expuseram Edward Said (2007), V. Y. Mudimbe (1988) e Achille Mbembe (2013). Desse modo, qualquer noção de negritude baseada em essencialismos de qualquer espécie se apresenta como algo pertencente apenas ao mundo da fantasia. Entre os essencialismos, o mais grave e que deve ser afastado com ênfase é o calcado explicitamente em bases físicas, biológicas. O primeiro passo é livrar-se da biologia em qualquer versão senghoriana, aí incluída sua tardia argumentação cromossômica. Menos graves são os essencialismos culturais ou metafísicos-espirituais, que, a bem da verdade, sempre prevaleceram e foram cada vez mais enfatizados pelos autores da negritude. No entanto, não há qualquer base científica para entender tais traços de cultura, religiosidade ou visão de mundo como *inerentes*: para isso, parece-me, sempre estaria à espreita a tentação de retorno ao biológico, uma vez que, em última instância, não há fundamento científico para a defesa da existência de raças, em qualquer sentido que se procure utilizar tal ideia.

Desse modo, noções de base racial/racista como a negritude e, mais amplamente, as diversas vertentes de pan-africanismo (como demonstrou Appiah) não deveriam mais ser entendidas em termos propriamente raciais ou étnicos, mas como opções políticas identitárias a serem ativadas de acordo com a conveniência. A identidade negra pode ser uma identidade socialmente construída, uma resposta ao racismo produzido por outra identidade como forma de dominação. Uma identidade política e antirracista, não mais calcada na noção da raça, mas de um passado comum, uma herança econômico-social que permitiria pensar num futuro igualmente compartilhado — como Césaire quase sempre propõe de modo explícito.

É bom que se explicite o argumento. Nesse sentido, a negritude (e os pan-africanismos de um modo geral) não se baseia numa fantasia, mas possui sólida base material: o legado da escravidão, do imperialismo, do colonialismo, da diáspora, assim como o racismo construído desde o princípio para sustentá-los e vigente contemporaneamente na modernidade capitalista, por sua vez construída em função daquele legado e dele dependente. Como observa Munanga (2012, p. 20), a "negritude e/ou a identidade negra se referem à história comum que liga de uma maneira ou de outra todos os grupos humanos que o olhar do mundo ocidental 'branco' reuniu sob o nome de negros".

A negritude tem base material e é também mito fundador, criação, invenção. Como estou defendendo neste livro, é fundamental que base material e mito andem juntos em qualquer projeto de utopia revolucionária, e de fato andaram juntos na maioria deles. Com a negritude não foi diferente. Desde o princípio, o conceito esteve atravessado pelo dilema atribuído por Devés (2017) ao intelectual periférico entre "ser como o centro" ou "ser como nós mesmos", e esteve marcado pela busca do passado como modo de construir um futuro alternativo — é exatamente isso que o torna relevante para os objetivos deste livro.

A noção de negritude, e o pensamento periférico de um modo geral, são produtos de encontros entre conceitos do Ocidente e concepções originais da periferia — sendo que estas, em certa medida, são produzidas também com base em categorias ocidentais (como "negro") e nas linguagens poética e científica ocidentais. Procurei explicitar o caráter híbrido, a "dupla consciência" vivenciada pelos autores da negritude, que buscaram resolver esse dilema mediante um retorno às raízes e às particularidades, porém com o intuito explícito de integrar o negro (a partir dessas particularidades) a alguma espécie de universalismo em processo de constituição.

Como se viu, a negritude remetia, em certa medida, à organização comunal da produção e/ou distribuição, que estaria ainda parcialmente presente em território africano. María Jesús Cuende González (2008) enfatiza o papel da concepção banto como apresentada por Placide Tempels na negritude senghoriana. Yohann Ripert (2015) observa que a integração do negro à comunidade e à natureza se articula com sua razão emotiva: "Influenciado por Bergson e também por Nietzsche, Heidegger e Sartre, o poder da intuição e da imaginação que Senghor dá à razão emotiva da Negritude se torna um caminho para conhecer um mundo não mais exclusivamente científico [...] mas também artístico" (Ripert, 2015, p. 7). O comunalismo (com todas as suas implicações em termos de comunitarismo, espiritualidade, holismo, democracia direta etc.) e a razão emotiva permitiriam a prevalência da "pessoa" em lugar do "indivíduo" utilitarista da modernidade capitalista, garantindo ao negro sua contribuição fundamental através da "mestiçagem cultural" à "civilização do universal" — o *rendez-vous du donner et du recevoir* [encontro do dar e do receber] projetado por Senghor. A volta às raízes, nesse caso, implica e garante criatividade, renovação: o pensamento senghoriano estaria voltado para o futuro, articulando inclusive conceitos como "progresso" e "desenvolvimento".

Desse modo, a negritude seria um misto de "nostalgia e profecia", como afirmava Césaire. Nesse mesmo sentido, Nadia Yala Kisukidi (2014) aproxima-se da argumentação que apresento aqui, entendendo a negritude senghoriana como uma "nostalgia criativa". Kabengele Munanga, por sua vez, observando que a negritude pode ser entendida tanto como "mito" (retorno a um passado mítico que poderia marginalizar o negro e fazê-lo desaparecer a longo prazo) quanto como "ideologia" (identidade de combate projetada para o futuro), afirma não haver necessariamente uma oposição entre mito e ideologia e propõe conectá-los: "O mito é importante, na medida em que ajuda a nova ideologia a se estabelecer. As linhas-força que serão pensadas para a frente e justificadas pela análise da situação presente pertencem à ideologia (de luta), mas podem ter sucesso quando apoiadas por uma vontade coletiva, reflexo de um passado real ou mítico" (Munanga, 2012, p. 58). A ideia de contramitologia mencionada por Memmi (1991) tem a ver com isso, enquanto elaboração de mitos que sustentam a luta do colonizado. Abiola Irele (2011) observa igualmente que a dimensão mítica com a qual a negritude articula sua visão do negro e seu passado glorioso é típica dos movimentos nativistas e dos nacionalismos em geral, e aponta não haver qualquer problema nisso:

> Uma pura visão sociológica e "realista" perderia o significado profundo desse aspecto da negritude [...]; mas, para além disso, foi muito mais que um mero mecanismo compensatório, no que constituía também uma redescoberta genuína da África, um renascimento da ideia africana de um eu negro (*Black self*). Essa abertura da mente africana para certas dimensões de seu próprio mundo que a influência ocidental havia obscurecido é de fato o elemento mais essencial e mais significativo da literatura da negritude. (Irele, 2011, p. 50-1)

Com tudo isso, pode-se localizar a negritude, enquanto movimento literário e formulação político-filosófica, como uma expressão do romantismo (Irele, 2011, p. 86). Deve-se remeter em especial à noção de "romantismo revolucionário e/ou utópico" proposta por Löwy e Sayre (2015). Como já visto, partindo da ideia de que o romantismo constitui uma crítica à modernidade surgida no interior da própria modernidade, pode-se questionar a visão de que o romantismo seria algo necessariamente passadista ou reacionário. Ele muitas vezes aponta, na realidade, para uma perspectiva de futuro. Em suma, trata-se de buscar no passado elementos que "prefigurem" o almejado futuro alternativo: se já ocorreu, poderá voltar a ocorrer, ainda que em novas bases. Retomemos a epígrafe de abertura deste livro na qual tal ideia se explicita:

> Essa utopia tem raízes poderosas no presente e no passado: no presente, porque se apoia em todas as potencialidades e contradições da modernidade para explodir o sistema, e no passado, porque encontra nas sociedades pré-modernas exemplos concretos e provas tangíveis de um modo de vida qualitativamente diferente, distinto da (e, em certos aspectos, superior à) civilização industrial capitalista. Sem nostalgia do passado, não pode existir sonho de futuro autêntico. *Nesse sentido, a utopia será romântica ou não será.* (Löwy & Sayre, 2015, p. 269)

Entre os seis tipos ideais de romantismos propostos pelos autores, este é o "revolucionário e/ou utópico", o tipo que "investe" na nostalgia em torno de um passado pré-capitalista como base para a construção de um futuro alternativo — e que constitui o objeto principal dos autores. Por isso, o subdividem em cinco tendências distintas: "jacobino-democrática", "populista", "socialista utópico-humanista", "libertária" e "marxista".[29] A partir disso, sugiro que os autores da negritude podem ser entendidos majoritariamente entre os subtipos "populista" e "socialista utópico-humanista".

O subtipo "populista" "almeja salvar, restabelecer ou desenvolver como alteridade social as formas de produção e vida comunitária camponesas e artesanais do 'povo' pré-moderno" (Löwy

29 Mais precisamente, este último subtipo é a preocupação primordial dos autores, que o analisam num capítulo à parte. De fato, o ponto principal de Löwy e Sayre parece ser defender o romantismo no interior do marxismo, e mesmo destacar os elementos românticos em Marx e Engels.

& Sayre, 2015, p. 106), tendo como exemplo clássico os populistas russos da segunda metade do século XIX que consideravam a comuna rural tradicional (*obschina*) a base para a constituição de uma forma russa de socialismo sem a necessidade de um desenvolvimento capitalista nos moldes ocidentais (como expõe o capítulo 1 deste livro). As reflexões sobre o comunalismo feitas por Césaire e, mais especificamente, as de Senghor, encaixam-se nessa linhagem, com a ênfase na comunidade, na comunhão com a natureza e na igualdade. Por sua vez, o subtipo "socialista utópico-humanista" defende uma

> alternativa socialista à civilização industrial burguesa, mas reporta-se ao mesmo tempo a certos paradigmas sociais, certos valores éticos e/ou religiosos de tipo pré-capitalista. A crítica não é feita em nome de uma classe (o proletariado), mas em nome de toda a humanidade, ou mais particularmente da humanidade que sofre, e dirige-se a todos os homens de boa vontade. (Löwy & Sayre, 2015, p. 108)

Aqui os autores incluem socialistas utópicos românticos como Charles Fourier e humanistas socialistas como Erich Fromm. Césaire se aproxima claramente dessa abordagem após o rompimento com o Partido Comunista Francês, em 1956. Senghor o faz à medida que formula seu socialismo africano, apropriando-se do humanismo do jovem Marx e desenvolvendo sua releitura particular da "civilização do universal" de Teilhard de Chardin e do "personalismo" de Emmanuel Mounier[30] (como será visto no capítulo 3).

30 Em um momento ou outro, os autores da negritude chegam a flertar com o subtipo "marxista", em especial Césaire, em seu *Discurso sobre o colonialismo*, mas se trata de um aspecto secundário para a compreensão da negritude — sendo mais decisivo, por exemplo, na maior parte da obra de Amílcar Cabral ou nos últimos anos de Kwame Nkrumah. Segundo os autores, o romantismo revolucionário marxista

Voltando ao questionamento em torno do futuro do conceito de negritude, considero que ele poderia ser relevante numa versão descarnada de essencialismos, não racializada. Em suma, assumindo-se como construção política, como identidade a ser (re)ativada — sem exclusão de outras identidades num contexto diaspórico (Gilroy, 2001), de identidades múltiplas e híbridas (Hall, 2015). Poderia ser relevante sobretudo: (1) como resposta ao racismo ainda vigente, que não pode ser respondido simplesmente com valores abstratos que se pretendem "universalistas" (veja-se o "universalismo" parcial produzido pela modernidade eurocêntrica), ora em questionamento; e (2) como uma formulação transnacional, complementar ou alternativa aos nacionalismos. Manuela Ribeiro Sanches remete respectivamente a esses dois aspectos no trecho a seguir:

> A questão da negritude [...], tema que inspiraria muitas tomadas de posição reivindicando o direito à diferença como forma de garantir a igualdade efetiva, evidenciaria a necessidade, que nos parece ainda justificada, de questionar os preconceitos raciais e culturais que — embora pesem todos os discursos em torno de uma crioulização excessivamente pacífica — continuam a assolar as sociedades contemporâneas. [...] Por outro lado, o caráter transnacional da negritude e do pan-africanismo, outro importante elemento do projeto anticolonial, cria uma tensão produtiva com a afirmação dos nacionalismos anticoloniais que tanto mais valerá a pena revisitar, numa época de globalizações desiguais, mas também de outros tráfegos que geram tanto diferenças só aparentemente irredutíveis, como solidariedades inesperadas. (Sanches, 2011, p. 11-2)

---

enfatiza problemas essenciais do marxismo, como a luta de classes, o proletariado como classe universal ou a utilização das forças produtivas modernas no socialismo.

Quanto à primeira razão, se há racismo, e não havendo razão para que ele desapareça num futuro próximo, pois que é elemento constitutivo da modernidade capitalista (Quijano, 2007), a resposta mais eficaz a ele deverá passar pela valorização e dignificação não essencialista de sua história pelo negro, bem como pela preservação da memória da escravidão e do colonialismo. Deverá envolver sua organização política em torno da(s) identidade(s) negra(s), de suas múltiplas culturas, e nesses aspectos a negritude e os diversos pan-africanismos deverão ter ainda um papel a cumprir. Se as noções de "negro" e de "África" foram impostas aos negros e africanos como forma de dominá-los, o fato é que "negros" e "África" seguem existindo, e ainda são negativizados por amplos setores sociais e movimentos reacionários. Portanto, não há razão para que negros e africanos não possam usar tais referências em proveito próprio, para sua afirmação e libertação. Nessa chave eminentemente antirracista, há maior capacidade de interpelação da negritude no contexto de sociedades com maiorias ou grandes contingentes negros e mestiços em posição subalterna: portanto, sobretudo (mas não apenas) na diáspora. De todo modo, essa retomada do orgulho negro através da busca pelas raízes africanas pode ser notada em movimentos atuais como o "afrofuturismo", que hoje reativa o potencial que haveria no passado (mítico ou não, é o que menos importa) para a projeção de futuros alternativos.

Quanto à segunda razão apresentada, a negritude e os pan-africanismos ainda têm a contribuir na construção e no sustento de novas identidades, intercâmbios, instituições e movimentos diaspóricos, e particularmente na retomada dos esforços em torno de espaços de integração africana e do desenvolvimento da União Africana. Aqueles conceitos podem colaborar para a reativação de identidades transnacionais que ao menos contrabalancem as identidades locais e nacionais. Evidentemente, a negritude é inferior ao pan-africanismo enquanto identidade unificadora transnacional de toda a África (dada a exclusão do

Magreb), prestando-se mais aos espaços de integração subsaarianos. Para a União Africana, pode atuar então como identidade parcial e como uma das formas da afirmação da região perante o mundo, uma vez que parte do lugar subalterno (por vezes do "não lugar") ocupado pelo continente na arena internacional, desde a economia até a produção acadêmica, passando pela desvalorização simbólica do negro (e secundariamente do árabe).

Seja ele mítico ou não, o argumento de que haveria elementos comunais e igualitários presentes em potência nas sociedades africanas e transferidos para a diáspora constitui um catalisador poderoso para releituras da identidade negra com potencial transformador e mesmo revolucionário. Mais uma vez: "Sem nostalgia do passado, não pode existir sonho de futuro autêntico" (Löwy & Sayre, 2015, p. 269). Ao longo do livro, veremos como isso se expressa também em outras formulações contemporâneas.

Para concluir, remeto a um aceno de Immanuel Wallerstein (2007) a Senghor. Defendendo um universalismo efetivamente universal, não mais europeu, Wallerstein resgata a conclamação de Senghor pelo "encontro do dar e do receber". Para ele, o senegalês era o híbrido perfeito da era moderna, portanto, a pessoa adequada para fazer tal conclamação. No entanto, "o que seria preciso, no século XXI, para chegar a um mundo onde não seja mais o Ocidente que dá e o resto que recebe, um mundo no qual o Ocidente veste a capa da ciência e o resto fica relegado a povos de temperamento mais 'artístico/emocional'? Como será possível chegar a um mundo no qual todos deem e todos recebam?" (Wallerstein, 2007, p 119). O autor reconhece que estamos chegando ao final da era do universalismo europeu, e apresenta duas alternativas. A primeira é a de um novo mundo hierárquico e desigual, racista e sexista, "que afirmará basear-se em valores universais, mas no qual o racismo e o sexismo continuarão a dominar na prática, muito possivelmente de maneira mais cruel do que no sistema-mundo atual" (Wallerstein, 2007,

p. 124). A segunda (e amplamente preferível) seria a "multiplicidade de universalismos", uma "rede de universalismos universais". Exatamente o *rendez-vous du donner et du recevoir* projetado por Senghor — aquele encontro no qual as mais diversas identidades e particularidades terão algo a contribuir para um universalismo plural e igualitário.

3

COMUNALISMO NAS DESCOLONIZAÇÕES AFRICANAS: OS SOCIALISMOS AFRICANOS COMO BUSCA PELO PRÓPRIO

É hora de nós, africanos, vivermos essa verdade aplicando-a. É hora de, localizados em nosso continente, enraizados em nossa etnia, em nossa pátria, mas especialmente em seus valores, nós nos criarmos. Como? Retornando às nossas culturas ancestrais e nos desenvolvendo de acordo com nossas linhas de força, nossos valores de civilização. É por isso que [...] os objetivos economistas do centro — a Civilização do Consumo! — não podem ser os nossos. É possível, como sugerem alguns asiáticos, desenvolver outra cultura, até mesmo outra civilização, e moderna, mas também outra economia. Isso seria embasado na ideia de um mínimo vital humano, além do qual o desenvolvimento econômico e o desenvolvimento cultural — o epíteto "social" é ambíguo — seriam conduzidos em conjunto, com ênfase na cultura.

— Léopold Sédar Senghor, "De lá théorie a la pratique du socialisme africain" [Da teoria à prática do socialismo africano] (1976)

Não existem leis naturais do desenvolvimento humano, as quais nos bastaria descobrir e aplicar para atingir o Nirvana de uma sociedade socialista perfeita; ao contrário, é a partir de um propósito deliberado que os homens edificarão sociedades socialistas, e por propósito deliberado que eles conservarão os princípios socialistas sob o aspecto que lhes pareça bom. O homem é unidade e diversidade; existem certos princípios fundamentais da vida em sociedade, mas sua expressão pode variar. Não se reconhecerá nem se definirá uma sociedade socialista pelas suas instituições ou suas afirmações, mas por suas características fundamentais de igualdade, cooperação e liberdade.

— Julius Nyerere, *Liberté et socialisme* [Liberdade e socialismo] (1969)

Podemos nos orgulhar do nome Gana, não por romantismo, mas como uma inspiração para o futuro. É certo e correto que nós temos que saber sobre o nosso passado. Pois, assim como o futuro se move do presente, também o presente emergiu do passado. Não precisamos ter vergonha do nosso passado. Houve muito de glorioso nele. O que nossos ancestrais alcançaram no contexto de sua sociedade contemporânea nos dá confiança de que podemos criar, a partir desse passado, um futuro glorioso, não em termos de guerra e pompa militar, mas em termos de progresso social e de paz.

— Kwame Nkrumah, "Motion of Destiny" [Moção de destino] (1953)

O “socialismo africano” foi um conceito central em boa parte dos novos países oriundos das descolonizações africanas ocorridas entre o final dos anos 1950 e princípio dos 1960. Foi provavelmente a principal corrente teórica africana daquele período. Se, naquele contexto, a noção se tornou um tema de reflexão importante dos estudos das ideias na periferia, foi sendo deixada de lado com o esgotamento ou a derrubada por golpes militares dos regimes que a adotaram como paradigma. Procuro aqui resgatar o conceito, mas de uma forma distinta daquela da literatura dos anos 1960. Não se trata de defender ou de rechaçar sua aplicabilidade naquele momento, nem de discutir sua vigência enquanto projeto coerente que possa servir de alternativa para a África contemporânea. Há considerável literatura sobre sua inaplicabilidade, incorreção ou ao menos sobre algum exagero na argumentação de seus defensores, produzida já durante a implementação daqueles projetos[1] — para

1 Ehud Sprinzak (1973, p. 642) desenvolveu um argumento interessante acerca desse tema. Apesar de reconhecer que há exagero e simplificação na tese do comunalismo das sociedades africanas tradicionais, o autor defende que se tratava conscientemente, para seus formuladores, da elaboração de um "tipo ideal" construído em oposição a outro tipo ideal, o da sociedade ocidental. De maneira geral, "a estrutura de

mencionar apenas alguns, ver Kopytoff (1964), Steeves (1973) e Sprinzak (1973). Sobre os resultados (na melhor das hipóteses, pouco satisfatórios) das políticas baseadas naquelas ideias, há igualmente larga produção, sobretudo a respeito do *ujamaa*, experiência que mais avançou na direção de uma coletivização — ver, por exemplo, Boesen, Madsen e Moody (1977), Fatton Jr. (1985) e Shivji (2012).

Este capítulo se propõe, em primeiro lugar, a entender os socialismos africanos como um momento importante na busca pelo "próprio" por parte da intelectualidade periférica. Mais particularmente, na defesa recorrente, por parte do pensamento crítico periférico, da herança comunal como substrato da transição ao socialismo na periferia — uma expressão importante de "comunalismo". Uma intenção secundária do capítulo será buscar naquele corpo teórico reflexões que possam inspirar o pensamento crítico contemporâneo não apenas na periferia. Se os socialismos africanos têm limites enquanto projetos de transformação coerentes para os dias de hoje — e provavelmente já os tinham, ainda que em menor medida, no contexto em que se buscou aplicá-los —, pode-se sugerir que algumas de suas ideias foram e seguem sendo inovadoras. Nesse sentido, os socialismos africanos podem ser entendidos como tentativas na direção de algo que continua sendo necessário: a gestação de projetos alternativos para a periferia (Akyeampong, 2018).

Este capítulo se estrutura da seguinte forma. Na primeira seção, apresento em linhas gerais o conceito de socialismo africano, destacando suas características principais e o contexto no qual se recorreu a ele. Em seguida, dedico-me a analisar como se

---

pensamento da sociedade tradicional na África era comunal. O sentido dessa comunalidade era o fato de que nenhum indivíduo ou grupo naquela sociedade desenvolveria uma contraideologia que pudesse questionar as normas culturais tradicionais". Nesse sentido, ao contrário do tipo ideal ocidental, a sociedade adquiriria maior relevância comparativamente aos grupos e indivíduos.

manifestou a noção no que considero suas três mais relevantes expressões. Na segunda seção, retomo o pensamento de Senghor (provavelmente o primeiro formulador da noção) para analisar agora sua "fase socialista africana", procurando demonstrar a articulação entre essa ideia e sua reflexão em torno da negritude. Na terceira seção, exponho a ideia de *ujamaa*, central no pensamento de Julius Nyerere, e defendo que esta constitui a expressão mais paradigmática de socialismo africano. Na quarta seção, discuto a noção de "consciencismo" na obra de Kwame Nkrumah, entendendo-a como parte do socialismo africano. Para tanto, é necessário localizá-lo como uma das diversas etapas no pensamento do autor, e particularmente entender como o consciencismo se metamorfoseou na transição ao marxismo africano empreendida por Nkrumah nos seus últimos anos de vida. Por fim, teço algumas reflexões a modo de conclusão, sugerindo, para além dos limites dos socialismos africanos enquanto horizontes emancipatórios, que um estudo aberto e heterodoxo de suas propostas poderia ao menos alimentar novos projetos dessa natureza.

SOCIALISMOS AFRICANOS: PROJETOS ESQUECIDOS

Os socialismos africanos constituem uma etapa essencial das formulações analisadas neste livro. Trata-se da corrente teórica de esquerda mais importante surgida na África, com características próprias bem delineadas. Como observa Pieter Boele van Hensbroek,

> o socialismo africano merece ser estudado como um discurso político em toda a sua acepção (*in its own right*), o que significa que

> faz parte do projeto político de grupos específicos na sociedade, enquanto constitui um conjunto ordenado de ideias e conceitos que moldam as interpretações das pessoas sobre questões políticas vitais e, desse modo, suas ações. (Boele van Hensbroek, 1998, p. 110)

Os processos de descolonização foram fomentados por — e ao mesmo tempo alimentaram — perspectivas identitárias, de desalienação e (re)tomada de consciência, como as diversas expressões de pan-africanismo, a negritude e a ideia de personalidade africana.

> Os defensores da cultura africana viam a perspectiva comunal do povo africano como um terreno fértil para o socialismo. [...] Eles argumentaram que, nas tradições africanas, há uma compreensão da riqueza como algo que está a serviço da comunidade e não em benefício dos indivíduos; portanto, o capitalismo era incompatível com a sociedade africana tradicional. (Murove, 2003, p. 681)

Mais do que mero eco do passado, essa perspectiva comunal da cultura, da sociedade, do povo africano (sempre no singular) teria vigência enquanto o capitalismo ainda não tinha se desenvolvido no continente. Isso justificaria não só uma "via" própria ao socialismo, mas um socialismo próprio, "africano" (enfatizo, sempre no singular).

Para Eduardo Devés (2011, p. 121), essa corrente teve quatro características: "(a) o anticapitalismo; (b) o marcado traço anti-imperialista e anticolonial; (c) a rejeição da existência de luta de classes na África e frequentemente a substituição dessa ideia pela da luta entre Estados ou regiões; e (d) a afirmação de que o socialismo é ancestral na África e que as fórmulas futuras devem inspirar-se ou continuar essa trajetória". Considero que as características (a) e (b) apontadas por Devés podem ser entendidas como complementares. O anticapitalismo traduz claramente a busca pelo "próprio", por uma via específica de desenvolvimento. Esse anticapitalismo se equilibra entre o repúdio (ao menos retórico) ao fomento do modelo capitalista vigente nas antigas metrópoles e a recusa em associar-se a modelos socialistas produzidos para outras realidades e momentos históricos — o que é particularmente compreensível, considerando a condição periférica desses países e o contexto histórico de auge da Guerra Fria. O repúdio aos imperialismos e aos colonialismos é o substrato teórico daquela estratégia, que naquele momento se expressou como "terceiro-mundista" ou "não alinhada". Considero também que os traços (c) e (d) — isto é, os argumentos da inexistência (ou, mais precisamente, do não desenvolvimento pleno até aquele momento) da luta de classes em solo africano e da ancestralidade do socialismo por meio de sua associação à tradição comunal — são também complementares, consequências lógicas um do outro. A tradição comunal ("socialista") não era parte do passado, mas integrava ainda o presente, mesmo que em via de superação caso não se adotasse uma estratégia socialista. Desse modo, não faria sentido defender a centralidade da luta de classes para a estratégia revolucionária se aquelas sociedades ainda eram, em grande medida, "igualitárias".

Devés observa ainda que o socialismo africano

> corrige, revisa em vários sentidos tanto a ideologia marxista quanto os modelos de socialismo real; rejeita a missão civilizadora do capitalismo ocidental, insistindo em seu papel retrógrado, bárbaro e barbarizador; desafia a ideia da luta de classes como motor da história, argumentando que, dada a inexistência de classes sociais na África, isso faria supor que tampouco haveria história; objeta a ideia de que o proletariado seria o gestor do socialismo, sustentando que na África ele não existe porque tampouco existiu o capitalismo e que seria possível construir o socialismo a partir dos grupos que superarão (ou superaram) o colonialismo, sem passar pelo capitalismo. (Devés, 2011, p. 121)

Marx inspira os socialismos africanos, mas não há uma filiação explícita ao marxismo. Seus autores bebem de outras linhagens socialistas além da tradição marxista e recorrem a leituras marxianas bastante heterodoxas, reinterpretando o autor em chave "humanista" e "comunal" — e este é, paradigmaticamente, o caso de Senghor. A influência do que pode ser chamado (na falta de termo mais preciso) de dimensão religiosa também pode ser notada pela recusa do ateísmo e afirmação da espiritualidade. Nesse ponto, os autores remetem não apenas a uma espiritualidade oriunda das religiões africanas mas também à influência do islamismo e do cristianismo no continente — suas principais referências nesse aspecto são autores cristãos, é bom que se diga. A relativização da luta de classes transfere a agência revolucionária ao "povo", à nova "nação" em construção — o que sustenta quase sempre a defesa do partido único ou ao menos dominante. Por fim, o recurso à tradição é um elemento fundamental, uma vez que se defende a herança de um socialismo "negro-africano" que deve ser adaptado à modernidade.

Em resumo, não se trata, para seus defensores, de uma adaptação do socialismo europeu ao solo africano, mas de uma modernização do "socialismo" (mais precisamente, da organização comunal) característico de suas sociedades tradicionais, e em certa medida ainda vigente. Associa-se o socialismo europeu à "técnica" necessária para modernizar o socialismo africano — nesse sentido, o socialismo europeu aparece como sinônimo de "desenvolvimento" e "planificação" (Charles, 1965; Mohan, 1966). Em suma, tudo o que foi dito afirma a "originalidade", "distinção" e "personalidade" africanas defendidas pelos socialismos africanos, sua independência ideológica e política (Mohan, 1966, p. 228). Como frisa Babacar Diop (2012), na expressão "socialismo africano" a ideia de "africano" parece ser mais importante que a de "socialismo". "Socialismo africano" remete ao que seria um conjunto de valores, um *éthos*, uma visão de mundo africana — não aos autores clássicos do socialismo.

Como forma de apresentar os socialismos africanos, retomo os escritos de Léopold Sédar Senghor, Julius Nyerere e Kwame Nkrumah. Os três foram os principais líderes da independência de seus respectivos países e seus primeiros governantes, o que sem dúvida deu maior ressonância a seus trabalhos intelectuais — fortemente criticados nas décadas subsequentes ao fim de seus governos, em parte por suas atuações políticas. Senghor foi presidente do Senegal desde sua independência da França, em 1960, até 1980. Nyerere governou a Tanganica desde sua independência da Inglaterra, em 1961, até 1964 (de 1961 a 1962 como ministro-chefe ou primeiro-ministro e de 1962 a 1964 como presidente, quando o país adotou o presidencialismo), e foi presidente da Tanzânia[2] de 1964 a 1985. Nkrumah liderou Gana de 1952 a 1966, inicialmente como primeiro-ministro da então colônia da Costa do Ouro, em processo de autonomização da Inglaterra, depois como primeiro-ministro da recém-independente Gana, de 1957 a 1960, e, por fim, seu presidente de 1960 a 1966, quando o país adotou o presidencialismo.

Diversos outros intelectuais/líderes políticos podem ser associados ao socialismo africano, como o guineense Ahmed Sékou Touré, o zambiano Kenneth Kaunda e os quenianos Tom Mboya e Jomo Kenyatta (para mencionar apenas alguns). Amílcar Cabral, líder da independência da Guiné-Bissau e de Cabo Verde e notável intelectual que vem sendo resgatado nos últimos anos pelo pensamento decolonial, pode ser considerado um caso fronteiriço entre o socialismo africano e o marxismo africano, apresentando elementos das duas correntes, embora com predominância da segunda (Andrade, 1981; Lopes, 2012). A propósito, o mesmo pode ser dito sobre a última fase de Nkrumah, e procurarei apresentá-lo como a principal referência na transição entre os dois paradigmas. Casos limítrofes

2 A Tanzânia foi formada em 1964 pela união de Tanganica e Zanzibar, então recém-independente da Inglaterra.

como os de Nkrumah e de Cabral ilustram mais claramente os modos de recepção dos socialismos e do marxismo na África, em especial a hibridização dos socialismos africanos com elementos da filosofia política europeia. No entanto, tal hibridização é também perceptível na influência do catolicismo e do socialismo franceses sobre o pensamento de Senghor, e do fabianismo[3] e do liberalismo social sobre Nyerere.

Em resumo, selecionei três casos exemplares que considero os mais recorrentes na literatura, mas de forma a explorar, através deles, a pluralidade do fenômeno. Desse modo, foi escolhido um líder tido como mais "radical" pela literatura (Nkrumah) e um apresentado como "moderado", "conservador" para alguns (Senghor), enquanto Nyerere assumiria uma posição intermediária entre os dois. Ademais, Nkrumah ilustra a passagem, no pensamento crítico africano, do paradigma do socialismo africano para o do marxismo africano ou afromarxismo. Boele van Hensbroek (1998) sugere ainda outra diferenciação entre os três. Para ele, a argumentação de Nkrumah em torno do socialismo africano é calcada numa "visão de mundo", numa "filosofia política" estruturada — uma síntese da herança africana que deveria ser colocada a serviço de uma estratégia desenvolvimentista de industrialização e construção da nação. A de Nyerere seria uma abordagem mais "política", "pragmática", "esquemática", enquanto a de Senghor seria "culturalista".

Sem prejuízo da aceitação de que houve uma unidade entre essas distintas reflexões, deve-se reconhecer a pluralidade existente sob o rótulo de "socialismo africano". Daí decorre

3 Fabianismo, Sociedade Fabiana ou socialismo fabiano é como ficou conhecida uma tendência da social-democracia inglesa originada no século XIX, tendo sido uma das principais influências para a criação do Partido Trabalhista da Inglaterra. O nome é uma referência ao cônsul romano Fabiano Máximo (275 a.C.-203 a.C.) e à tática "gradualista" que adotou na guerra contra os cartagineses. O socialismo fabiano se define como reformista e antirrevolucionário. [N.E.]

a opção, neste livro, de tratá-lo sempre que possível no plural, apesar da perspectiva unitária de seus autores — que deriva da própria visão unitária que eles nutriam até certo ponto em relação "à" África, "ao" negro. É recorrente na literatura a afirmação da radicalidade de Nkrumah (e, por vezes, de Nyerere), que procurou aprofundar as transformações sociais numa direção mais propriamente socialista e romper os laços com as ex-metrópoles; e da moderação de Senghor, considerado "pró-ocidental" e acusado de defender interesses "neocoloniais" franceses. As trajetórias e influências intelectuais também os distinguem. Malgrado essas pretensas distinções, as reflexões de tais autores costumam se basear em visões coletivistas e holísticas de mundo, calcadas na família ampliada e na comunidade, interconectadas à natureza e atravessadas pela espiritualidade. Mais precisamente, caracterizadas por uma unidade familiar estendida (englobando vários graus de relacionamento para além da família nuclear); uma "ênfase na descendência através do grupo familiar ou do clã; uma quase universal tendência em tornar a autoridade política dependente da família ou da linhagem; e a lealdade a uma liderança associada tanto ao poder espiritual quanto ao temporal" (Davidson, 1964, p. 31). É nesse sentido que eles podem ser entendidos como integrantes de uma corrente teórico-política comum.

Nas próximas seções, exploro como cada um dos autores desenvolveu sua argumentação em torno da necessidade de um socialismo africano. A intenção não é analisar todos os aspectos de seu pensamento ou de suas biografias, mas recorrer apenas aos elementos que em suas obras se relacionam mais diretamente com o tema aqui analisado. Fragmentos de textos daqueles autores que abordam o socialismo são articulados com a literatura secundária especializada, de modo a — através de Senghor, Nyerere e Nkrumah — expor as teses centrais dos socialismos africanos.

DE VOLTA A SENGHOR: NEGRITUDE E SOCIALISMO

É hora de retornar à obra de Senghor, para analisar agora seus elementos socialistas. Além de se constituir como um dos fundadores da negritude, Senghor foi incorporando ao longo de sua produção referências e reflexões originais sobre o socialismo, em especial sobre Marx. Tratava-se, no entanto, de um Marx bem peculiar. Comparando os três autores, pode-se afirmar que Senghor incorporou um Marx específico a suas diversas referências anteriores, enquanto Nyerere sempre recusou Marx, e Nkrumah foi o mais próximo propriamente do marxismo. Ao menos publicamente, Senghor foi o primeiro a utilizar o conceito de "socialismo africano". Sua gênese pode ser localizada entre dois momentos-chave: a saída de Senghor do Partido Socialista Francês,[4] em 1948, e a realização da conferência dos Indépendants d'Outre-Mer[5] [Independentes de além-mar] em Cotonou (então Daomé, atual Benim), em 1953, que procurou especificar uma "doutrina especificamente africana", definida então como uma "mistura feliz de socialismo africano e tradicionalismo espiritual" (Skurnik, 1965, p. 353).

Marx se tornou um autor central para o Senghor "socialista africano", que começou a se delinear a partir do final dos anos 1940 com o texto "Marxisme et humanisme" [Marxismo e humanismo], sempre em articulação com os valores da negritude. Mais precisamente, Senghor incorporou "dois Marx" bem particulares: um jovem Marx "humanista" e "hegeliano de esquerda"

4 Então denominado Seção Francesa da Internacional Operária.
5 Grupo de parlamentares franceses representantes das colônias não filiados aos partidos da metrópole ("independentes"). O grupo era coordenado por Senghor.

dos *Manuscritos econômico-filosóficos de 1844*[6] e um Marx "comunal" da maturidade, encontrado na "Carta a Vera Zasulitch", de 1881.[7] Ou seja, Senghor não incorporou as obras clássicas de Marx, menos ainda o Marx de qualquer das vertentes marxistas, e sim manuscritos e fragmentos que foram sendo editados ao longo do século XX (Kisukidi, 2014; Ripert, 2016). Além de Marx, o autor se apropriou de elementos da tradição socialista francesa, desde os chamados "utópicos" até a social-democracia. Senghor se filiou ao Partido Socialista Francês ao fim da Segunda Guerra Mundial, deixando-o para fundar seu partido senegalês em 1948 (o Bloco Democrático Senegalês), mas seguiu em contato com aquela tradição. Veremos como o autor desenvolveu seu "socialismo africano" ao longo de alguns de seus principais textos sobre o tema, particularmente a coletânea de 1961 intitulada *Um caminho do socialismo*.

Na referida coletânea, Senghor afirma desde o início sua filiação a um "projeto de futuro" e "socializante", com uma "herança cultural original", "negro-africana e berbere", porém construído por "homens do século XX". Era um projeto que deveria realizar uma simbiose de valores negro-africanos (mais especificamente, "negro-berberes") e europeus, "porque é a Europa que proporciona os meios técnicos da civilização em formação. Evidentemente, não se vão guardar todos os valores dos dois lados: existem alguns que são negativos, outros que, pertencendo ao passado, conservam unicamente um interesse folclórico" (Senghor, 1965, p. 7). Trata-se de um projeto socialista que procuraria

> repensar os textos básicos à luz das realidades negro-africanas. [...] Podemos integrar os valores da cultura negro-africana, especial-

6 Como já mencionado, publicados em alemão em 1932. Alguns fragmentos foram editados em francês já em 1933, mas uma edição mais completa só veio à luz em 1947.

7 A carta foi publicada em francês em 1947.

> mente os valores religiosos, no socialismo? Devemos responder definitivamente com um *sim* inequívoco. Não somos "marxistas" no sentido dado atualmente a essa palavra, na medida em que o marxismo é apresentado como uma metafísica ateia, uma visão total e totalitária do mundo, uma *Weltanschauung*. [...] Nós somos *socialistas*. Em outras palavras, não excluiremos Marx ou Engels de nossas fontes; partiremos de suas obras, bem como das dos "socialistas utópicos", às quais acrescentaremos as obras de seus discípulos e comentadores. Mas conservaremos somente o método e as ideias: o método que pode servir à análise de nossa situação; as ideias, para ajudar na solução de nossos problemas. (Senghor, 1965, p. 38)

Um ponto central da reflexão de Senghor sobre Marx é a afirmação de que a principal contribuição do alemão não é a economia política, mas sim uma filosofia do humanismo, uma ética. Trata-se de uma releitura de Marx[8] que vinha sendo feita por autores católicos europeus (como Teilhard de Chardin e Pierre Bigo) e pelo "humanismo marxista" (Sartre, Lucien Goldmann, György Lukács e muitos outros), e Senghor pode ser mais bem entendido em diálogo com ambas as correntes. O autor insiste num Marx filosófico e ético, e procura se diferenciar de seu "materialismo", "ateísmo" e "positivismo" — e se afasta sobretudo de

8 "A vida e obra de Marx revelam-nos, principalmente, um filósofo discípulo de Hegel e Feuerbach [...]. Foi dos socialistas-idealistas franceses, batizados mais tarde de 'utopistas', que Marx herdou suas preocupações éticas. Ele assimilou, no sentido etimológico da palavra, filosofia alemã e ética francesa, renovando-as de modo que elas somente aparecem em filigrana na sua obra, particularmente no *Capital*. No decorrer de sua carreira, Marx, insensivelmente, deu uma ênfase mais e mais acentuada ao materialismo, aos meios e às praxes, enquanto se esfumaçavam o pensamento filosófico e as preocupações éticas das obras da juventude. Mas, embora com pouca ênfase e escondidos, eles não desapareceram completamente [...] eles subentendem a obra de Marx. Pode-se aí distinguir mais do que uma filosofia e do que uma ética: uma metafísica, uma *Weltanschauung*, mas trazida de Deus ao homem, do transcendente ao *imanente*" (Senghor, 1965, p. 49).

Lênin e do leninismo, com exceção da defesa do partido de vanguarda a guiar as massas e nelas produzir "consciência".

Em seu "socialismo democrático", Senghor afirmava procurar agregar da herança europeia a filosofia do humanismo, a teoria econômica e o método dialético de Marx. Também "o federalismo e o cooperativismo, que nos vieram dos socialistas utópicos franceses: Saint-Simon, Proudhon e Fourier" (Senghor, 1965, p. 57). Um socialismo

> que vá tão longe ao ponto de integrar valores espirituais, um socialismo que se ligue à escola ética dos socialistas franceses. Histórica e culturalmente pertencemos a essa escola. [...] os socialistas franceses [...] não são tão utópicos como se diz. Na medida em que são idealistas, eles respondem às exigências da alma africana, às exigências do homem de todas as raças e de todos os países. (Senghor, 1965, p. 58)

Yohann Ripert (2016) faz uma genealogia dos usos de Marx por Senghor e localiza em 1948 sua primeira referência aos *Manuscritos econômico-filosóficos de 1844*, e em 1950 a primeira menção à "Carta a Vera Zasulitch". Quanto aos *Manuscritos*, "em 1948, ele publica um artigo em *La Revue Socialiste* [A revista socialista] intitulado 'Marxisme et Humanisme' no qual lê o jovem Marx e os recentemente publicados manuscritos, e argumenta que Marx foi primeiro e principalmente um humanista que perseguiu o enriquecimento do homem e sua libertação da necessidade material" (Ripert, 2016, p. 4). Nas décadas seguintes, Senghor remeteu com frequência aos *Manuscritos* com essa intenção, como no discurso de 1981 intitulado "De la théorie a la pratique du socialisme africain" [Da teoria à prática do socialismo africano], no qual faz citações ao texto póstumo de Marx para defender que o

> objetivo final do socialismo como definido por seus fundadores, seja "utópico" ou "científico", é tornar os homens mais homens:

permitir que floresçam desenvolvendo todas as suas potencialidades. Aqui se pode reconhecer a definição do humanismo contemporâneo. E Jacques Maritain, o filósofo cristão, em seu humanismo integral, junta-se a Marx, o filósofo ateu. (Senghor, 2006a, p. 1)

Quanto à "Carta a Vera Zasulitch", Senghor publica em 1950

> um artigo intitulado "De la liberté de l'âme ou éloge du métissage" [Da liberdade da alma ou elogio da mestiçagem] no jornal *Liberté de l'Esprit*, e menciona a "Carta a Zasulitch" de Marx [...] para sublinhar que as conclusões de *O capital* eram válidas somente para a Europa Ocidental. Para Marx, o exemplo e a particularidade da comuna russa apresentam certas diferenças que poderiam permitir à Rússia saltar a sequência do feudalismo para o capitalismo e o socialismo. O status particular da Rússia nas fases do desenvolvimento capitalista é usado por Senghor para destacar outro status, o da África. No entanto, Senghor apresenta uma oposição direta entre o "exemplo" africano e a organização social europeia. Para Senghor, a "família africana tradicional" parecia ser a solução para os problemas sociais europeus. (Ripert, 2016, p. 3)

Senghor seguiu lançando mão da "Carta" desde então, para afirmar que as conclusões de Marx em *O capital* só eram aplicáveis à Europa Ocidental do século XIX. Vejamos, por exemplo, "Pour une relecture africaine de Marx et Engels"[9] [Por uma releitura africana de Marx e Engels], de 1976, no qual o autor defende explicitamente que

> nós, que vivemos hoje fora da Europa e da América do Norte, podemos partir da "comuna primitiva" ou da etapa (mais desenvolvida)

9 Discurso de abertura da Conferência de Partidos Africanos sobre o Desenvolvimento Planificado e as Vias Africanas ao Socialismo, realizada em Túnis de 1º a 7 de julho de 1976.

> da "comunidade rural" para chegar ao socialismo evitando a etapa burguesa, senão a luta de classes. [...] Eu nem recordarei a necessidade da "vitória do proletariado" na Europa Ocidental, desde que a história a negou e as primeiras vitórias aconteceram não no Ocidente e nos países desenvolvidos, mas no Oriente, na Rússia e na China entre outros: em países com "forma social inferior", para falar como Engels. Eu prefiro lembrar a possibilidade para os países em desenvolvimento de partir da "propriedade comunitária" e especialmente de suas "comunidades populares", isto é, de suas culturas nacionais e étnicas. Restará a ser examinado mais adiante se o objetivo [...] perseguido pelos proletariados dos países ocidentais, especialmente os europeus, é o mesmo que o nosso. (Senghor, 2006b, p. 3)

Senghor defende (desta vez, provavelmente à luz de uma leitura enviesada de Samir Amin) que a grande questão do socialismo seria "menos a de suprimir as desigualdades de classe dentro de cada nação, e sim aquela que existe entre povos ricos e povos proletários, entre 'países desenvolvidos' e 'países em desenvolvimento', como se diz pudicamente, hipocritamente hoje em dia" (Senghor, 2006b, p. 4). Desse modo, visto que as classes e as lutas entre elas seriam incipientes na África, Senghor insiste na transferência da polarização entre classes para uma entre países, regiões, raças. Apropriando-se dos conceitos de "centro/periferia" e de "imperialismo", Senghor afirmava então que "o socialismo, para ser integral, ou seja, desenvolvimento e cultura, exige: uma ruptura ideológica com as 'leituras' do centro, quer sejam 'marxistas-leninistas' ou 'social-democratas'; uma 'desconexão' dos países da periferia em relação a todos os imperialismos, tanto de esquerda quanto de direita" (Senghor, 2006b, p. 5).

O socialismo de Senghor, segundo ele próprio, seria profundamente democrático, pois que as sociedades "negro-africanas" tradicionais eram "das mais democráticas do mundo". Esse debate já foi abordado no capítulo sobre a negritude, mas agora podemos conectá-lo à ideia de socialismo. Senghor desenvolve esse ponto (entre muitos outros textos) em "Négritude et civilisation gréco-latine ou Démocratie et socialisme" [Negritude e civilização greco-latina ou Democracia e socialismo], de 1966. Ali o autor afirma que, embora democracia e socialismo tivessem o mesmo fim — a igualdade —, o socialismo incluiria a democracia econômica e social. Desse modo, a democracia política era um "meio" para se obter o "fim", que era a igualdade. No texto, Senghor compara a democracia grega clássica com seu correlato negro-africano. Para ele, a democracia negro-africana

> estava orientada para os dois polos da *religião* e da *comunidade*. Não que os gregos ignorassem um ou outro; eles não deram a mesma importância. O grego enfatizou a *razão discursiva* a serviço do indivíduo. Ele se colocou sob o reinado de Éris [a deusa da discórdia na mitologia grega]. O negro-africano, na *razão intuitiva* a serviço da comunidade: no *logos*, certamente, mas um *logos* palavra viva antes de ser régua e compasso. (Senghor, 1966, p. 108)

Nessa democracia,

> as várias comunidades — família, aldeia, clã —, dispostas em círculos concêntricos, eram governadas por *conselhos* onde a fala era livre e a igualdade, um direito. A maioria emergia naturalmente das discussões, sem voto, é verdade, e as minorias se reuniam em torno da opinião da maioria, que se tornava unanimidade. Eu digo "unanimidade": uma decisão livremente *con-sentida* no sentido etimológico da palavra e, como tal, aplicada *voluntariamente*. (Senghor, 1966, p. 107)

Senghor afirma que as sociedades africanas do final do século XIX (quando do início dos processos de colonização) estavam majoritariamente nos últimos estágios das "civilizações agrícolas", e em alguns casos já constituíam "civilizações urbanas". O universo "unitário" dos camponeses já estava em processo de especialização — mas não ainda de "divisão de funções" —, o que leva Senghor a afirmar que os historiadores coloniais se equivocavam ao considerá-las sociedades "feudais". No entanto, Senghor reconhece que a África desde então teria entrado na economia capitalista, incluindo processos de industrialização e proletarização — ainda que incipientes, constituindo "quase classes".[10] Desse modo, tanto por permanência material quanto por memória cultural e espiritual, a igualdade estaria ainda presente como um substrato para projetos socialistas. Mas esses projetos deveriam traduzir-se numa versão modernizada daquela igualdade, o que levava à necessidade de implantar técnicas científicas e principalmente de planejamento estatal. Estes seriam os principais aportes do socialismo ocidental à "via africana ao socialismo", ao menos à "via senegalesa", que

> é *democracia harmônica*, no duplo domínio político e socioeconômico. Longe de rejeitar, integra as contribuições europeias: culturais e políticas, econômicas e sociais. Mas é algo muito diferente de uma repetição: de um *seguidismo*. As contribuições escolhidas com discernimento serão integradas aos valores da negritude, fertilizadas por eles. Porque a *negritude não é nada além de todos os valores vivos da África negra*. (Senghor, 1966, p. 117-8)

Em suma, o socialismo africano de Senghor deriva diretamente (e sem contradições) de seu conceito de negritude. Para

10 "Na África pré-colonial, os grupos socioprofissionais não eram divididos em classes, mas em castas, pelo menos na África árabe-berbere e na África sudano-saheliana. Os colonizadores, enquanto deixavam as castas se enfraquecerem, favoreceram um processo de transformação. Mais precisamente, de classificação pelo ensino — não digo pela educação —, pela industrialização e pela urbanização, sem mencionar a administração colonial, que precisava de quadros. Assim, pouco a pouco, junto com os colonizadores formou-se uma nova burguesia de funcionários públicos, de comerciantes e até de empreendedores" (Senghor, 2006a).

ele, a filosofia negro-africana é "existencialista e humanista, como a filosofia socialista, mas integra valores espirituais", pois, "para o negro-africano, as 'forças vitais' constituem a tessitura do mundo" (Senghor, 1965, p. 60). Trata-se de sociedades comunitárias, formadas "de uma comunhão de almas mais do que de uma agregação de indivíduos", que haviam realizado "o socialismo antes da presença europeia", e agora deveriam "renová-lo, ajudando-o a recuperar suas dimensões espirituais" (Senghor, 1965, p. 60).

Como se viu, a releitura de Marx é central no socialismo senghoriano, mas é consideravelmente heterodoxa. El Hadj Ibrahima Diop (2002) nomeia o uso de Marx por Senghor como uma "destruição positiva", e observa que

> a destruição positiva manejada por Senghor é, portanto, uma negação dialética de Marx. Nessa jornada, Senghor busca para seu pensamento diferentes fontes — cristãs, ancestrais, filosóficas, poéticas e políticas, francesas e alemãs. A clara oposição entre Senghor e Marx é manifesta. Entre essas fontes se incluem proeminentemente as crenças espirituais e religiosas da África e o destino político do continente. A leitura senghoriana de Marx — porque é, em última instância, disso que se trata — é predeterminada pela necessidade de encontrar respostas às questões que Marx fez em seu tempo e história: o fim da exploração do homem pelo homem, tese à qual Senghor acrescentou o fim da exploração dos povos proletários do Sul, na primeira posição entre os quais ele coloca os povos negros da África e os da diáspora. (Diop, 2002, p. 1)

Pode-se afirmar que, como Marx, Senghor associa capitalismo a exploração. No entanto, entre as preocupações de Senghor não está exatamente a dimensão classista (e a luta de classes como o "motor da história" em Marx), mas sobretudo a dimensão colonial do capitalismo, mais precisamente sua dimensão racial, o que nele implica a exploração e submissão do negro. Como afirma

Shiera el-Malik (2016), "o problema fundamental do colonialismo é a desumanização, e [...] consequentemente [...] para a descolonização ocorrer, a humanização tem que ocorrer também" (Shiera el-Malik, 2016, p. 804). Contudo, apesar desse aspecto da desumanização provocada pela colonização ser fundamental em sua reflexão, Senghor considera também o capitalismo desumanizador do ser humano em sua universalidade, o que vai se reforçando em seu pensamento à medida que ele entende progressivamente a negritude como uma forma de humanismo (o que é característico do Senghor socialista africano). O "socialismo é apenas um instrumento de ação, um meio, um método a serviço da política e dos homens. [...] O objetivo do socialismo, como o da política, é libertar o homem, libertá-lo de todas as formas de alienação. O socialismo é um projeto de libertação do homem. É um humanismo" (Diop, 2012, p. 4).[11]

Portanto, é no que tange à alienação que a leitura senghoriana de Marx é mais universal: a alienação, a "desumanização" — e necessidade de (re)humanização — do ser humano está no centro da reflexão filosófica de Senghor; é através dela que ele consegue conectar Marx a outras referências importantes de seu pensamento, como Mounier, Teilhard de Chardin, Bergson e Maritain, e é no sentido de superá-las que o negro — por meio

11 Senghor trabalha com a noção de "progresso". Mas, para ele, progresso remete ao ser humano em sua "totalidade": não apenas a elevação do padrão de vida ou da "doçura" da vida, mas o movimento da humanidade e de cada indivíduo na direção de um "mais ser" (*plus être*). É a presença de uma concepção de progresso (ainda que fortemente heterodoxa) e a concepção futurista (ainda que embebida de passado e de memória) que permitem a Senghor projetar o "homem novo", enquanto estágio superior, *plus être*. A temática do "homem novo" é recorrente nos socialismos periféricos, estando presente (entre muitos outros) em Ernesto Guevara, Frantz Fanon e Amílcar Cabral (Villen, 2013). Entender se esse homem novo seria uma projeção em estágio superior de um passado ou "tábula rasa" provavelmente ajudaria a compreender se o socialismo de determinado autor é respectivamente "romântico" ou "modernista radical".

de sua sensibilidade e racionalidade toda própria — daria uma contribuição central à futura "civilização do universal" projetada por Senghor (ver o capítulo 2). À ideia de alienação marxiana, Senghor acrescenta a seu aspecto econômico (a desapropriação do trabalhador do produto de seu trabalho) um elemento cultural:[12] a "desvalorização", a "despersonalização" do trabalhador e do colonizado (Diop, 2002; Kisukidi, 2014). Mais do que cultural, pode-se considerá-lo um elemento espiritual, religioso — o que Senghor opera principalmente com sua leitura de Marx a partir de Teilhard de Chardin (Diop, 2012).

Em suma, é por um Marx idealista, ético, humanista[13] que Senghor procura; também por um Marx comunal, um comunitário, não exatamente um coletivista.[14] Um Marx que possa

12 Convém recordar que Senghor discorda da tese marxista (e marxiana) da determinação da superestrutura pela infraestrutura.

13 "O Marx idealista e ético que Senghor vê é o Marx romântico. Ao poeta não poderia escapar essa dimensão, essa alma desencadeada contra o despotismo, esse jovem hegeliano que é Marx" (Diop, 2002, p. 5).

14 Não é demais frisar esse ponto. Senghor distingue a sociedade coletivista europeia da sociedade comunitária negro-africana. Para ele, "a primeira é uma *assembleia de indivíduos*. A sociedade coletivista coloca inevitavelmente a ênfase no indivíduo, na sua atividade original e em suas necessidades. Sob esse aspecto, o debate entre 'a cada um de acordo com seu trabalho' e 'a cada um de acordo com suas necessidades' é significativo. A sociedade negro-africana coloca mais ênfase no grupo do que no indivíduo, mais na *solidariedade* do que na atividade e necessidades do indivíduo, mais na *comunhão* de pessoas do que em sua autonomia. A nossa sociedade é *comunitária*. Isso não significa que a sociedade negro-africana ignore o indivíduo ou que a sociedade coletivista ignore a solidariedade, mas esta baseia a solidariedade na atividade dos indivíduos, enquanto a sociedade comunitária tem suas atividades apoiadas na atividade geral do grupo. Guardemo-nos contra a crença de que a sociedade comunitária ignora a pessoa, quando negligencia o indivíduo. O indivíduo é, na Europa, a pessoa que se destaca dos outros e clama por sua autonomia para afirmar-se em sua originalidade básica. O membro da sociedade comunitária também pede sua autonomia para afirmar-se como um *ser*. Mas ele sente, ele pensa que somente pode desenvolver suas virtualidades, seu ser original na e pela sociedade, em união com todos os outros

conectar-se tanto ao seu cristianismo quanto à sua concepção do que é o negro e do que é a África. E ele julga encontrá-los, respectivamente, no jovem e no velho Marx.

UJAMAA: PARADIGMA DE SOCIALISMO AFRICANO

Ao contrário dos outros dois autores aqui discutidos, Nyerere não elaborou obras nas quais expôs seu pensamento de forma mais sistemática. O núcleo de suas reflexões está em seus discursos e em alguns documentos partidários que foram efetivamente elaborados por ele. Seus textos mais difundidos e relevantes são "*Ujamaa*: The Basis of African Socialism" [*Ujamaa*: a base do socialismo africano], de 1962, e "The Arusha Declaration" [Declaração de Arusha], de 1967. Ambos foram divulgados como documentos de seu partido, o Tanganyika African National Union [União nacional africana de Tanganica, posteriormente da Tanzânia], embora sejam de autoria de Nyerere. Foram publicados em seguida nas coletâneas de intervenções *Ujamaa: Essays on Socialism* [*Ujamaa*: ensaios sobre o socialismo], de 1968, e *Liberté et socialisme* [Liberdade e socialismo], de 1972.

Em "*Ujamaa*: The Basis of African Socialism", Nyerere define o socialismo como uma "atitude mental" que estaria presente nas sociedades africanas tradicionais. Aquela atitude mental se associaria à solidariedade e à vida comunitária, e deveria ser resgatada contemporaneamente por meio

membros do grupo social, com todos os outros homens, com todos os outros seres do universo: Deus, animal, árvore ou pedra" (Senghor, 1965, p. 103-4). Note-se a distinção entre "indivíduo" (Europa) e "pessoa" (África), talvez a passagem mais esclarecedora desse longo e ilustrativo trecho.

de um processo de "reeducação" — formulação que denota sua inclinação "idealista", não "materialista" (Shivji, 2017). Em outras palavras, "retomar nossa anterior atitude mental — nosso socialismo africano tradicional — e aplicá-lo às novas sociedades que estamos construindo hoje" (Nyerere, 1968, p. 8). A preexistência de um socialismo africano permitiria evitar o que Nyerere considerava o grande problema do socialismo europeu: ser um desdobramento do desenvolvimento capitalista, mais precisamente da "guerra de classes" em seu interior. Já o socialismo africano prescindiria do capitalismo como etapa prévia — ideia que contradiz a teleologia da história implícita em determinadas leituras marxistas de um desenvolvimento histórico que passa pelo escravismo, feudalismo, capitalismo e socialismo. Afirmava Nyerere:

> Educado no socialismo tribal, tenho que dizer que considero essa contradição [o socialismo entendido como consequência do capitalismo] intolerável. Isso dá ao capitalismo um status filosófico que ele nem exige nem merece. [...] O socialismo africano, por outro lado, [...] não começou da existência de "classes" em conflito na sociedade. De fato, eu duvido que o equivalente da palavra "classe" exista em qualquer língua indígena africana; se a linguagem descreve as ideias daqueles que as falam, a ideia de "classe" ou "casta" era inexistente na sociedade africana. A fundação e o objetivo do socialismo africano são a família estendida. O verdadeiro socialista africano não olha para uma classe de homens como seus irmãos e para outra como seus inimigos naturais. Ele não forma uma aliança com os "irmãos" para o extermínio dos "não irmãos". Em vez disso, ele considera todos os homens como seus irmãos — como membros de sua família sempre em expansão. (Nyerere, 1968, p. 11-2)

Nesse sentido, a noção de família estendida é central para o socialismo de Nyerere. É por isso que ele o denomina de *ujamaa*, palavra suaíli que pode ser traduzida para o inglês como *familyhood*. Trata-se de expressão que não possui tradução exata para o português e que pode ser entendida como o sentimento de pertencimento à família, ou de irmandade — talvez se pudesse traduzi-lo pelo neologismo "familidade" proposto por Rafael Bittencourt (2016), ou talvez ainda por "estado de família". Segundo Nyerere, *ujamaa*

> se opõe ao capitalismo, que procura construir uma sociedade feliz com base na exploração do homem pelo homem; e igualmente se opõe ao socialismo doutrinário, que procura construir sua sociedade feliz com base numa filosofia de conflito inevitável entre os homens. Nós, na África, não temos mais necessidade de sermos "convertidos" ao socialismo do que temos de nos "ensinarem" democracia. Ambos estão enraizados no nosso próprio passado — na sociedade tradicional que nos produziu. O socialismo africano moderno pode extrair de sua herança tradicional o reconhecimento da "sociedade" como uma extensão da unidade familiar básica. Mas ele não pode mais confinar a ideia da família social aos limites da tribo [...]. Nosso reconhecimento da família à qual todos pertencemos deve ser estendido ainda mais — para além da tribo, da comunidade, da nação, ou mesmo do continente — para incluir toda a sociedade do gênero humano. Esta é a única conclusão lógica para o verdadeiro socialismo. (Nyerere, 1968, p. 12)

Em "The Arusha Declaration", divulgada em 5 de fevereiro de 1967, Nyerere insiste que o socialismo é um "modo de vida" que só pode ser construído por aqueles que acreditam nele e que o praticam — daí a importância dada à educação em "Education for Self-Reliance" [Educação para a autossuficiência], publicado no mês seguinte e que pode ser lido como complementar ao texto de 1967. Mas a declaração expõe com maior clareza quais seriam as instituições necessárias para o funcionamento e a organização da sociedade, da produção, do Estado e do partido (único)

projetados. Afirma que a Tanzânia é uma nação de camponeses e trabalhadores, mas ainda não é uma sociedade socialista: ainda possuiria elementos feudais e capitalistas que poderiam resistir ao avanço do socialismo.

O texto gira em torno da política de "autossuficiência" do país (*self-reliance*), um projeto de desenvolvimento endógeno para barrar a dependência externa. Essa proposta se baseava explicitamente na agricultura, rompendo com a associação da noção de desenvolvimento a industrialização e urbanização. O país não tinha recursos próprios, fosse de capital, fosse de trabalhadores, para a industrialização. A alternativa, portanto, seria buscar recursos externos, o que manteria a dependência e bloquearia o desenvolvimento socialista: "A política de convidar uma cadeia de capitalistas para estabelecer indústrias no nosso país poderia nos dar todas as indústrias de que nós precisamos, mas poderia também impedir a implantação do socialismo, a menos que nós acreditemos que não poderíamos implantar o socialismo sem antes construir o capitalismo" (Nyerere, 1968, p. 26).

A divisão internacional entre países ricos e pobres assume proeminência em relação à polarização interna classista. A ênfase da estratégia de *self-reliance* recai no rural. A organização cooperativa da produção (*ujamaa*) era o cerne do projeto, por meio da reunião (a princípio, voluntária) de famílias em fazendas coletivas: as vilas *ujamaa*, estabelecidas nos anos seguintes num processo que ficou conhecido como *villagization* ("vilificação", mais um neologismo). Nesse ponto, introduz-se outra divisão interna alternativa à classe social:

> Há duas formas possíveis de dividir o povo no nosso país. Nós podemos colocar os capitalistas e feudalistas de um lado, e os fazendeiros e trabalhadores do outro. Mas podemos também dividir o povo em habitantes urbanos de um lado e aqueles que vivem nas áreas rurais do outro. Se não tomarmos cuidado, poderemos chegar a um

ponto no qual a real exploração na Tanzânia seja a dos moradores das cidades sobre os camponeses. (Nyerere, 1968, p. 28)

Percebe-se então que a divisão classista estaria presente, porém mais em potencial do que em realidade. Para Nyerere estava em processo de implantação uma estrutura de classes que constituía uma ameaça à realização do socialismo, se este não fosse implantado de uma vez por todas. A divisão entre o rural e o urbano era outra ameaça à realização do socialismo rural projetado. Tal divisão avançaria à medida que o Estado recém-independente fosse dominado por quadros urbanos.

A polarização central (desde o processo de colonização), entretanto, seria a responsável por determinar a exploração externa do país. Era essa polarização produzida pela exploração internacional o elemento que poderia unificar o novo país internamente, para além de outros fatores favoráveis como a grande maioria camponesa e o suaíli como língua oficial. Em suma, o *ujamaa* mirava a releitura moderna da família estendida tradicional, agora expandida para toda a nação. Mais precisamente, atuava como uma metáfora de como seria a sociedade tanzaniana em formação, a Tanzânia do futuro (Cornelli, 2012). Havia, desse modo, uma dimensão nacional no projeto, de construção de Estado-nação — algo notável nas propostas de socialismo africano de um modo geral.

Dessa maneira, o ponto central na argumentação de Nyerere é a defesa de que, dentro de suas fronteiras, a sociedade era relativamente igualitária, ainda que na pobreza. Mesmo as comunidades árabe e indiana que habitavam o que viria a se tornar a Tanzânia não poderiam ser consideradas ricas pelos padrões europeus A colonização não havia provocado grandes transformações na vida das populações locais, tendo engajado poucos "nativos" numa lógica classista. Desse modo, a principal divisão não seria classista, mas racial e com origem externa: europeu/africano, colonizador/colonizado. A "falta de desenvolvimento" capitalista, ou mais exatamente a existência de um "semicapitalismo", permitiria ao país "saltar direto de uma organização econômica basicamente tradicional para uma organização econômica socialista, sem atravessar as longas agonias resultantes da propriedade privada de um recurso básico [a terra, o recurso central naquela sociedade ainda agrária]" (Nyerere, 1971, p. 10).

Para Nyerere, a vida tradicional seria calcada no respeito, na solidariedade e cooperação entre as pessoas, bem como na partilha dos bens básicos. Seu núcleo era a "família tradicional africana", que

> representava uma unidade econômica e social que praticamente se bastava. A maioria das necessidades impostas pelo nascimento, pela vida e pela morte podia ser satisfeita no interior dessa unidade, num nível que era certamente baixo, mas o era para todos os membros, e em todo caso era mais elevado que aquele que seria possível obter a partir de subgrupos daquela família. (Nyerere, 1972, p. 14)

Mais precisamente, essa vida tradicional estava em vias de superação, e uma estrutura classista estava em vias de se desenvolver nos primeiros anos de independência, devido ao controle do Estado por uma nova elite de funcionários do governo oriundos dos setores intelectualizados da sociedade. Tal arranjo levaria aos poucos ao estabelecimento de divisões classistas, e era justamente o que deveria ser evitado pelo estabelecimento das políticas do *ujamaa*. Lembremos que, para Nyerere, as classes eram produto das revoluções agrária e industrial (não haveria propriamente classes antes do capitalismo), e era esse processo que deveria ser "contornado". Mas a vida tradicional não deveria ser apenas reproduzida; deveria ser "reativada" num nível superior, pois já não existia em sua plenitude. Ademais, apresentava problemas que deveriam ser superados — tais como a pobreza generalizada, a exposição às intempéries naturais e o lugar inferior destinado às mulheres. Em suas próprias palavras, a sociedade africana tradicional não era um "idílio" no qual vivia o "bom selvagem de Rousseau".

As políticas do *ujamaa* não deveriam ser realizadas exclusivamente por meio da democracia. Elas constituiriam uma "expansão" da democracia:

> A propriedade estatal e o controle de pontos centrais da economia podem, de fato, levar a uma maior tirania, se o Estado não é controlado pelo povo [...]. O socialismo não é uma alternativa à democracia política; é uma extensão dela. É um sistema através do qual a democracia política se torna uma realidade efetiva na vida das pessoas, porque controla os instrumentos com os quais elas ganham seu sustento. Em outras palavras, socialismo significa a extensão da democracia política para incluir a democracia econômica; ela não existe enquanto falta algum desses dois aspectos. (Nyerere, 1970, p. 6)

Para que fique ainda mais explícita a superioridade da dimensão internacional no pensamento de Nyerere: além das divisões sociais incipientes, o autor considerava mais determinante para o destino do novo país a polarização entre países ricos e pobres. Na arena internacional, a divisão central não se daria entre capitalistas e socialistas, pois os socialistas já estavam atuando de modo a utilizar sua riqueza para a obtenção de poder e prestígio (Nyerere, 1962). Daí Nyerere derivava a necessidade de "autossuficiência", bem como a estratégia de atuar de forma decisiva na articulação dos países então chamados "não alinhados".[15]

15 Se Nkrumah se engajou com maior força no movimento pan-africanista e Senghor na construção da francofonia, pode-se considerar que Nyerere esteve consideravelmente mais envolvido com os movimentos de países "não alinhados" e com o "terceiro-mundismo". Após sua saída do poder, em 1985, sua atuação como presidente da South Comission [Comissão Sul] e coordenador do

Como mencionado, para Nyerere o socialismo e a democracia seriam "atitudes mentais", o que claramente afasta sua concepção de abordagens mecanicistas e deterministas da história. Nesse sentido, pode-se considerar sua proposta inclinada à agência humana, com ênfase na autoconsciência, no autodesenvolvimento, nos valores ético-morais. Por exemplo, na afirmação de que "desenvolvimento significa desenvolvimento do povo [...]. Desenvolvimento traz liberdade, desde que seja desenvolvimento das pessoas. Mas as pessoas não podem ser desenvolvidas; elas só podem desenvolver a si mesmas" (Nyerere, 1973, p. 2). Isso é particularmente relevante quando consideradas as influências ocidentais no pensamento do autor. Esse contato se deu durante seus estudos secundários no Makerere College, em Uganda (1943-1947), e no decorrer de seu mestrado em Artes na Universidade de Edimburgo, na Escócia (1949-1952). Quanto a leituras propriamente de esquerda, Nyerere teve um contato decisivo com o socialismo fabiano — mais do que com o marxismo, ao qual sempre se opôs publicamente. Mas também foi bastante influenciado por uma larga gama de filósofos ocidentais, como Platão, Aristóteles, David Hume, Jean-Jacques Rousseau, Adam Smith, Thomas Jefferson, Immanuel Kant, Harriet Taylor Mill e John Stuart Mill.[16] A Declaração Universal dos Direitos Humanos de 1948 também teria sido um marco para Nyerere, segundo diversos especialistas em sua obra (Häussler,

---

relatório *The Challenge to the South* [O desafio para o Sul], de 1990, foi decisiva na constituição dos atuais conceitos de "Sul global" e de "cooperação Sul-Sul" — que vieram a substituir as noções de "não alinhamento" e de "terceiro-mundismo".

16 Nyerere provavelmente teve contato ainda mais cedo com a doutrina social da Igreja Católica, desde o início de sua formação, culminando com sua conversão ao catolicismo aos 21 anos e com a adoção do nome de batismo "Julius". Mas não há acordo entre os especialistas acerca do impacto de tais ideias em seu pensamento. Quanto às influências ocidentais, é unânime o reconhecimento do impacto do socialismo fabiano e do liberalismo.

2017; Ibhawoh & Dibua, 2003; Stöger-Eising, 2000; Chachage & Chachage, 2004). Como se vê, trata-se em grande medida de uma influência liberal (da linhagem mais social do liberalismo), inclusive se tivermos em conta o socialismo fabiano.

Quanto ao que podemos considerar a influência de valores africanos nas formulações de Nyerere, o elemento central está na ideia de que a organização social africana seria comunal. É o que sustenta a tese de que haveria na Tanzânia uma base material e espiritual para o socialismo, mas de tipo rural e comunal — que é o cerne de seu pensamento[17] e influencia seu modelo de socialismo e de democracia, como insiste Viktoria Stöger-Eising (2000). A autora expõe a mistura peculiar de fontes europeias e africanas na teoria de Nyerere, mas defende que suas "raízes autóctones — os valores que ele absorveu de sua sociedade natal [entre os Zanaki] — foram de fato um elemento significativo no desenvolvimento de seu pensamento" (Stöger-Eising, 2000, p. 119). Baseando-se na antropologia social, a autora sustenta que os Zanaki eram uma sociedade sem Estado (sem uma liderança definida), na qual as decisões eram tomadas por consenso (ou pelo menos se simulava uma "unanimidade"), e na qual a propriedade e a venda de terras não eram concebidas. Esse quadro foi parcialmente transformado ao longo das colonizações alemã e inglesa, a começar pelo esforço da administração colonial em estabelecer "chefes" — entre eles, o próprio pai de Nyerere — em processos que podem ser considerados "invenções de tradições" (Hobsbawm & Ranger, 2012). De todo modo, Nyerere não falava no vazio em seus inúmeros textos, mas em grande medida remetia a seu próprio povo, a sua história e a sua experiência de infância. Ele procurava extrapolar aquela experiência

17 Nesse sentido, pode-se agregar também a inspiração advinda da "via chinesa ao socialismo", o maoismo, em forte evidência naquele momento. Essa influência é mencionada pelo próprio Nyerere em *Liberté et socialisme*, de 1969. O autor observa, contudo, que não se trataria de uma "imitação servil", mas de uma fonte de lições e reflexões.

para os cerca de 120 povos que vieram a constituir a Tanzânia, o que provavelmente constituía uma imprecisão. Mas suas propostas não eram uma retórica "empregada por um aspirante a político africano. Nem era[m] de um graduado universitário ocidentalizado [voltado] a um passado africano mitologicamente 'inventado'. Ao contrário, Nyerere realmente experimentou o *éthos* que mais tarde formaria a base de suas ideias" (Stöger-Eising, 2000, p. 138).

Desse modo, pode-se sugerir que o substrato do pensamento de Nyerere era calcado no que ele entendia (de um modo um tanto simplificado e idealizado) como "a" sociedade, "o" *éthos* "africano", com o qual ele teve contato praticamente exclusivo nos anos anteriores à sua educação formal, que começou tardiamente, aos doze anos. Foi só nesse momento que ele veio a conhecer leituras ocidentais, o catolicismo e até mesmo a língua suaíli — que não falava até então. No entanto, aquela base foi reinterpretada e moldada por suas muitas leituras de filósofos políticos "ocidentais" modernos. Como afirma Stöger-Eising (2000, p. 138),

> apesar da influência do pensamento político ocidental [particularmente de Stuart Mill] ter sido crucial para conceitualizar e articular seu pensamento, creio que o que ele confrontou em Edimburgo não criou a visão de mundo de Nyerere do começo; meu argumento é de que isso reforçou e enriqueceu as sensibilidades morais e políticas das quais Nyerere se apropriou em sua cultura zanaki natal.

O comunalismo de Nyerere — o elemento central de seu pensamento — era africano em princípio, e secundariamente calcado em algumas leituras socialistas. Foi "temperado" por elementos individualistas liberais, sobretudo no que tange ao homem como sujeito portador de direitos, à emancipação da mulher, à tolerância religiosa e à noção de "dignidade humana".[18] Mas sua concepção era eminentemente "comunitarista":

> A igualdade que Nyerere valorizava não era uma igualdade de oportunidades para indivíduos essencialmente autônomos, era a igualdade gozada em sociedades fortemente integradas e solidárias. Essa ênfase o separou do liberalismo ocidental, com sua ênfase primária na liberdade individual e sua muito mais fraca atenção à igualdade e à fraternidade. (Pratt, 2002, p. 42)

Nesse sentido, Shivji (2017) considera um erro cometido por diversos analistas ocidentais do pensamento de Nyerere confundir sua visão "profundamente matizada" de igualdade humana com a noção burguesa de direitos ou oportunidades iguais:

> O que é específico da ideia de igualdade de Nyerere é que ela é inseparável por definição da noção de *utu* — mais bem traduzida como "dignidade humana" ou "fazer-se humano" (*humanness*).[19] Para Nyerere, todos os seres são iguais: *Binadamu wote ni sawa*. Não é que todos os seres humanos tenham direitos ou oportunidades iguais, ou que nasçam iguais. Eles são iguais, ponto-final. E eles são iguais em seu fazer-se humano. Definir a ideia de equidade/justiça é algo incorporado ao conceito de igualdade de Nyerere porque sem equidade e justiça não há dignidade humana. (Shivji, 2017, p. 192)

De todo modo, fica claro que Nyerere recebeu influências de forma eclética e procurou aplicá-las a seu tempo e lugar, sem tratá-las

18 Cornelli (2012) faz uma análise aprofundada da influência liberal em Nyerere, à qual remeto. Ademais, o autor traça um paralelo curioso entre a noção de "igualdade de oportunidades" em Nyerere e em John Rawls — o que provavelmente se deu por algumas influências comuns a ambos.

19 Ver o capítulo 4 para uma discussão acerca dessa expressão como a base do *ubuntu*, o que associa diretamente Nyerere àquele conceito.

de forma "doutrinária". Isso é explicitado quando o autor expõe seu entendimento do socialismo em "The Varied Paths to Socialism" [As diferentes vias ao socialismo], discurso proferido na Universidade do Cairo em 10 de abril de 1967 e publicado na coletânea *Ujamaa: Essays on Socialism*, de 1968. Para ele,

> a igualdade humana perante Deus, que é a base para todas as grandes religiões do mundo, é também a base para a filosofia política do socialismo. Mas o socialismo não é utópico. Pelo contrário, ele é baseado nos fatos da natureza humana. É uma doutrina que aceita a humanidade como ela é, e demanda uma organização da sociedade na qual as desigualdades do homem são colocadas a serviço de sua igualdade. (Nyerere, 1968, p. 79)

Segundo ele, a estratégia de reforma agrária (adotada no Egito) seria irrealizável na Tanzânia, pois em apenas poucas partes do país haveria algo semelhante a um "sistema feudal". Na Tanzânia, majoritariamente,

> cada família trabalhava a terra que havia limpado, com suas próprias ferramentas e para seu próprio benefício. Mas não pode haver retorno a esse sistema — que agora já sofreu consideravelmente os efeitos de uma economia monetária. Era efetivo apenas num nível primitivo de vida, e deixava as pessoas presas aos caprichos do clima e sujeitas a outras calamidades naturais. (Nyerere, 1968, p. 81)

Para Nyerere, portanto, como um país "atrasado", a Tanzânia não poderia seguir a via para o socialismo adotada por países de desenvolvimento capitalista avançado. E mesmo entre dois países "atrasados", as estratégias para o socialismo deveriam ser distintas: a reforma agrária, num país que teria uma "base feudal" como o Egito; a adaptação da propriedade tradicional, num país que teria uma base comunalista como a Tanzânia. Independentemente do acerto de suas caracterizações sociológicas e econômicas (algo fora do escopo deste trabalho), é marcante na leitura de Nyerere a busca pela adequação das ideias ao tempo e ao lugar, sem aplicação de modelos externos, sem a adoção (em suas próprias palavras) de "livros sagrados" e "verdades reveladas". *Ujamaa* não seria uma forma superior de socialismo, nem mesmo a única forma de socialismo adequada à África.

A crítica de que Nyerere extrapolaria seu argumento para toda a África (ou pelo menos para a "África negra") pode ser em parte relativizada, uma vez que ele sustenta explicitamente que cada país do continente seguiu um desenvolvimento diferente e isso implicaria diferentes formas de "socialismo africano".[20] *Ujamaa* era a forma de socialismo apropriada para seu tempo e lugar; nesse caso, seria especificamente tanzaniano — o que já em si poderia ser uma simplificação, dada a mencionada quantidade de povos convivendo nos limites daquele novo país. De todo modo, em diversas outras passagens, Nyerere sustenta seus argumentos com base "na" África, "no" modo de vida africano tradicional, "na" visão de mundo africana — o que são extrapolações indefensáveis. Pode-se afirmar que ele não defendia a expansão do *ujamaa* para outros países africanos (ou seja, não pensava no *ujamaa* como um modelo), mas considerava haver uma unidade africana e, na maior parte do continente, uma base comunalista que deveria ser aproveitada nos projetos socialistas em execução.

A utilização de um termo africano para nomear seu socialismo indica a busca pelo próprio. Se o socialismo é universal e remete à humanidade, sua expressão específica (tradução) deve ser própria; ele deve ser "construído sobre as fundações do nosso passado, e construído como nós o entendemos" (Nyerere, 1972, p. 36). Para Cornelli (2012, p. 52), "o *ujamaa* estava enraizado na noção de irmandade que envolve os princípios de igualdade, liberdade, democracia, controle da propriedade pelo Estado e

20 O que Nyerere reconhece explicitamente no texto "Liberté et Unité" [Liberdade e unidade], de 1966.

autossuficiência. Mas é também a afirmação dessas atitudes e princípios o que diferenciou o *ujamaa* de outros movimentos políticos da África pós-colonial", como o consciencismo, a negritude ou o humanismo de Kenneth Kaunda. É por isso que considero o *ujamaa* a expressão paradigmática de socialismo africano: por ter sido o projeto que mais ênfase colocou no comunal, e o que foi mais longe em sua implementação concreta.

CONSCIENCISMO: ENTRE O SOCIALISMO AFRICANO E O MARXISMO AFRICANO

O pensamento de Kwame Nkrumah é, antes de tudo, uma formulação complexa, moldada por várias tendências filosóficas. Nkrumah esteve sempre na fronteira, transitando entre influências "ocidentais" (marxistas e incidentalmente liberais) e "africanas" (em busca das "tradições locais" e do "próprio"). Além dessas duas fontes, Mohandas Gandhi teve importância na formulação de seu pensamento, posto que o princípio de não violência da *satyagraha* influenciou a política de "ação positiva" que guiou Nkrumah na liderança do processo de independência de Gana e posteriormente, até sua derrubada do poder.[21] Entre essas influências, Ama Biney (2011) observa que, de modo geral, o autor pode ser entendido numa chave modernista e desenvolvimentista — em grande medida, o socialismo de Nkrumah teria ênfase na economia e num projeto de desenvolvimento para aquele novo país. Por outro lado, Kwame Botwe-Asamoah (2005) (re)lê Nkrumah numa chave basicamente

21 Tal política consistia em agitação, campanhas públicas e (como último recurso) greves, boicotes e a não cooperação, definida como "constitucional" e "não violenta".

"afrocêntrica". Pode-se notar, então, que o pensamento e a trajetória de Nkrumah se prestam a distintas interpretações.

Especula-se que o autor tenha tido seu primeiro contato com os nacionalismos africanos em gestação e com autores ocidentais ainda na África, sobretudo através de Kwegyir Aggrey e de Nnamdi Azikiwe (Kumah-Abiwu & Ochwa-Echel, 2013; Rooney, 2015; Biney, 2011; Botwe-Asamoah, 2005). Através deles, provavelmente já teria tido acesso também a alguns autores pan-africanistas da diáspora. No entanto, pode-se dizer que foi nos Estados Unidos, no período entre 1935 e 1945, quando realizou a maior parte de sua formação acadêmica (bacharel em economia e sociologia pela Universidade Lincoln e mestre em teologia, em filosofia e em educação pela Universidade da Pensilvânia), que Nkrumah teve maior contato com autores do pan-africanismo.[22] Essa influência marcante do pan-africanismo, na maioria proveniente de autores estadunidenses e do Caribe anglófono — sobretudo de Marcus Garvey, mas também de Edward Blyden, W. E. B. Du Bois, C. L. R. James e George Padmore[23] (Afari-Gyan, 1991; Biney, 2011) —, é um dos elementos decisivos em seu pensamento e em sua trajetória. Outro elemento seria a maior aceitação do "socialismo científico" (e do "centralismo democrático"), com influências inclusive de Lênin e de Trótski. Nkrumah é, em grande medida, um autor de ligação (e de transição) entre diferentes fases do pan-africanismo, entre os pensamentos

22 O próprio pan-africanismo surgiu da diáspora, como um híbrido conceitual — do mesmo modo que a negritude, uma de suas expressões.

23 Padmore foi essencial para Nkrumah a partir de sua fase inglesa (1945-1947), quando este cursou (sem concluir) o doutorado em antropologia na London School of Economics e foi um dos principais organizadores, ao lado de Padmore, do V Congresso Pan-Africano, em Manchester, de 15 a 19 de outubro de 1945. Esse congresso foi um momento essencial na estruturação de um pan-africanismo mais político e voltado às descolonizações africanas.

produzidos na diáspora e na África, e entre o "socialismo africano" e o "marxismo africano".

Nkrumah se voltou para o passado para construir o futuro, não apenas na reflexão sobre a base comunal para um socialismo africano mas na adoção de trajes tradicionais locais como novos símbolos nacionais, na construção de heróis como a rainha ashanti Yaa Asantewaa, e até mesmo na decisão sobre o nome do novo país. A proposta de abandonar o nome colonial "Costa do Ouro" para se apropriar da denominação do antigo Império do Gana (que nem mesmo ficava exatamente no mesmo território moderno de Gana) remete à necessidade da busca de um passado "positivo" em resposta ao colonialismo e ao massacre simbólico e epistemológico (além de físico) do negro, e se associa ao "consciencismo", à "personalidade africana" e ao "nkrumaísmo", propostos por Nkrumah em diferentes contextos. Nkrumah defendia que os povos que constituíam o novo país eram oriundos do Império do Gana, existente mais de sete séculos antes e centenas de quilômetros ao norte da atual Gana. Tal conexão é mais propriamente uma tradição inventada, mas o que importa aqui é a busca por um passado glorioso para justificar a possibilidade de autogoverno (Akoto, 2014; Fuller, 2010; 2015). Simbolicamente, não se tratava para ele da fundação de um país, mas de certo modo de uma "refundação", de uma "renascença".[24]

Boele van Hensbroek (1998) organiza o pensamento de Nkrumah em etapas.[25] Trata-se de um recurso interessante,

24 Nesse sentido, ver o excelente artigo "The Castle and the Umbrella: Some Religious Dimensions of Kwame Nkrumah's Leadership Role in Ghana" [O castelo e o guarda-chuva: algumas dimensões religiosas da liderança de Kwame Nkrumah em Gana], de Darrell Reeck (1976).

25 As etapas propostas por Boele van Hensbroek seriam: anti-imperialismo revolucionário (1945-1952), modernização democrática (1952-1961), socialismo africano (1961-1965) e um retorno ao anti-imperialismo revolucionário (1965-1972).

apesar de simplificador. Por exemplo, afirmar que Nkrumah teve um período "socialista africano" não implica ausência de importância do marxismo naquele momento (de fato, Nkrumah se autodeclarou um "socialista marxista" diversas vezes ao longo de sua trajetória); ou considerar que houve uma etapa "marxista revolucionária" no fim de sua vida não significa o abandono de todas as teses do "socialismo africano", apenas sua relativização. John McClendon III (2016) corrobora a periodização de Boele van Hensbroek, usando a variante da presença do marxismo(-leninismo) para determinar fases no pensamento de Nkrumah. Nos anos 1940, o marxismo-leninismo esteve presente, porém de forma subordinada, instrumentalizado por um nacionalismo revolucionário ou radical. Nos anos 1950, ele desaparece, ao passo que Nkrumah adota (ao menos taticamente) uma perspectiva nacionalista mais moderada ou conservadora. Já ao longo dos anos 1960 o marxismo-leninismo reaparece, não mais de forma subordinada, mas em destaque (e, para McClendon III, a obra *Consciencismo* [Consciencismo] simboliza a "ruptura epistemológica" nessa direção): primeiro de forma adaptada ao solo africano, depois sem adjetivações nos últimos anos da vida de Nkrumah.

Portanto, pode-se considerar que na década de 1960 Nkrumah seria definitivamente um autor "socialista", progressivamente marxista. Mas ele adotou primeiro o que Raymond Osei (2016) chama de uma abordagem socialista "nacionalista", para só depois aderir a um "marxismo clássico", ao denominado "socialismo científico". É o que estou chamando aqui de um primeiro momento "socialista africano" e de um segundo momento "marxista africano". Nesse sentido, a partir da periodização de Boele van Hensbroek (1998) pode-se delimitar que o período que receberá atenção nesta seção é o que vai de 1961 a 1965. Por volta de 1961, Nkrumah adotou uma estratégia de governo mais claramente socialista, mas procurando adaptá-la à África, aproximando-se do discurso "socialista africano" em voga naquele momento. Com isso, Nkrumah deixou em segundo plano elementos que marcaram de forma mais contundente seu discurso em seus primeiros anos de governo (entre 1952 e 1960), associados a um liberalismo democrático, à democracia representativa, ao Estado de direito, ao desenvolvimento e à modernização — ainda que, de todo modo, ao longo daqueles anos Nkrumah tenha se afirmado pontualmente um marxista.

Sobre as posições de Nkrumah nos anos 1950, Van Hensbroek faz referência aos limites do longo processo de autonomização da Costa do Ouro/Gana e à situação política internacional daquele período, no qual

> o anticomunismo era um pré-requisito para a sobrevivência política no Ocidente. Aparentemente, no entanto, Nkrumah e Padmore pensaram de acordo com linhas liberal-democráticas durante a década de 1950. A monção intelectual soprava do Ocidente. A teoria social estrutural-funcionalista, a crença na "modernização" das nações "subdesenvolvidas" e o discurso político liberal-democrático eram dominantes. As velas de Nkrumah e Padmore provavelmente não estavam seguras o suficiente para manobrar contra esses ventos ideológicos predominantes. Elas se moviam com o discurso dominante, não contra. (Boele van Hensbroek, 1998, p. 94)

Por outro lado, ao fim do período 1961-1965 Nkrumah já adotava um tom mais crítico ao "socialismo africano" — para sermos mais exatos, desde a publicação de seu livro *Neocolonialism, the Last Stage of Imperialism* [Neocolonialismo, o último estágio do imperialismo], em 1965. Ali, Nkrumah assumiu definitivamente uma nova posição, que foi radicalizada após sua derrubada pelo golpe militar, em 1966: passou a defender até sua morte (em 1972) um "marxismo revolucionário" e trocou a estratégia da "ação positiva" pela luta armada ("guerra revolucionária") em toda a África:[26]

> Em meados dos anos 1960, Nkrumah se moveu para uma posição filosófica que seus apoiadores chamaram "socialismo científico". Obviamente, o golpe de Estado de fevereiro de 1966, que encerrou o governo do CPP [Convention People's Party, Partido da Convenção Popular] em Gana e forçou Nkrumah a passar os últimos seis anos de sua vida exilado em Conacri, contribuiu para que ele mudasse de ideia. Nkrumah se moveu de uma posição de poder para a posição de um *outsider*, de modo que um discurso situando a si próprio na sala de controle central da sociedade foi substituído por outro situando-o nas margens, entre as "massas de trabalhadores e camponeses": em termos teóricos, era a guerrilha; em termos práticos, era a casa de Nkrumah em Conacri. (Boele van Hensbroek, 1998, p. 98)

Ao menos três conceitos podem ser associados a Nkrumah no começo dos anos 1960: "consciencismo" ou "consciencismo filo-

26 Em *Neocolonialism, the Last Stage of Imperialism*, Nkrumah ainda defendia a "ação positiva", tática de luta formulada ainda nos anos 1940, quando retornou à Costa do Ouro, e apresentada em "What I Mean by Positive Action" [O que quero dizer com ação positiva], de 1949. Em artigos produzidos a partir de 1966, o autor aderiu à luta armada, logo após o golpe que o destituiu. Nesse aspecto tático, a posição de Nkrumah se modificou bruscamente e passou a ser afirmada repetidas vezes até o fim de sua vida. Por exemplo, em "The Spectre of Black Power" [O espectro do poder negro], de 1968: "Fala-se de 'socialismo africano', socialismo árabe, socialismo democrático, socialismo muçulmano e, mais recentemente, de um 'caminho pragmático de desenvolvimento', seus defensores clamando que encontraram a solução para os nossos problemas. Assim como há apenas um socialismo, o socialismo científico, cujos princípios são universais e abrangentes, há apenas um caminho para atingir os objetivos revolucionários africanos de libertação, unificação política e socialismo. Esse caminho passa pela luta armada. O tempo para falatórios, conferências, soluções improvisadas e acordos acabou" (Nkrumah, 2006b, p. 35).

sófico" (do qual tratarei nas próximas páginas), "personalidade africana" e "nkrumaísmo". Por isso, vamos procurar desbastar o caminho antes de seguir adiante. A personalidade africana (*African personality*, eventualmente *African genius*) remete à cultura, a costumes e a modos de vida comuns a todos os africanos. O termo foi cunhado por Edward Blyden em seu discurso "Race and Study" [Raça e estudo], proferido em Serra Leoa em maio de 1893, e assumiu desde o princípio um sentido de "renascimento" cultural. Desse modo, pode ser entendido, em sua reapropriação por Nkrumah, como a base para o consciencismo:

> a política de africanizar todos os setores de Gana foi baseada na crença de que era importante infundir cultura na política. A personalidade africana, primeiramente utilizada por Blyden [...], foi reintroduzida por Nkrumah [...]. A personalidade africana remete a um "povo africano", ao qual Nkrumah se referia como as "massas africanas". (Frehiwot, 2017, p. 4)

O uso da noção fica mais claro no discurso de Nkrumah intitulado "African Genius", proferido em 1963 na inauguração do Instituto de Estudos Africanos da Universidade de Gana, em Legon. Nele, Nkrumah o define em oposição à negritude:

> Quando eu falo de um gênio africano, eu quero dizer algo diferente da negritude, algo não apologético, mas dinâmico. A negritude consiste numa mera afeição e estilo literário, acumulados palavra sobre palavra e imagem sobre imagem, com ocasional referência à África e às coisas africanas. Não me refiro a uma vaga irmandade baseada num critério de cor, ou na ideia de que os africanos não têm racionalidade, apenas sensibilidade. Com "gênio africano", quero dizer algo positivo, uma concepção socialista da sociedade, a eficiência e validade de nossa política tradicional, nosso altamente desenvolvido código de moral, nossa hospitalidade e nossa energia cheia de propósito. (Nkrumah, 1963)

Por sua vez, o nkrumaísmo pode ser considerado mais propriamente uma ideologia em construção nos primeiros anos da década de 1960 a partir do próprio Estado e de aliados de Nkrumah, voltada mais particularmente ao partido e à política de Gana. Sua articulação foi encerrada de forma abrupta pelo golpe de Estado, e poderia ser entendida como

> uma ação coletiva, construindo uma visão compartilhada e adotando um conjunto de valores compartilhados. [...] Os princípios do nkrumaísmo abraçaram todas as facetas da vida, e ele foi considerado a mais alta forma de cristianismo. Em uma época de ganância e hipocrisia, ensinou as pessoas a remover todas as causas do ódio e da inveja entre os que têm e os que não têm [...]. Ao enfatizar o amor ao próximo como a si mesmo, as tradições culturais africanas foram combinadas com conceitos europeus, com um propósito regenerativo. (Akoto, 2014, p. 110-1)

Por fim, o consciencismo (centro da discussão nesta seção) pode ser entendido como uma filosofia "afrocentrada". No entanto, trata-se de uma filosofia que se apresenta fortemente articulada à práxis, com aplicação ideológica para a África. Para Mjiba Frehiwot (2017, p. 10), "o consciencismo filosófico, como uma filosofia afrocentrada, baseia-se nas profundezas da cultura africana, enquanto analisa criticamente o imperialismo e seus efeitos na África. A filosofia tem como fundação especificamente a personalidade africana, o igualitarismo e o materialismo não ateísta". Segundo Botwe-Asamoah, apesar de alguns aspectos do consciencismo serem oriundos do marxismo, ele pode ser entendido como "uma tentativa de moldar uma filosofia sociopolítica centrada na África, para suplantar o legado do pensamento social colonial. Mais do que isso, deveria servir de guia para a transformação socioeconômica da África baseada na ética, no valor humanista e num estilo de vida igualitário africanos" (Botwe-Asamoah, 2005, p. 9).

Trata-se, assim, de uma filosofia para a ação ("para a revolução africana"), calcada na "personalidade africana", voltada a um "renascimento africano". Parte do argumento de Nkrumah deriva da obra de Blyden intitulada *Christianity, Islam and the Negro Race* [Cristandade, islã e a raça negra], de 1887, em especial a tese de que a África era uma civilização em toda a sua acepção, surgida de três fontes: negra, islâmica e cristã. Tal origem legaria ao continente um espírito comunalista, um comunitarismo calcado na cooperação e no apoio mútuo (onde não havia propriedade privada da terra), e a comunhão da sociedade com a natureza e com Deus (Biney, 2011). Mas essas três fontes originais conviviam em tensão na "consciência africana". Seria a partir dessa tensão que dialeticamente se produziria uma nova sociedade, num processo guiado pelo consciencismo:

> O consciencismo é o mapa, em termos intelectuais, da disposição de forças que vai permitir à sociedade africana digerir os elementos ocidentais, islâmicos e eurocristãos na África, e desenvolvê-los numa direção na qual eles combinem com a personalidade africana. A personalidade africana é definida pelo conjunto de princípios humanistas que subjazem à sociedade africana tradicional. O consciencismo filosófico é aquele ponto de vista filosófico que, partindo do conteúdo presente da consciência africana, indica a maneira pela qual o progresso é forjado a partir do conflito nessa consciência. (Nkrumah, 2009, p. 79)

De acordo com Kwame Gyekye (2016), para apreender o sentido do consciencismo é importante entender os usos da noção de "consciência" (*conscience*) sugeridos por Nkrumah. Ele não nomeia sua filosofia a partir da expressão mais usual no inglês, *consciousness*. Em português, seguindo a tradição filosófica ocidental (particularmente Descartes),[27] esse termo poderia ser traduzido como "consciência de si", a capacidade de sentir, de perceber, de pensar e de autoconhecimento, o *cogito ergo sum*. Enquanto isso, *conscience* naquela tradição poderia ser entendido por "consciência moral", "consciência coletiva", a capacidade de discernir o certo e o errado — para essa diferenciação, ver também Hountondji (2016, p. 57, nota 2). Ao que parece, a opção de Nkrumah é (sem querer ser redundante) perfeitamente consciente. Gyekye (2016) afirma que "não é fácil entender o conceito, e diferentes interpretações podem ser dadas a ele. No contexto no qual ele o utiliza, pode ser entendido como significando 'personalidade' ou 'caráter', ou talvez 'consciência coletiva' ou 'identidade'". O consciencismo é uma resposta à filosofia da consciência (*philosophy of consciousness*) da tradição ocidental, o que reforça sua associação à noção de resgate de uma "personalidade africana" e sua articulação com a noção de ideologia, no sentido dado por Nkrumah ao conceito.

Naquele momento, Nkrumah parecia negar a existência da luta de classes na África, na medida em que valores comunalistas perpassariam a sociedade africana tradicional e permaneceriam na contemporaneidade. Biney (2011, p. 108) observa que, até 1966, Nkrumah entendia a sociedade ganense a partir de grupos sociais: mulheres, juventude, trabalhadores semiqualificados, chefes, pequenos empresários, professores, funcionários e profissionais. Efetivamente, além de toda a apropriação da filosofia ocidental — "Platão, Aristóteles, Descartes, Kant, Hegel, Schopenhauer, Nietzsche, Marx e outros imortais", aos quais o autor teve acesso em sua década estadunidense (Biney, 2011, p. 2) — e da defesa do consciencismo como uma filosofia

27 Curiosamente, Descartes é o contraponto tanto de Nkrumah quanto de Senghor para definir a particularidade africana — ainda que Nkrumah tenha sempre adotado uma postura de desconfiança em relação à negritude.

"materialista não ateísta", o debate de *Consciencism: Philosophy and Ideology for De-Colonization and Development with Particular Reference to the African Revolution* [Consciencismo: filosofia e ideologia para a descolonização e o desenvolvimento com particular referência à revolução africana], em suas duas edições (1964 e 1970), gira em torno da possibilidade de que elementos tradicionais da sociedade africana sirvam de base para uma filosofia (e ideologia) socialista para a África. Essa é a discussão central do livro, apesar da longa resenha filosófica feita nos dois primeiros capítulos e em uma parte do terceiro para sustentar a tese do "materialismo não ateísta" africano.

Há algumas diferenças entre a versão original e a revisada da obra. Elas começam pelo subtítulo, encurtado em 1970 para "filosofia e ideologia para a descolonização", abandonando a noção de "desenvolvimento" e a referência específica a uma "revolução africana" — com o que Nkrumah parece estar procurando evitar uma abordagem respectivamente reformista e particularista. A segunda versão reconhece a existência de uma burguesia local na África contemporânea (desenvolvida pelo colonialismo) em aliança com o neocolonialismo, e a necessidade da luta armada para derrotá-los. Esse reconhecimento é feito já no início da segunda edição, em nota explicativa escrita para justificar a necessidade de uma revisão do livro.

O comunalismo é um elemento presente em ambas as versões. Se comparamos as duas edições, pode-se observar que, além do subtítulo e da nota explicativa de abertura,[28] no corpo do texto as mudanças são sutis — o que só constatei quando pude ter acesso às duas versões e compará-las.[29] Dos cinco capítulos

28 Cite-se aqui também a dedicatória da primeira edição ao Philosophic Club, que desaparece na segunda. Ao que parece, tratava-se de um grupo de intelectuais com os quais Nkrumah se reunia para discutir filosofia quando era presidente.

29 Aqui vai uma nota de pesquisa. A primeira edição de *Consciencism* é raríssima. É muito difícil encontrá-la, o que pode ser atestado

da obra, os dois primeiros e o último são idênticos. No terceiro e no quarto há pequenas modificações — são os capítulos nos quais o autor efetivamente discute algo (pouco) da sociedade e história africana. A citação a seguir, extraída da primeira edição, é um bom exemplo das sutis revisões de Nkrumah. Ela é longa, mas esclarecedora:

> A face tradicional da África inclui uma atitude em relação ao homem que só pode ser descrita, em sua manifestação social, como socialista. Isso deriva do fato de que, na África, o homem é considerado antes de tudo um ser espiritual, um ser dotado originalmente de dignidade, integridade e valor interiores. Isso se coloca em revigorante oposição à ideia cristã do pecado original e da degradação do homem. Essa ideia do valor original do homem impõe deveres de sentido socialista entre nós. Aqui reside a base teórica do comunalismo africano. Essa base teórica se expressou socialmente em instituições como o clã, sublinhando a igualdade inicial de todos e a responsabilidade de muitos em relação a cada um. Nessa situação social, era impossível que surgissem classes num sentido socialista. Por um tipo marxista de classe, quero dizer aquela que se baseia

em qualquer busca nas redes internacionais de livros usados. Mesmo em Gana, não consegui localizá-la nas bibliotecas da Universidade de Gana: consta nos catálogos, mas efetivamente está desaparecida. Considero que dois fatores somados podem explicar essa dificuldade. Um é a destruição física das obras de Nkrumah em Gana, na sequência do golpe de Estado de 1966. Outro é a própria iniciativa do autor de reescrever a obra: desde sua morte, ela vem sendo sistematicamente reeditada na versão revisada, o que decerto respeita seu desejo em vida de se afastar das teses do socialismo africano. De todo modo, após muita insistência, consegui localizar a tradução francesa da primeira edição, ainda de 1964, à venda numa livraria de usados parisiense. Após o quase extravio do exemplar no envio para o Brasil, ele terminou voltando ao remetente. Mais tarde, uma amiga retirou o exemplar *in loco* e me enviou. Assim, é a tradução francesa da primeira versão do livro a que cotejo aqui com a segunda versão (em sua mais recente edição estadunidense). Foi só então que pude perceber que há menos modificações do que eu esperava encontrar.

numa estratificação social horizontal. Aqui, classes se relacionam de uma forma em que há entre elas uma desproporção de poder econômico e político. Numa sociedade como essa existem classes que são esmagadas, dilaceradas e moídas pela exploração. Uma classe se senta no pescoço da outra. Nesse sentido, não havia classes na sociedade africana tradicional. Naquela sociedade, nenhum interesse setorial poderia ser considerado supremo; nem o Poder Legislativo ou Executivo apoiariam os interesses de nenhum grupo em particular. O bem-estar do povo era supremo. (Nkrumah, 1964, p. 106-7)

Esse é talvez o trecho central da obra, no qual Nkrumah define a sociedade africana tradicional (no singular). O que muda na segunda edição? Apenas a frase mais direta e paradigmática é cortada: "Nesse sentido, não havia classes na sociedade africana tradicional". Todo o resto se preserva.

Para Nkrumah, o comunalismo seria o "ancestral" do socialismo, assim como o escravismo e o feudalismo seriam ancestrais do capitalismo. Nkrumah associava socialismo a modernidade, desenvolvimento, técnica, organização, centralização. Para ele, se o comunalismo na sociedade tradicional fluía livremente (*laissez-faire*), na modernidade seus princípios só poderiam se expressar através do socialismo, que é a defesa daqueles valores numa configuração moderna — dado o desenvolvimento demográfico e tecnológico. De todo modo, como o comunalismo tem correlação com o socialismo (o que o escravismo e o feudalismo não tinham), em sociedades ainda marcadas por seu espírito, a transição ao socialismo não se daria a partir de um processo revolucionário no sentido estrito do termo. Tal tese reaparece mitigada na edição de 1970, no interior do trecho mais modificado entre uma versão e outra (Nkrumah reescreve um parágrafo essencial e substitui o seguinte). Vejamos esta citação de 1964:

> Se partimos do comunalismo, a passagem ao socialismo se faz por uma reforma, porque os princípios são os mesmos. Mas quando

essa passagem se faz a partir de uma sociedade colonial, a reforma é revolucionária, pois a passagem do colonialismo para a independência genuína é um ato revolucionário. Nas sociedades comunalistas, por conta da continuidade entre comunalismo e socialismo, o socialismo não é uma doutrina revolucionária, mas uma reafirmação, numa linguagem contemporânea, dos princípios do comunalismo. A passagem de uma sociedade não comunalista ao socialismo é de ordem revolucionária e obedece aos princípios do comunismo. Na minha autobiografia, eu disse que o capitalismo poderia ser um sistema muito complexo para um país recém-independente. Eu agregaria que os pressupostos e ambições do capitalismo são contrários aos da sociedade africana. O capitalismo seria uma traição à personalidade e à consciência da África. (Nkrumah, 1964, p. 114-5)

E agora a de 1970:

> Como o espírito do comunalismo ainda existe em alguma medida em sociedades com um passado comunalista, socialismo e comunismo não são, no sentido estrito da palavra, crenças "revolucionárias". Eles podem ser descritos como reedições em idioma contemporâneo dos princípios que sustentam o comunalismo. Por outro lado, em sociedades sem história de comunalismo, as crenças do socialismo e do comunismo são inteiramente revolucionárias, e a passagem ao socialismo tem de ser guiada pelos princípios do socialismo científico. A natureza e causa do conflito entre a classe dominante e a explorada é influenciada pelo desenvolvimento das forças produtivas, ou seja, mudanças na tecnologia; pelas relações econômicas condicionadas por essas forças; e pelas ideologias que refletem as propriedades e a psicologia do povo que vive naquela sociedade. A base para uma revolução socialista é criada quando a luta de classes numa determinada sociedade resultou em consenso e desejo massivos por ação positiva para mudar ou transformar aquela sociedade. É então que se firmam as bases para a forma

> mais superior de ação política — quando uma revolução atinge sua excelência, e os trabalhadores e camponeses conseguem destruir todas as outras classes. (Nkrumah, 2009, p. 74)

Percebe-se, desses dois trechos, que Nkrumah abandona em 1970 a ideia da passagem ao socialismo nas sociedades africanas por meio da reforma — uma "reforma revolucionária". Agora isso passaria a se dar por meio de uma "revolução socialista". O autor passa a localizar o comunalismo menos no presente e mais enquanto "memória" de um passado comunal, afirmando que o socialismo e o comunismo não são, nessas sociedades (agora no plural), crenças revolucionárias "no sentido estrito da palavra" justamente pela preservação daquela memória. Em seguida, elimina um parágrafo inteiro da edição de 1964 no qual fazia referência à sua autobiografia. Com isso, parece querer evitar o argumento da impossibilidade de implantação do capitalismo na África por sua complexidade comparativamente à sociedade africana, bem como a tese de que ele seria uma "traição" à "consciência" e à "personalidade" africanas. Nkrumah já reconhecia então que o capitalismo estava avançando no continente e procurava evitar imagens de simplicidade da organização social, de uma sociedade unificada, de consciência e personalidade africanas únicas. Esse parágrafo foi substituído em 1970 por outro claramente marxista, que menciona "socialismo científico". Neste há referências ao "desenvolvimento das forças produtivas", que condicionaria as relações econômicas e as ideologias à luta de classes, aos trabalhadores e camponeses que destruiriam as outras classes.[30] Em resumo, essa passagem específica de *Consciencism* é

30 Hountondji (2016, p. 46) observa que, "na nova edição de *Consciencism*, Nkrumah reformula todas as passagens no texto original que exageravam a singularidade das sociedades africanas e que apresentavam seu funcionamento como independente das leis universais governando a história da sociedade humana em geral. Por outro lado, breves adições refletem algumas das novas preocupações".

a que melhor simboliza a transição do Nkrumah socialista africano para o marxista africano.

A partir de 1965, portanto, o pensamento de Nkrumah apresenta uma transformação que, se não é um abandono definitivo das bases anteriores, o torna menos "africano" e mais "ocidental" — um exemplar do "marxismo africano", ainda que não se possa considerar de modo algum que essa corrente seja uma aplicação automática do marxismo ao continente africano. Essa transição pode ser entendida como um símbolo do começo do fim da hegemonia dos "socialismos africanos" no pensamento crítico africano. Em "African Socialism Revisited" [Socialismo africano revisitado], de 1967 (uma dura crítica aos socialistas africanos, à negritude e a Senghor), Nkrumah passa a afirmar categoricamente que o socialismo africano defendia um retorno nostálgico ao passado, a uma sociedade africana idílica e sem classes da qual não havia qualquer evidência histórica ou antropológica. Alternativamente, o único caminho possível seria em direção ao futuro — ao socialismo, no qual, Nkrumah concedia, um "espírito" comunalista e humanista oriundo do passado africano teria um papel a cumprir, mas em chave modernizada.

Por fim, em sua última obra publicada em vida, *Class Struggle in Africa* [Luta de classes na África], de 1970, Nkrumah desenvolveu um argumento que, apesar de longo, merece ser citado na íntegra:

> Por muito tempo, comentaristas sociais e políticos falaram e escreveram como se a África estivesse fora do leito principal do desenvolvimento histórico mundial — uma entidade separada na qual os padrões sociais, econômicos e políticos mundiais não se aplicam. Mitos como o "socialismo africano" e o "socialismo pragmático", implicando a existência de um tipo ou tipos de socialismo aplicáveis somente à África, propagaram-se; e muito da nossa história foi escrita em teorias socioantropológicas e históricas segundo as quais a África não teria história antes do período colonial. Uma

dessas distorções tem sido a sugestão de que as estruturas de classe que existem em outras partes do mundo não existem na África. Nada é mais distante da verdade. [...] A revolução africana é parte integral da revolução socialista mundial, e, do mesmo modo que a luta de classes é básica para o processo revolucionário mundial, também é fundamental para a luta dos trabalhadores e camponeses da África. Divisões de classe na sociedade africana moderna foram borradas em certa medida durante o período pré-independência, quando parecia haver unidade nacional e todas as classes uniram forças para expulsar o poder colonial. Isso levou alguns a proclamar que não haveria divisões de classe na África, e que o comunalismo e o igualitarismo da sociedade africana tradicional teriam tirado qualquer noção de uma luta de classes da questão. Mas a exposição dessa falácia se seguiu logo após a independência, quando as divisões de classe que haviam temporariamente submergido na luta para ganhar liberdade política reapareceram, com maior intensidade, em especial naqueles Estados nos quais os novos governos independentes embarcaram em políticas socialistas. (Nkrumah, 2006a, p. 10)

SOCIALISMOS AFRICANOS NA MODERNIDADE

Antes de serem praticamente esquecidos, os socialismos africanos receberam pesadas críticas por seus pretensos "populismo", "tradicionalismo" e "espiritualismo", sendo entendidos por vezes como opostos à "modernidade" — e, numa crítica pela esquerda, como um "socialismo utópico" oposto ao "socialismo científico" (ver, por exemplo, Hirson, 1990). Espero ter apresentado, nas seções anteriores, argumentos atestando uma inserção dos socialismos africanos na modernidade. Trata-se sempre de uma busca por elementos do passado, de uma memória histórica (por vezes entendidos como características ainda presentes), porém com o intuito de que, adaptados e modernizados, sirvam de base para a construção de uma "síntese superior", de uma sociedade do futuro. Não se trata de uma visão reacionária de retorno ao passado, tampouco de uma concepção cíclica de história. É, para ser mais exato, uma visão elíptica, que preserva em certo sentido uma noção de progresso — mas distinta do evolucionismo, diferente de uma teleologia da história marcadamente ocidental. A intenção, de todo modo, não é voltar ao passado, mas buscar vias alternativas, próprias.

Retomando as características dos socialismos africanos apontadas por Devés (2011), pode-se perceber pela exposição que, de fato, ainda que com diferentes intensidades e ênfases, elas são encontradas nos autores analisados. Vejamos:

(a) Seu anticapitalismo (sem implicar uma associação direta com o mundo do "socialismo real" de então) é notável, e o socialismo aqui é apresentado como mais adequado ao "modo de vida" africano em comparação com o capitalismo — no caso de Nkrumah e até certo ponto de Senghor, mais adequado enquanto técnica para o desenvolvimento econômico e para a organização das novas nações.

(b) O traço anti-imperialista e anticolonial está igualmente presente: os socialismos africanos são desdobramentos dos movimentos de descolonização, agora responsáveis pela construção de novos Estados e nações. Me parece que os socialismos africanos guardam um argumento simbólico, cultural, de descolonização "mental" ou "epistêmica", de resgatar o orgulho próprio, o que não era tão evidente em seu contexto, mas vem sendo enfatizado por releituras contemporâneas desses autores. Já o anti-imperialismo é especialmente presente em Nkrumah, em suas propostas pan-africanistas e em sua análise do neocolonialismo.

É menos notável em Senghor, sempre em busca de uma síntese mais explícita entre África e Europa — traduzida finalmente na sua intenção de articular negritude e francidade (*francité*). Porém, mesmo Nkrumah insistiu por longo tempo na presença de Gana na *Commonwealth* britânica.

(c) A recusa da existência de luta de classes na África se nota até mesmo em Nkrumah, e é ainda mais forte em Nyerere e em Senghor. Como já observei, não se trata propriamente de uma negação completa, mas da defesa de sua incipiência, e de seu entendimento muitas vezes como algo externo, associado ao processo colonizador. O processo de desenvolvimento das classes na África teria de ser bloqueado antes que se tornasse irreversível.

(d) A afirmação de que o socialismo em sua expressão comunal é ancestral na África, e de que suas sociedades socialistas do futuro devem nele se inspirar, é o elemento central; sua expressão mais bem-acabada é o *ujamaa*.

Dito isso, há diferenças evidentes entre os autores. No artigo "Socialism is not Racialism" [Socialismo não é racialismo], publicado em 1967, Nyerere afirmou de modo categórico que "o propósito do socialismo é servir ao homem, independentemente da cor, tamanho, forma, aparência, habilidade [...]. Se a maioria do povo numa dada sociedade é negra, a maioria daqueles que se beneficiarão do socialismo será negra. Mas isso não tem nada a ver com a sua negritude; somente com a sua humanidade" (Nyerere, 1968, p. 38-9). Esse comentário demonstra seu afastamento em relação a qualquer argumento racial, que de tempos em tempos emerge em Senghor. Para Stöger-Eising (2000, p. 138),

> Nyerere nunca perdeu contato com suas origens indígenas. Diferente de alguns escritores do movimento da Negritude que, desde crianças, foram alienados das sociedades nativas, Nyerere nunca foi desenraizado. Enquanto aqueles poderiam ser descritos como

> "franceses negros" que buscaram redescobrir suas raízes, ele não tinha necessidade de inventar tradições para determinar a natureza de sua identidade africana.

Como se viu, a negritude foi fortemente atacada por Nkrumah, sobretudo a partir de sua derrubada, em 1966. Nesse sentido, haveria uma maior aproximação entre Nkrumah e Nyerere, geralmente apresentados como mais "radicais" em comparação a Senghor. Mesmo entre os dois primeiros, porém, há notáveis diferenças, que passam em certa medida por suas formações. Nkrumah e Nyerere "se encontraram com a discussão sobre desigualdade e igualdade enraizada na filosofia clássica grega. No entanto, seus escritos permitem inferir que Marx, Engels e Lênin influenciaram o pensamento de Nkrumah, enquanto Nyerere esteve mais próximo das ideias de Rousseau e de Mill" (Häussler, 2017, p. 89). Nkrumah se aproximou do marxismo-leninismo (subordinando-o à luta nacionalista, como se viu) durante seus estudos nos Estados Unidos. Já Nyerere teve contato com o socialismo

> na Europa depois da Segunda Guerra Mundial, uma década depois de Nkrumah. Durante seus estudos na Escócia, ele foi influenciado pela socialista democrática Sociedade Fabiana e pelos escritos de John Stuart Mill e Harriet Taylor Mill. Sua abordagem se baseou em princípios democráticos, no Estado de direito e nos direitos humanos. (Häussler, 2017, p. 226)

De todo modo, afora as diferentes origens, propostas e resultados, o que me parece interessante enfatizar em uma releitura dos socialismos africanos tem a ver com a possibilidade de que eles incidam sobre o debate em torno da dicotomia indivíduo/comunidade que é marcante da modernidade — e que, em sua corrente hegemônica, favorece o primeiro polo. As ideias de comunidade, comunitarismo, do comum, da sociedade comunal são centrais aos socialismos africanos, que procuravam opô-las às ideias de coletivismo (como agregação de indivíduos) do socialismo ocidental.

Malgrado essa prevalência do comum, os autores analisados insistem que, em suas argumentações, o "indivíduo" importa, mais ainda a "pessoa" (uma diferenciação forte em Senghor). Sem dúvida, os socialismos africanos, em particular esses três autores, podem contribuir, a partir de um olhar parcialmente não ocidental, com as reflexões atuais dos autores comunitaristas, bem como, de um modo mais geral, com as distintas abordagens associadas à teoria crítica contemporânea. Parece essencial repensar (e de algum modo sintetizar) aquela referida dicotomia indivíduo/pessoa, o que poderia ser buscado por meio da revalorização do comum sem o abandono do indivíduo — ou através do resgate da "pessoa".

Por outro lado, a parcial negação das classes e da luta de classes na África é provavelmente a principal fraqueza das análises associadas aos socialismos africanos. Deve-se considerar que, quando ocorreu a colonização europeia, boa parte do continente apresentava organizações sociais nas quais já havia elementos classistas em diferentes configurações; que isso se aprofundou conforme as colonizações impactavam em algum nível toda a região; e que se complexificou ainda mais com o desenvolvimento posterior do continente, nas décadas seguintes às independências políticas. Tal reflexão pode ser ilustrada sem a necessidade de lançar mão de críticos dos socialistas africanos, mas recorrendo ao próprio Nkrumah, mais precisamente ao último Nkrumah, o de "African Socialism Revisited" e de *Class Struggle in Africa*. Os socialistas africanos estavam atravessados em grande medida (sobretudo no caso de Senghor) pelas leituras da chamada "etnofilosofia", essenciais na fundação da filosofia africana moderna (ver capítulos 2 e 4). Estavam marcados, portanto, pela "ilusão unanimista" sempre criticada por Hountondji. Qualquer releitura dos socialistas africanos hoje deverá levar isso em consideração e reconhecer o pluralismo do continente, que evidentemente pode ser ilustrado pelo debate classista, mas de modo algum se resume a ele.

Em suma, os socialismos africanos não se apresentam como estratégias revolucionárias viáveis para a transformação social na África ou em qualquer parte, nem mesmo como propostas que possam explicar contemporaneamente a(s) realidade(s) do continente. Contudo, há elementos filosóficos neles que podem ser resgatados. E, de todo modo, pode-se sugerir que a ideia "unanimista", de "uma" África, constituiu naquele momento uma reação, mais que uma afirmação. Essa ideia procurou reconhecer e expressar de algum modo o que não era ocidental em suas sociedades, o que lhes era próprio. Do mesmo modo, pode ser entendida como uma metáfora, um modo de se expressar claramente para públicos tanto africanos quanto europeus. O mais importante era (e é) compreender que, para além da hegemonia ocidental, capitalista e liberal, há uma diversidade incalculável (inclusive dentro da própria África) de modos de vida e de saberes a serem (re)conhecidos. Consequentemente, há incalculáveis vias de transformação possíveis. Diversos desses saberes vêm emergindo na contemporaneidade com a busca de intelectualidades locais por valores próprios, por alternativas e por reconhecimento, mas também com a crescente procura de insumos do Sul por parte de intelectuais e movimentos críticos do Norte. É o que veremos nos próximos capítulos, através da análise do *ubuntu*, do *sumak kawsay/suma qamaña* e da felicidade nacional bruta.

4

UBUNTU: A ESSÊNCIA AFRICANA REVISITADA

Nos velhos tempos, quando nós éramos jovens, viajávamos pelo nosso país. Nós podíamos parar em uma vila e nem precisávamos pedir por comida ou água. Bastava parar que as pessoas já nos davam comida, já nos entretinham. Esse é um aspecto do *ubuntu*, mas há vários outros [...]. *Ubuntu* não significa que uma pessoa não se preocupe com o seu progresso pessoal. A questão é: o meu progresso pessoal está a serviço do progresso da minha comunidade? Isso é o mais importante na vida. E se uma pessoa conseguir viver assim, terá conquistado algo muito importante e admirável.

— Nelson Mandela, "*Ubuntu* told by Nelson Mandela" [*Ubuntu* nas palavras de Nelson Mandela] (2006)

A essência da sabedoria humana africana é captada pela palavra *ubuntu*. [...] A tradução literal é: "Eu sou porque você é". [...] *Ubuntu*, para nós, significa que o mundo é demasiado pequeno, a nossa sabedoria é limitada, o nosso tempo é breve. Então por que gastar mais tempo com vitórias inúteis à custa dos outros? Temos de encontrar um caminho no qual consigamos triunfar juntos!

— Bill Clinton, "Clinton Global Initiative Annual Meeting" [Reunião anual da iniciativa global de Clinton] (2006)

A GENEALOGIA DE UM CONCEITO *TRENDY*

Ubuntu, expressão das línguas xhosa (*isiXhosa*) e zulu (*isiZulu*),[1] tem sido uma das noções mais recorrentes nos debates sobre a África e os africanos nas últimas décadas. Isso pode ser constatado em diversos campos das humanidades, do direito à filosofia política, da etnografia à teologia, da sociologia ao serviço social, da linguística à pedagogia. *Ubuntu* recebeu também diferentes usos políticos, em constante expansão e renovação. Pode-se ainda notar um recente transbordamento do conceito para outros campos de grande apelo, como a ecologia, as literaturas de autoajuda e empresarial e até mesmo a computação. Desse modo, *ubuntu* parece adquirir progressivamente mais e mais usos e sentidos, assumindo características de um "conceito ônibus" (*catch-all concept*) (Hailey, 2008). Ao revisar o que se produziu sobre a concepção nos últimos anos, percebe-se que compreender seu significado se tornou um problema para um número crescente de acadêmicos, tanto na África quanto em outras partes do mundo.

1 Genericamente, trata-se de duas línguas banto (tronco linguístico que engloba centenas de idiomas falados do centro até o sul da África), mais especificamente do grupo de línguas nguni faladas no sul do continente.

Considero, porém, que o maior entrave de pesquisa para o analista interessado no tema não seja propriamente definir o que é *ubuntu*, uma vez que pode de fato significar diversas coisas. O mais interessante é observar como *ubuntu* se tornou um conceito da moda, como veio a se tornar *trendy*. Assim, neste capítulo procuro realizar uma genealogia do conceito. Tento igualmente sugerir algumas razões para sua circulação global. De Desmond Tutu ao Dalai Lama, de Nelson Mandela a Barack Obama,[2] diversas personalidades mundiais encontraram razão

2 Tratarei das referências de Tutu e de Mandela ao *ubuntu* mais adiante, pois o primeiro é um de seus principais formuladores e divulgadores, ao passo que o segundo foi sendo convertido numa espécie de "materialização do *ubuntu*". Tenzin Gyatso, o Dalai Lama, apresentou na Universidade Botho em Botsuana, em agosto de 2017, a conferência "*Botho/Ubuntu*: A Dialogue on Spirituality, Science and Humanity" [*Botho/Ubuntu*: um diálogo sobre espiritualidade, ciência e humanidade]. Em um comunicado de divulgação da conferência, afirmou: "Meu querido amigo arcebispo Desmond Tutu me contou sobre a bela noção africana de *botho/ubuntu*, que significa 'eu sou porque você é'. Isso ecoa poderosamente a antiga ideia indiana de interdependência. [...] espero ter um entendimento mais claro dessa ideia e explorar como ela pode ajudar a promover a compaixão e a compreensão em nosso mundo" ("The Government of Botswana Opens Its Doors to the Dalai Lama for a Public Conference with African Leaders Addressing *Botho/Ubuntu*, Human Rights and Healing from Trauma" [O governo de Botsuana abre as portas ao Dalai Lama para uma conferência pública com líderes africanos sobre *Botho/Ubuntu*, direitos humanos e cura de traumas], *Mind & Life Institute News*, 12 jul. 2017). Obama tratou do tema em seu discurso no funeral de Mandela, em 10 de dezembro de 2013: "Mandela entendeu os laços que ligam o espírito humano. Há uma palavra na África do Sul – *ubuntu* – que descreve seu maior presente: seu reconhecimento de que estamos todos unidos de maneiras que podem ser invisíveis aos olhos; que existe uma unidade para a humanidade; que chegamos a nós mesmos compartilhando-nos com os outros e cuidando dos que estão ao nosso redor. Nós nunca saberemos o quanto isso era inato em Mandela, ou o quanto foi moldado e lapidado em uma cela escura e solitária. Mas nos lembramos dos gestos, grandes e pequenos [...], que revelaram a profundidade de sua empatia e compreensão. Ele não apenas incorporou o *ubuntu*; ele ensinou milhões a encontrar essa verdade em si mesmos. Foi preciso um homem como Madiba [apelido pelo qual Mandela

para se referir à ideia. Cabe sugerir que *ubuntu* é um sucesso exatamente por sua polissemia, por não ser tão preciso — o que pode interessar seus divulgadores. *Ubuntu* tornou-se um significante que condensou ao seu redor motivações e setores sociais fragmentados, por vezes com interesses díspares, exercendo as mais diversas funções numa gama considerável de espaços sociais. No limite, esse sucesso implica um risco de esvaziamento do conceito. Trata-se de um equilíbrio delicado entre "usos e abusos" do *ubuntu*, o que pode ser notado também com relação a outros conceitos analisados neste livro.

Sugiro que o *ubuntu* já estaria ultrapassando um "ponto ótimo", chegando com isso a um estágio no qual adquiriu tantos sentidos que se aproxima de não ter mais nenhum. O termo teria se esvaziado tanto que perdeu credibilidade, inclusive como um elemento central no processo de construção da nova nação sul-africana (*nation building*) (Eliastam, 2015), no qual exerceu papel fundamental, como mostrarei adiante. Isso, entretanto, não significa que o *ubuntu* não possa voltar a assumir, no futuro, sentidos não tão vagos, mas também não tão precisos. Readquiriria, assim, aquela sorte de "equilíbrio ótimo" que permitiria ao conceito exercer funções identitárias, mobilizadoras, coesivas, mesmo emancipatórias.

Por força de ofício, aqui interessa particularmente investigar os usos do *ubuntu* no campo político e na filosofia política. É necessário, entretanto, remeter também a seus usos em diversas áreas (ainda que sem a pretensão de esgotar o tema), para

---

era conhecido] para libertar não apenas o prisioneiro, mas também o carcereiro; para mostrar que você deve confiar nos outros para que eles possam confiar em você; ensinar que a reconciliação não é uma questão de ignorar um passado cruel, mas um meio de enfrentá-lo com inclusão, generosidade e verdade. Ele mudou leis, mas também corações" ("Barack Obama's Address at Nelson Mandela's Memorial Service" [Barack Obama discursa no funeral de Nelson Mandela], *The Guardian*, 10 dez. 2013).

demonstrar o alcance de sua expansão. É investigada a história do conceito, apontando suas origens e as mudanças de sentido que sofreu. Por fim, o recorte geográfico que se impõe, por razões de espaço, é primordialmente a África do Sul, com alguma eventual menção ao Zimbábue, uma vez que esses são, nessa ordem, os centros principais de formulação e de divulgação política e acadêmica do *ubuntu*.[3] Mas deve-se entender que *ubuntu* (e correlatos) é uma noção que pode ser encontrada em toda a região que se estende do centro ao sul do continente africano.

Dessa forma, deve-se observar que *ubuntu* é apenas uma entre diversas expressões oriundas de línguas do tronco linguístico banto que vêm sendo retomadas na contemporaneidade — tendo sido, de todo modo, a que mais se popularizou. Há diversos outros termos com sentidos considerados assemelhados por especialistas (entre parênteses, a origem linguística de cada um deles): *umunthu* (chewa); *umundu* (yawo); *bunhu* (tsonga); *unhu/hunhu* (shona); *botho* (sotho e tswana); *umuntu* (zulu); *vhutu* (venda); *vumunhu* (changani); *utu* (suaíli), entre muitos outros (Tambulasi & Kayuni, 2009; Mawere & Van Stam, 2016). Não surpreende que termos que expressam uma concepção comunitária das relações entre as pessoas se acumulem em distintas línguas da África Austral, Central e Oriental, posto que nessas regiões quase sempre se constituíam sociedades comunais. O mesmo não ocorreu necessariamente na África Setentrional e em parte da Ocidental. Abordo aqui em específico o *ubuntu* por este ter se tornado um termo de circulação global — o que talvez tenha ocorrido por ser utilizado no zulu e no xhosa, as duas principais línguas de origem negra da África do Sul.

O capítulo se estrutura da seguinte forma: a primeira seção analisa as origens do conceito de *ubuntu* e aponta sua crescente

3 Deve-se mencionar que *ubuntu* e termos assemelhados vêm sendo utilizados, ainda que em menor escala, na academia e na política em outros países da região, como Maláui, Botsuana e Ruanda.

associação ao que se convencionou chamar, na filosofia africana, de "etnofilosofia"; haveria uma essencial visão de mundo (*Weltanschauung*), uma ética própria que perpassaria todos os povos africanos. A segunda seção trata do que considero ser o principal foco de expansão contemporânea do conceito: os usos do *ubuntu* na transição do apartheid, em especial na Constituição Interina e na Truth and Reconciliation Commission [Comissão da verdade e reconciliação] (TRC) dirigida por Desmond Tutu. A terceira seção apresenta os debates acadêmicos em torno do tema (particularmente entre teóricos e filósofos políticos), para discutir como o conceito vem sendo trabalhado por seus estudiosos, que podem ser divididos entre os "simpáticos" ao *ubuntu* e os "detratores" dele — os que nele buscam potência transformadora e os que nele identificam mistificação e opressão. A quarta seção trata da mais recente explosão do conceito. Procura-se demonstrar seu esvaziamento através da análise dos usos do *ubuntu* pelo African National Congress [Congresso nacional africano] (ANC), pelos sucessivos governos do partido e nos discursos presidenciais — mas também destacando sua expansão para novas áreas como o debate ecológico e as literaturas empresarial e de autoajuda. Já a última seção reflete sobre a modernidade ou o arcaísmo do *ubuntu*, mais precisamente até que ponto ele deveria ser considerado uma "narrativa de retorno", passadista, no sentido formulado em Gade (2011) e em Matolino e Kwindingwi (2013).

ORIGEM: OS PRIMEIROS USOS DO *UBUNTU* E O PESO DA ETNOFILOSOFIA

Não é a intenção apresentar aqui uma história detalhada do conceito de *ubuntu*, mas apontar algumas de suas tendências de desenvolvimento. Christian Gade (2011) produziu o que considero ser o mais completo trabalho sobre a genealogia do conceito, de suas origens até os anos 1980. Segundo o autor, o uso de *ubuntu* em textos escritos pode ser mapeado desde ao menos 1846. Até meados do século XX, seus principais sentidos giraram em torno de "natureza humana" (*human nature*), "humanidade" (*humanity*), "homem adulto" (*manhood*) e da expressão de mais difícil tradução para o português: *humanness*, que poderia ser entendida como "fazer-se humano", o "ato de humanizar-se", o "processo de humanização". Em suma, desde o princípio *ubuntu* esteve relacionado a uma qualidade moral. Contudo, já em boa parte dos primeiros textos em que aparece, seria uma qualidade que se expressaria primordialmente entre os africanos, os Banto, os "indígenas" — uma ideia que se imporia mais adiante.

A partir de meados do século XX, o termo foi assumindo os sentidos que hoje são mais comuns. Foi sendo menos entendido como uma "qualidade" para assumir-se como um fenômeno mais sistemático (especificamente negro-africano ou banto): uma "filosofia", "ética", "humanismo", "visão de mundo". Nos anos 1970, *ubuntu* foi associado aos "humanismos africanos" e "socialismos africanos" que informaram os processos de descolonização e de construção de novos Estados, assumindo então usos cada vez mais políticos.[4] Nesse sentido mais abertamente político, foi em seguida apropriado durante dois períodos específicos de transição: o fim da supremacia branca na Rodésia, que

4 Ideias assemelhadas ao *ubuntu* foram mencionadas por autores analisados no capítulo anterior. Julius Nyerere se referia eventualmente ao *utu* (do suaíli), algo como "humanidade comum", em sua defesa do *ujamaa*. Em certa contradição com Gade, Mukti Lakhi Mangharam (2011) sustenta que *ubuntu* sempre teve, implícita ou potencialmente, um sentido político. O autor observa, com base em textos e provérbios zulu, que a noção está em grande medida associada à partilha de comida. *Ubuntu* teria funcionado como metáfora para a partilha do poder em economias de comunhão da comida concentrada na figura do chefe. Nelas, o ideal "uma pessoa é uma pessoa através de outras pessoas" era vertido a "um chefe é um chefe através de outras pessoas".

culminou na fundação do Zimbábue, em 1980, e a superação do apartheid, que levou à eleição de Nelson Mandela na África do Sul, em 1994. No Zimbábue, assumiu um sentido mais relacionado a uma "ideologia" descolonizadora ou "indígena". Já na África do Sul foi largamente entendido no campo político como "visão de mundo", e no acadêmico como uma "filosofia" ou "ética".

A principal referência do uso ideológico do termo *ubuntu* no Zimbábue é o livro dos irmãos Stanlake Samkange e Tommie Marie Samkange intitulado *Hunhuism or Ubuntuism: A Zimbabwe Indigenous Political Philosophy* [Hunhuísmo ou ubuntuísmo: uma filosofia política indígena do Zimbábue], de 1980. Para Gade (2011), esse é o primeiro livro especificamente sobre *ubuntu*, e o primeiro que o apresenta como uma filosofia política. Nele, os autores defendem a necessidade de uma filosofia política ou de uma ideologia própria para o novo país, baseada em suas tradições e, desse modo, distinta das ideologias "estrangeiras". Nomeiam-na "hunhuísmo" ou "ubuntuísmo". Entre outras características, ela contribuiria para a unidade do país, para o fomento de uma identidade nacional e para a preservação da propriedade comunal da terra (o que seria um traço tipicamente africano). No entanto, para além dessa proposta inicial, o conceito não teve grande fortuna naquele país, estando ausente de documentos oficiais e de uma circulação mais ampla. Foi utilizado pontualmente por Robert Mugabe (líder do Zimbábue como primeiro-ministro e presidente, de 1980 a 2017) e por alguns autores importantes para a divulgação do conceito, como Mandivamba Rukuni (que discutirei mais adiante). Serviu também como base para dois acordos de unidade nacional entre o partido dominante Zimbabwe African National Union — Patriotic Front [União africana do Zimbábue — frente patriótica] (ZANU-PF) e a oposição, em 1987 e em 2008 (Mangena, 2016).

Mas não seria ainda o processo político do Zimbábue o que contribuiria decisivamente para a circulação global da ideia de *ubuntu*. O foco central de desenvolvimento e divulgação do conceito vem sendo a África do Sul, desde o fim do apartheid. Naquele momento, *ubuntu* parece ter se tornado, para muitos políticos e intelectuais, um elemento providencial para a unidade e para a formulação de políticas públicas do que foi entendido como uma nova nação e um novo Estado em construção. Gade (2011) sugere que foi nesse período transicional da África do Sul, mais exatamente entre 1993 e 1995, que *ubuntu* ganhou seus sentidos hoje hegemônicos. Trata-se precisamente de entendê-lo como uma "visão de mundo" particular, que pode ser definida a partir do provérbio zulu "*umuntu ngumuntu ngabantu*" — vagamente traduzido para o português como "uma pessoa é uma pessoa através de outras pessoas". Gade observa que os cinco sentidos de *ubuntu* já mencionados (qualidade humana, ética/filosofia, humanismo africano, visão de mundo e *umuntu ngumuntu ngabantu*) seguem vigentes na contemporaneidade, ainda que com distintos impactos. Por fim, ele confirma empiricamente o que pode ser intuído por qualquer um que se debruce sobre a larga bibliografia que trata do tema: houve um enorme incremento de textos mencionando o termo a partir da segunda metade dos anos 1990 e sobretudo nos anos 2000 — são contados aos milhares, como mostra o gráfico elaborado pelo autor (Gade, 2011, p. 319).

O que é pouco mencionado pela literatura que trata do tema (e escapa inclusive à aprofundada análise de Gade) é que talvez o provérbio tenha ganhado maior visibilidade na África do Sul com a canção e o álbum de 1988 da cantora pop Brenda Fassie, ambos intitulados *Umuntu ngumuntu ngabantu*. Em seguida, o provérbio foi associado a *ubuntu*. Provavelmente os dois significantes se encontraram na hora e no lugar certos. Não sendo associados na origem, eles remetem a um universo de significados próximos, e a utilização do provérbio é uma forma simples de explicar o que *ubuntu* significaria. O filósofo Augustine Shutte teve papel importante na associação de *ubuntu* a essa máxima com seu livro *Philosophy for Africa* [Filosofia para a

África], publicado em 1993 na África do Sul e em 1995 nos Estados Unidos;[5] bem como Desmond Tutu em *No Future Without Forgiveness* [Não há futuro sem perdão], publicado em 1999 e com imediata circulação global. Desde então, *ubuntu* também foi repetidamente associado a outra expressão de significado aproximado: "Eu sou porque nós somos" (*I am because we are*). É pouco mencionado que se trata de uma citação da obra clássica de John Mbiti intitulada *African Religions and Philosophy* [Religiões africanas e filosofia], de 1969. Segundo Bell, *ubuntu*

> às vezes é referido como comunalismo africano. Uma frase frequentemente citada do conhecido livro de John Mbiti *African Religions and Philosophy* (1969) apoiando essa visão é: "Eu sou porque nós somos, e desde que nós somos então eu sou", reconhecimento como jogo e inversão do bem conhecido *cogito ergo sum* de Descartes, que identifica o eu com o "eu sou" isoladamente do "nós somos". (Bell, 2002, p. 59)

Pode-se sugerir, portanto, que ocorreram ao menos dois processos paralelos de desenvolvimento do conceito. O primeiro foi uma complexificação, passando de uma qualidade humana a algo mais sistêmico — seja uma ética, filosofia, ideologia ou visão de mundo. O segundo processo foi uma crescente associação ao negro-africano, ao seu modo de vida, à sua origem, a algo que determina sua forma se relacionar com a comunidade (incluídos os ancestrais e as futuras gerações) e com a natureza. Esses dois desenvolvimentos se deram notadamente a partir de meados do século XX e são a chave para compreender os usos

5 Gade (2011) observa que a associação entre *ubuntu* e o provérbio aparece na edição de 1995, mas não na de 1993. Do mesmo modo, é só em 1995 (na edição estadunidense, portanto) que Shutte apresenta seu livro explicitamente como uma obra sobre o *ubuntu*. Isso reforça o ponto de Gade de que o período entre 1993 e 1995 foi essencial para o surgimento daqueles novos sentidos do *ubuntu*.

contemporâneos do *ubuntu* a partir dos anos 1990 — aqueles usos que o associam a uma contribuição original (sul-)africana ao fomento da comunidade, da solidariedade, do perdão, da unidade, da harmonia e da justiça.

Nesse sentido, para entender o desenvolvimento do conceito é útil recorrer ao que se convencionou chamar, no interior da filosofia africana, de "etnofilosofia", de influência fundamental em sua constituição. Sua origem remonta às primeiras formulações do que seria propriamente uma filosofia africana, sendo entendida, por vezes, como sua "primeira fase". A etnofilosofia defende a unidade de modos de pensar, agir e sentir de todos os grupos sociais negro-africanos, em geral marcados pela proeminência do grupo ou da comunidade sobre o indivíduo. Portanto, ele atribui uma "essência" ao africano, mais ou menos constante ao longo do tempo e do espaço, que pode ser atribuída aos mais diversos fatores — biológicos, ambientais, históricos, econômicos, sociais e culturais, a depender do autor (Mangena, 2016).

Um marco fundador dessas formulações foi a obra do padre belga Placide Tempels intitulada *La philosophie bantoue* [A filosofia banto], de 1945, baseada em sua atuação como missionário no então Congo Belga (atual República Democrática do Congo). Já vimos como a obra de Tempels foi importante para o movimento da negritude, particularmente para Léopold Sédar Senghor (ver o capítulo 2). O termo *bantu* havia sido cunhado pelo filólogo e antropólogo alemão Wilhelm Heinrich Immanuel Bleek "em sua tese doutoral defendida em Bonn, em 1851, pensando num parentesco de muitas línguas africanas do sul do Saara (África Central, Oriental e Austral)" (Kashindi, 2013, p. 210). Com Tempels, a ideia de uma unicidade das culturas banto foi elevada a novo patamar, a partir da proposição de que havia uma filosofia tradicional própria desses povos, calcada numa essência banto — no limite, negro-africana. A ontologia banto seria baseada na "força vital", o elemento que define o que é o ser ("quem possui a força"), que define a "pessoa" (o *muntu*, "aquela força vital dotada de inteligência e de vontade"). A força conectaria os homens com os outros seres vivos e inanimados, conectaria os viventes com os antepassados (ambos convivendo em comunidade no presente) e deveria ser transmitida às futuras gerações:

> Para os Banto, todos os seres do universo possuem sua própria força vital; humano, animal, vegetal ou inanimado. Cada ser foi dotado por Deus de certa força, capaz de fortalecer a energia vital do ser mais forte da criação: o homem. A suprema felicidade, a única forma de felicidade é, para os Banto, a posse do maior poder vital; a pior adversidade e, de fato, o único aspecto do infortúnio, é para eles a diminuição desse poder. Toda doença, ferida ou aborrecimento, todo sofrimento, depressão ou fadiga, toda injustiça ou fracasso, é considerado e designado pelos Banto como uma diminuição da força vital. (Tempels, 1945, p. 29)

A obra de Tempels foi provavelmente a primeira a associar o negro à filosofia, a uma sabedoria, a um sistema de princípios, a uma *Weltanschauung* — então entendidas como expressões exclusivamente brancas, europeias, ocidentais. Seus escritos tiveram larga repercussão entre estudiosos africanistas e africanos, e marcaram a filosofia africana do período das descolonizações. Compreende-se a forte impressão que causou, por exemplo, em Senghor, o principal poeta/filósofo da negritude:

> No iniciante "mercado de ideias" sobre pensamento africano, a "filosofia banto" de Tempels se tornou um concorrente ao trono de "A" visão filosófica africana principal — e ainda mantém certa qualidade magnética em relação a isso. O que veio a ser chamado de visão "animista" de mundo — que é frequentemente aplicada, universal e indiscriminadamente, a todos os padrões de pensamento africanos — remonta, em parte, a Tempels e sua visão etnofilosófica. (Bell, 2002, p. 23)

O essencialismo em chave positiva através do qual Tempels entendia o negro servia à obra maior dos autores da negritude, que era buscar uma essência negra e valorizá-la. Também se expressou em Mbiti, em Alexis Kagame e em muitos outros. Considero que essa busca por uma essência negro-africana positiva, que poderia contribuir para transformar um presente de alienação, individualismo e desencantamento, é contemporaneamente reativada em boa parte dos que recorrem ao *ubuntu*. Veremos agora o momento preciso em que o *ubuntu* corporificou essa busca recorrente pela originalidade africana.

VISIBILIZAÇÃO: USOS DO *UBUNTU* NA TRANSIÇÃO SUL-AFRICANA[6]

O termo *ubuntu* foi introduzido na Constituição Interina da África do Sul, ratificada em novembro de 1993 para servir de base legal na transição do apartheid à democracia. Nela, o conceito foi mencionado de forma vaga, sem ser definido, associado à necessidade de unidade nacional e reconciliação:

> A adoção desta Constituição estabelece a base segura para o povo da África do Sul transcender as divisões e lutas do passado, que geraram graves violações de direitos humanos, a transgressão de princípios humanitários em violentos conflitos e um legado de ódio, medo, culpa e vingança. Isso pode ser agora abordado com base na necessidade de entendimento mas não de vingança, de

6 Não me proponho a analisar a transição do apartheid à democracia, apenas como o *ubuntu* serviu a esse processo. Para mais informações sobre a política sul-africana contemporânea, ver Bundy (2014) e Pereira (2012).

reparação mas não de retaliação, de *ubuntu* mas não de vitimização. (República da África do Sul, 1993)

O conceito terminou ausente da Constituição definitiva, promulgada em dezembro de 1996. No entanto, a Corte Constitucional tem desde então se valido sistematicamente do *ubuntu* para justificar suas interpretações, entendendo-o como um princípio basilar da Constituição e da sociedade sul-africana. Diversas decisões da Corte têm apontado o *ubuntu* como a base para uma jurisprudência "africana", ao mesmo tempo em harmonia com os valores ocidentais e contemporâneos que atravessam a Carta constitucional. Tal uso do *ubuntu* vem, por um lado, recebendo apoio de defensores de uma adequação das leis e instituições sul-africanas à realidade local (Ramose, 2003c); por outro lado, tem sido alvo de críticas de especialistas que associam *ubuntu* à tradição, à religião e ao passado, negando, com isso, um lugar para o conceito na contemporaneidade. Ilze Keevy, por exemplo, afirma que o *ubuntu* sustenta estereótipos de "mulheres, crianças, homossexuais, lésbicas, bruxas, estrangeiros e *outsiders* [...] *ubuntu* não está em consonância com os valores da Constituição em geral e com a Declaração de Direitos em particular" (Keevy, 2009, p. 22). Para a autora, "em contraste com a lei ocidental, a lei africana é inseparável de sua base patriarcal, dos ancestrais e da solidariedade de grupo ou forte comunitarismo. A lei e a justiça ocidentais não propõem esses antigos ideais africanos e permanecem um conceito estrangeiro em sociedades africanas tradicionais" (Keevy, 2009, p. 30). Como veremos, o debate em torno da adequação do *ubuntu* à modernidade e seus valores é central para seus apoiadores e críticos, bem como para eventuais sentidos emancipatórios que o conceito possa assumir.

Outra chave para a visibilidade que o conceito ganhou na transição sul-africana está no funcionamento da TRC. Esse foi o mecanismo inventado a partir da transição negociada para produzir conciliação e unidade nacional, "com base na necessidade de entendimento mas não de vingança, de reparação mas não de retaliação, de *ubuntu* mas não de vitimização", como formulado na supracitada Constituição Interina. A atuação de Tutu ao longo da transição sul-africana e como presidente da TRC merece particular destaque. Sugiro que a fixação da ideia de *ubuntu* como uma "visão de mundo" africana e sua associação ao provérbio *umuntu ngumuntu ngabantu* passam em grande medida pelo arcebispo anglicano, ao longo de suas incontáveis entrevistas, sermões, vídeos, discursos e livros de divulgação global a partir dos anos 1990. Não é exagero afirmar que Tutu foi o principal divulgador do conceito, conectado à sua ideia da África do Sul como *Rainbow Nation* (a "Nação Arco-Íris", proposta que parece estar associada ao multiculturalismo tão em voga naquele momento). Ambas as ideias assumiram um papel importante na nova identidade nacional, penetrando fundo na autoimagem da África do Sul dos primeiros anos pós-apartheid (Buqa, 2015; Mojola, 2019). *Ubuntu* seria uma forma de garantir a coesão de uma sociedade profundamente dividida e desigual, marcada pela violência e pela opressão, constituindo-se na possibilidade de convivência dos antigos opressores e oprimidos. Do mesmo modo, a ideia de *Rainbow Nation* propunha que o pluralismo social e étnico herdado pela nova África do Sul poderia converter-se não em um entrave para o desenvolvimento do país, mas em sua maior riqueza. Tutu defendia, assim, que aquele novo Estado era capaz de viabilizar-se como nação.[7]

7 Severino Ngoenha (2006) difere o nacionalismo sul-africano dos nacionalismos dos movimentos de independência africanos dos anos 1960. Enquanto estes eram emancipatórios e exclusivos, aquele seria antissegregacionista e inclusivo, na medida em que foi formulado num país que já era independente. Daí viria a centralidade dos conceitos de *ubuntu* e *Rainbow Nation*. O autor faz um paralelo entre o

A ideia de que "uma pessoa é uma pessoa através de outras pessoas" foi largamente utilizada por Tutu como o elemento que deveria fornecer a base para a interdependência, insistindo na irmandade/sororidade entre as pessoas e, de forma complementar, na sacralidade de cada uma delas, uma unidade na diversidade — evitando, desse modo, comunitarismos ou individualismos extremados (Kashindi, 2013). Em especial durante a TRC, o arcebispo exerceu papel importante na proposição de uma justiça "restaurativa" em lugar de "retributiva", sugerindo que a primeira estava inscrita nas tradições africanas e especificamente na ideia de *ubuntu*:

> Justiça retributiva — na qual um Estado impessoal impõe uma punição com pouca consideração pelas vítimas e dificilmente alguma pelo perpetrador — não é a única forma de justiça. Defendo que há outro tipo de justiça, justiça restaurativa, que foi característica da jurisprudência tradicional africana. Aqui a principal preocupação não é retribuição ou punição, mas, no espírito do *ubuntu*, a cura de violações, a correção de desequilíbrios, a restauração de relações rompidas. Esse tipo de justiça busca reabilitar tanto a vítima quanto o perpetrador, a quem deve ser dada a oportunidade de ser reintegrado à comunidade que ele ou ela feriu com sua ofensa. (Tutu, 1999, p. 51-2)

Pode-se sugerir que a justiça restaurativa foi a formulação possível dentro do contexto da transição negociada na África do Sul, derivada de um crescente impasse que ficou claro para os principais atores políticos no final dos anos 1980. Segundo Bundy,

> enquanto se manteve poderoso militarmente, o Estado estava fraco politicamente. Ele manteve a capacidade de reprimir, mas tinha

antissegregacionismo da identidade nacional sul-africana e os movimentos negros identitários nos Estados Unidos pós-escravidão.

perdido a capacidade de persuadir. Por sua parte, o movimento de libertação encabeçado pelo ANC se manteve politicamente poderoso, mas militarmente inefetivo. O Estado era incapaz de impor estabilidade do alto; as forças de oposição eram incapazes de tomar o poder a partir de baixo. (Bundy, 2014, p. 31)

A justiça restaurativa foi a base da TRC, pensada como elemento central da pacificação, reconstrução e unificação do país. Funcionando de 1995 a 1998, ela se constituiu numa das principais experiências mundiais de comissões da verdade, ao condicionar a oferta de anistia ao oferecimento de depoimento público por parte do requerente; a principal exigência, ali, deveria ser "contar a verdade" sobre os crimes (cometidos entre 1960 e 1994) para os quais se solicitava a anistia. O ponto mais elogiado no processo de anistia sul-africano foi exatamente a condicionalidade, evitando, assim, sua oferta geral — a chamada *sweeping blanket amnesty* [anistia geral e irrestrita] (Burton, 2016), característica de casos como o brasileiro.[8] O ponto mais contestado, por sua vez, foi a limitada reparação dos crimes, enfatizando-

8 Não é a intenção aqui me aprofundar no processo da TRC, apenas discutir o uso da ideia de *ubuntu* por Tutu. Para a descrição de seu funcionamento, bastidores e uma crítica interna, remeto à obra *The Truth and Reconciliation Comission* [A comissão da verdade e da reconciliação], de Mary Ingouville Burton (2016), que foi uma das integrantes da comissão. A autora afirma que, "a partir de meados de 1994 e ao longo de 1995, a África do Sul pareceu estar vivendo um período de considerável otimismo após o sucesso da primeira eleição democrática. A maioria da população projetou grandes melhorias em suas condições de vida. Os brancos estavam menos ansiosos em relação ao futuro do que estiveram anteriormente, e o clima parecia pronto para a reconciliação. Nessas circunstâncias, pareceu possível ir além da oferta de uma anistia geral, e em vez disso requerer solicitação individual e conformação a um conjunto de critérios que deveriam incluir contar a verdade [...]. Esse foi um processo que poderia ter mudado a história da África do Sul se tivesse seguido como seus proponentes sonharam" (Burton, 2016, p. 64-5). Para um balanço geral da TRC e uma rica reflexão a respeito de seus sentidos, ver Bell (2002).

-se a exposição pública dos violadores de direitos humanos e o registro e construção de uma memória coletiva.[9]

O pungente livro de Tutu é exemplar na divulgação de narrativas reunidas nas audiências públicas da TRC, insistindo na necessidade de "perdão, mas não de esquecimento". A TRC foi apresentada nessa obra como uma "terceira via" oferecida pela excepcionalidade (sul-)africana entre, num extremo, os julgamentos de Nuremberg, que condenaram representantes do nazismo, e, num outro extremo, uma "amnésia nacional". Para isso, Tutu lançou mão de sua reflexão teológica marcada por uma leitura de esquerda do cristianismo, um cristianismo de libertação — tanto do opressor quanto do oprimido.[10] É em bases

9 Há críticas inclusive em relação ao sucesso desses objetivos expressos da TRC: "Nos primeiros anos da presidência de Mandela, houve uma fugaz, inebriante euforia em torno da noção de uma nação arco-íris – mas ela teve curta duração. Sua morte foi acelerada pelo fracasso dos sul-africanos brancos em responder adequadamente ou apropriadamente à TRC [...]. Os brancos sul-africanos, na sua maioria, estavam contentes de ter a culpa associada a alguns milhares chamados 'perpetradores' de abusos de direitos humanos e de assumir sua própria inocência" (Bundy, 2014, p. 132).

10 Tutu bebeu na fonte da *Black Theology* [teologia negra] formulada pelos negros estadunidenses desde a abolição da escravidão, bem como da teologia da libertação latino-americana. Sobre essa filiação, Tutu afirmou "que a Igreja na África deve se comprometer com a causa da libertação. Nosso Deus é o grande Libertador, o Deus do Êxodo, que conduziu uma turba de escravos para fora do cativeiro e os libertou de tudo que os tornava menos do que Deus pretendia, uma libertação que permitiu que se tornassem o povo de Deus. Precisamos nos comprometer com a libertação total dos filhos de Deus, em nível político, social e econômico" (Tutu, 2012, p. 80). O arcebispo não definiu o seu uso do epíteto "negro" a partir de um sentido étnico, mas referindo-se "a todos os que são oprimidos de alguma maneira e que estão dispostos a se apropriar das inspirações da teologia negra à medida que ela se faz relevante em uma situação de vida particular. A teologia negra, portanto, é a teologia do oprimido e, nesse sentido, é uma teologia de libertação [...]. Mas então a teologia negra proclama a universalidade que tão prontamente condenou nas demais formas teológicas? Não, ela não busca impor sua forma, suas inspirações, suas

teológicas que o autor justifica a sua militância contra o apartheid, entendido como blasfêmia: "Foi isso que levou alguns de nós a lutar por justiça e liberdade com tal comprometimento apaixonado. Nós fomos inspirados não por motivos políticos, mas por nossa fé bíblica. A Bíblia acabou sendo o livro mais subversivo imaginável numa situação de injustiça e opressão" (Tutu, 1999, p. 11).

Se um dos pilares da formulação de Tutu é o cristianismo de libertação, o outro é a herança original africana. A citação a seguir é longa, mas ilustrativa desse ponto:

> Essa terceira via de anistia condicional foi consistente com um elemento central da *Weltanschauung* africana (ou visão de mundo) — o que nós conhecemos como *ubuntu* no grupo de línguas nguni, ou *botho* nas línguas sotho. O que é isso que constrangeu tantos a perdoar em vez de demandar retribuição, a ser tão magnânimos em vez de buscar vingança? *Ubuntu* é muito difícil de traduzir para uma língua ocidental. Ele fala da própria essência de ser humano. Quando nós queremos fazer um grande elogio a alguém, nós dizemos: "*Yu, u nobuntu*" — "Ei, ele ou ela tem *ubuntu*". Isso significa que essa pessoa é generosa, hospitaleira, amigável, cuidadosa e compassiva. Ela compartilha o que tem. Isso também significa que minha humanidade é associada, é inextricavelmente ligada à dela. Nós pertencemos a um feixe de vida. Nós dizemos: "Uma pessoa é uma pessoa através de outras pessoas". Isso não é "penso, logo existo". É, na verdade: "Eu sou humano porque eu pertenço". Eu participo, eu compartilho. Uma pessoa com *ubuntu* é aberta e disponível aos outros, afirma-se pelos outros, não se sente ameaçada se os outros são capazes e bons; essa pessoa tem uma garantia que vem de saber que pertence a um todo maior e é diminuída quando outros são humilhados ou

libertações a ninguém. Ao contrário, a teologia negra celebra com alegria toda a sua particularidade, pois só assim pode cumprir com os objetivos a que foi destinada" (Tutu, 2012, p. 135-6).

> diminuídos, quando outros são torturados ou oprimidos, ou tratados como se fossem menos do que são. Harmonia, simpatia, comunidade são grandes bens. Harmonia social é, para nós, o *summum bonum* — o maior bem. Tudo que subverte ou debilita esse procurado bem deve ser evitado como a praga. Raiva, ressentimento, desejo de vingança, mesmo o sucesso através de competitividade agressiva são corrosivos desse bem. Perdoar não é só ser altruísta. É a melhor forma de interesse próprio. O que desumaniza você inexoravelmente me desumaniza. Perdoar dá às pessoas resiliência, permitindo a elas sobreviver e ressurgir ainda humanas, a despeito de todos os esforços para desumanizá-las. *Ubuntu* significa que, num sentido real, mesmo os apoiadores do apartheid foram vítimas do sistema vicioso que implementaram e que apoiaram tão entusiasticamente. [...] o opressor foi tão desumanizado quanto o oprimido, se não mais. (Tutu, 1999, p. 34-5)

Conectando os dois pilares mencionados acima, Tutu entende *ubuntu* também como expressão de uma universal nostalgia por um paraíso perdido, oriunda da nossa expulsão do Jardim do Éden. Se a humanidade vivencia um processo centrífugo de alienação, desarmonia, desagregação, há uma divina força centrípeta que impele à comunidade, à reconciliação, à justiça, à unidade (em Cristo), que vem desde o "princípio dos tempos". Nesse ponto, Tutu se baseia na formulação do teólogo católico Pierre Teilhard de Chardin acerca da tendência à unidade, ao universal. É curioso que aqui Tutu e Senghor se encontrem, dado que o principal formulador da negritude teve em Chardin a inspiração para pensar o papel da negritude no que viria a ser a projetada "civilização do universal" (ver o capítulo 2).[11] Aqui se pode

11 "Wole Soyinka nos deu um insight sobre o que ele chama de 'a musa do perdão' e 'a musa da reconciliação' na atitude de Senghor em relação ao francês após a independência do Senegal. Soyinka vê com algum espanto como alguns africanos parecem ser capazes de

localizar mais uma vez a já mencionada dubiedade que está na base do *ubuntu*: ele seria essencialmente africano, ou poderia ser expressado por toda a humanidade? Outro ponto importante é a forma como Tutu conecta o passado (a "nostalgia pelo paraíso perdido") ao futuro, ao afirmar que o movimento em direção à unidade (mediante o perdão) é a única garantia de futuro.

Para concluir esta seção, é interessante observar que Nelson Mandela, a principal referência de todo o processo de transição sul-africano, não utilizou sistematicamente a noção de *ubuntu* ao longo de sua presidência (1994-1999). Ele não contribuiu muito para a elaboração do conceito, talvez mais para sua consolidação, mencionando-o em alguns de seus discursos; por exemplo: "O espírito do *ubuntu* — aquele profundo sentido africano de que cada um de nós é humano através da humanidade de outros seres humanos" (Mandela, 1997). Uma breve menção ao tema numa entrevista realizada em maio de 2006 se tornou mais uma das bases para a divulgação global do *ubuntu*. No vídeo de ampla circulação, Mandela apresentou sua versão do *ubuntu*, que se tornou paradigmática em todo o mundo:

> Nos velhos tempos, quando éramos jovens, viajávamos pelo nosso país. Podíamos parar em uma vila e nem precisávamos pedir por comida ou água. Bastava parar que as pessoas já nos davam comida, já nos entretinham. Esse é um aspecto do *ubuntu*, mas há vários outros [...]. *Ubuntu* não significa que uma pessoa não se preocupe com o seu progresso pessoal. A questão é: o meu progresso pessoal está a serviço do progresso da minha comunidade? Isso é o mais importante na vida. E se uma pessoa conseguir viver assim, terá conquistado algo muito importante e admirável.[12]

---

perdoar e reconciliar a inimizade depois de tanto sofrimento e injustiça" (Bell, 2002, p. 85).

12 "*Ubuntu* Told by Nelson Mandela" [vídeo], 2012. Disponível em: https://www.youtube.com/watch?v=HED4h0OxPPA.

Apesar de Mandela não ter lançado mão do conceito de modo tão explícito, diversas de suas políticas e ações foram interpretadas como baseadas no *ubuntu*, muitas vezes *a posteriori*. Sua figura e sua trajetória, em particular sua atuação reconciliatória a partir da saída da prisão em 1990, foram sendo progressivamente entendidas como a "encarnação" do *ubuntu*. Por fim, a intensa agenda oficial que comemorou seu centenário ao longo de 2018 teve como objetivo promover "o *éthos* do *ubuntu* de Madiba".

ORGANIZANDO O DEBATE ACADÊMICO SOBRE O *UBUNTU*

Ubuntu vem ganhando nos últimos anos os mais diversos usos e sentidos. Se na maioria deles o conceito é entendido de forma (deliberadamente?) vaga, foi entre teóricos e filósofos políticos que se procurou defini-lo de forma mais sistemática. Por meio desse debate, é possível mapear os acadêmicos simpáticos e os críticos ao uso do *ubuntu*. Vejamos alguns esforços para defini-lo, para em seguida apresentar a discussão em torno da validade do conceito — o que se fará com base na principal disputa acadêmica que se estabeleceu em torno do tema.

Para começar, faz-se necessário ir além do "uma pessoa é uma pessoa através de outras pessoas" e do "eu sou porque nós somos":

> O *ubuntu* tem aspectos que vão além do conteúdo desses provérbios. Deve ser discutido em um horizonte ontológico abrangente. Isso mostra como o *be-ing*[13] de uma pessoa africana não está apenas imerso na comunidade, mas no universo como um todo, o

13 "Ser sendo", "existir através de". O hífen separando a palavra é sempre utilizado por Ramose (como em *human-ness*) para enfatizar que

> que é expresso principalmente no prefixo *ubu-* da palavra *ubuntu*. Ele refere-se ao universo como sendo envolvido, contendo tudo. O tronco *-ntu* significa o processo da vida como o desdobramento do universo através de manifestações concretas em diferentes formas e modos de ser. Esse processo inclui o surgimento do ser humano falante e conhecedor. Como tal, esse ser é chamado *umuntu*, ou, na língua sotho do norte, *motho*, que é capaz de esforços para articular a experiência e o conhecimento do que é o *ubu-*. Assim, *-ntu* representa o lado epistemológico do ser. (Ramose, 1999, p. 49-52, *apud* Kimmerle, 2006, p. 81-2)

Um ponto recorrente nas definições de *ubuntu* passa por associá-lo em diferentes níveis à comunidade: ao comum, à solidariedade, à interdependência entre as pessoas (Kimmerle, 2006; Munyaka & Motlhabi, 2009; Murove, 2003), por vezes remetendo ao "socialismo africano" ou "humanismo africano" dos processos de descolonização (em particular a Senghor). Augustine Shutte (2009) aponta que o conceito deveria ser associado a "comunidade", não a "coletivismo" — mais exatamente à concepção africana de comunidade. Baseando-se no Senghor da fase "socialista africana", o autor afirma que tanto o individualismo quanto o coletivismo são duas concepções ocidentais, calcadas numa visão artificial da sociedade como agregação de indivíduos. Difeririam entre elas apenas quanto ao peso atribuído ao indivíduo ou à sociedade. Já o *ubuntu* estaria associado ao comunalismo, que poderia ser ligado, de forma vaga, a um "organicismo" e, mais precisamente, à "pessoa". Ao contrário de um organismo no qual cada órgão assume importância pelo que pode fazer de distinto em relação aos outros,

---

a construção do "eu" africano deve ser entendida como processo, como algo dinâmico. Veremos essa questão mais detidamente logo a seguir.

> na concepção africana de comunidade cada parte é o mesmo — uma pessoa. O importante sobre cada pessoa é o que elas têm em comum, ou seja, que elas são pessoas. Mesmo que isso possa soar estranho, só se pode fazer justiça com a concepção africana de comunidade visualizando-a como uma única pessoa. Cada indivíduo então se relaciona com a comunidade não como uma parte do todo, mas como uma pessoa se relaciona com ela própria. Cada membro individual da comunidade vê a comunidade como a si próprio, como um com os outros em caráter e identidade. (Shutte, 2009, p. 94)

Para Shutte, *ubuntu* é uma ética, "é o nome para a qualidade adquirida de humanidade que é característica de uma pessoa plenamente desenvolvida e da comunidade com outros daí resultante. Compreende então valores, atitudes, sentimentos, relacionamentos e atividades, o amplo espectro de expressões do espírito humano" (Shutte, 2009, p. 97). Para o autor, apesar de ser uma ética constituída sob condições socioeconômicas distintas da África do Sul contemporânea, ela não estaria restrita ao passado: ainda viveria no presente, como algo renovado, expresso em pessoas e modos de vida, em famílias e empreendimentos de diversos tipos. Desse modo, não representaria um retorno a uma mítica "era de ouro", mas algo novo a ser descoberto, que deve ser (re)construído e adaptado à modernidade, posto em contato com outras tradições éticas.

Por sua vez, Mogobe Ramose (2003a; 2003b) afirma que *ubuntu* é a base da filosofia africana. Ele procura definir o termo a partir de uma densa análise etimológica e, entre os autores que tratam do tema, é provavelmente o que mais procura se aproximar de suas raízes originais. A citação a seguir é longa, porém fundamental:

> É melhor, filosoficamente, abordar esse termo como uma palavra hifenizada, a saber, *ubu-ntu*. *Ubuntu* é, na verdade, duas palavras em uma. Consiste no prefixo *ubu-* e no radical *ntu-*. *Ubu-* evoca a ideia

de ser-sendo (*be-ing*) em geral. É o envolvido ser-sendo antes de se manifestar na forma concreta ou no modo de ex-istência de uma entidade particular. *Ubu-* como ser-sendo envolvido está sempre orientado para o desdobramento, ou seja, uma incessante manifestação concreta e contínua através de formas e modos particulares de ser. Nesse sentido, *ubu-* é sempre orientado em direção ao *-ntu*. No nível ontológico, não há separação e divisão estritas e literais entre *ubu-* e *-ntu*. *Ubu-* e *-ntu* não são duas realidades radicalmente separadas e irreconciliavelmente opostas. Pelo contrário, eles se fundam mutuamente no sentido de que são dois aspectos do ser-sendo como uma uni-cidade (*one-ness*) e uma total-idade (*whole-ness*) indivisível. Por conseguinte, *ubu-ntu* é a categoria ontológica e epistemológica fundamental no pensamento africano dos povos de fala banto. É a indivisível uni-cidade e total-idade da ontologia e epistemologia. *Ubu-* como a compreensão generalizada de ser-sendo pode ser considerado distintamente ontológico, enquanto *-ntu*, como o ponto nodal no qual o ser-sendo assume uma forma concreta ou um modo de estar no processo de contínuo desdobramento, pode ser considerado distintamente epistemológico. (Ramose, 2003a, p. 271)[14]

Desse modo,

ser um ser-sendo humano (*human be-ing*) é afirmar sua humanidade através do reconhecimento da humanidade dos outros e, nessa base, estabelecer relações humanas com eles. *Ubuntu*, entendido como fazer-se humano (*humanness*); uma atitude humana,

14 Ramose inverte, assim, a clássica formulação do filósofo ruandês Alexis Kagame sobre a visão de mundo banto apresentada em *La philosophie Bantu-Rwandaise de l'Être* [A filosofia banto-ruandense do ser] (1955). Para Kagame, que buscou, com base na própria perspectiva africana, aprofundar o estudo de Tempels, *-ntu* era a força universal cósmica. Como se viu, para Ramose o conceito com maior nível de generalidade em *ubu-ntu* (o que remete à ontologia) seria *ubu-*, enquanto *-ntu* estaria associado à concretude (à epistemologia).

> respeitosa e polida com os outros constitui o sentido central desse aforismo (*umuntu ngumuntu nga bantu*). (Ramose, 2003a, p. 272)

Ubuntu é um fazer-se humano (*human-ness*), o autor enfatiza — nunca um "ismo", como propuseram os irmãos Samkange (*human-ism*). Também não se trata de humanidade (*humanity*), como defendido por Shutte, que segundo Ramose estaria buscando no conceito valores éticos passíveis de universalização a toda a humanidade, insights para uma vida melhor em comunidade. Ramose, por sua vez, reafirma a africanidade do conceito (logo, sua particularidade), e defende que é por causa do *ubuntu* que a religião, a política e a lei africanas visariam sempre a "harmonia cósmica" a ser obtida através do consenso — a obtenção da paz através da realização da justiça.

Munyaradzi Felix Murove (2009) destaca a relacionalidade, a interdependência no ato de humanizar-se, no processo de humanização associado à concepção do *ubuntu*. Uma pessoa é uma pessoa a partir de outra pessoa na medida em que o processo de humanização é derivado da relacionalidade com os outros: alguém só se torna plenamente humano em contato com outras pessoas. O autor insiste também na interconexão entre passado, presente e futuro, entre imortalidade e mortalidade que atravessariam o conceito. Essa conexão se dá através "dos valores morais que foram herdados, preservados e passados para as futuras gerações. Valores são imortais, pois promovem uma existência harmoniosa entre o passado, o presente e o futuro" (Murove, 2009, p. 319). Murove destaca igualmente que a relação totêmica da geração do presente com os ancestrais (que são também parte do presente e, nesse sentido, "mortos-vivos") leva a uma concepção integrada com o mundo natural, uma relacionalidade com o entorno derivada da necessidade de garantir recursos para que as futuras gerações possam seguir cultuando os ancestrais.

Com base no que foi discutido até aqui, já é possível notar que *ubuntu* remete a uma concepção de tempo e a uma relação com o meio ambiente alternativas às da modernidade ocidental. *Ubuntu* evoca uma ideia circular de tempo, na qual as gerações passadas, presentes e futuras estão interconectadas — distinta, portanto, das noções de progresso ou de evolução que marcam a modernidade (ver o capítulo 1). Além disso, alimenta uma concepção holística da relação ser humano/natureza, alternativa à separação entre os dois tão típica da modernidade (a seção seguinte mostra que tal característica confere ao conceito um apelo ecológico). O que desejo antecipar aqui é que afirmar que o *ubuntu* é alternativo à modernidade não implica defender que ele não possa estar inserido nela e adaptado a ela — ainda que, no limite, com potencial para propor uma "contramodernidade". *Ubuntu* não é necessariamente exterior à modernidade, "não moderno". Menos ainda "pré-moderno" ou "pós-moderno", ideias que reforçariam a noção de tempo como progresso com a qual o conceito não dialoga. Além disso, definir *ubuntu* como "pré-moderno" o associaria irremediavelmente ao passado, e como "pós-moderno" remeteria a escolas teóricas com as quais ele não tem associação direta (no máximo afinidades eletivas). Procuro resolver esse impasse no final deste capítulo, retomando a discussão sobre o "romantismo".

Além das distintas abordagens e definições, o debate em torno do *ubuntu* pode ser organizado, como sugeriu Eliastam (2015, p. 1), entre "aqueles que argumentam que, como um princípio fundacional da filosofia africana, *ubuntu* oferece possibilidades significativas para a transformação da sociedade sul-africana, [e] por outro lado aqueles que argumentam que *ubuntu* é vago, cheio de contradições e sujeito a um uso manipulativo e mesmo nefasto". Exemplifico as duas posições com base em um diálogo recente desenvolvido na *South African Journal of Philosophy* [Revista sul-africana de filosofia]. Bernard Matolino e Wenceslaus Kwindingwi publicaram em 2013 o artigo "The End of *Ubuntu*" [O fim do *ubuntu*], com um pesado ataque ao uso do conceito. Thaddeus Metz, filósofo político estadunidense radicado na África do Sul e um dos maiores defensores do uso contemporâneo do *ubuntu* como fonte ético-moral, considerou-se diretamente visado pelo artigo e publicou, em 2014, a réplica "Just the Beginning for *Ubuntu*: Reply to Matolino and Kwindingwi" [Apenas o começo do *ubuntu*: resposta a Matolino e Kwindingwi]. Por fim, Matolino escreveu em 2015 a tréplica "A Response to Metz's Reply on the End of *Ubuntu*" [Uma resposta à réplica de Metz sobre o fim do *ubuntu*].[15] Vejamos mais detidamente a argumentação de cada um.

No primeiro artigo, Matolino e Kwindingwi (2013) afirmam a inviabilidade do *ubuntu*, seja como ideologia ou inspiração ética, em ambos os casos por sua inadequação à modernidade:

> (1) através de uma análise das narrativas de retorno, procuramos mostrar que o *ubuntu* como ideologia não está bem enrai-

15 O debate não se manteve apenas entre os contendores originais, provocando outras reações. Na mesma revista, pode-se encontrar mais dois desdobramentos. Em "The End of *Ubuntu* or Its Beginning in Matolino-Kwindingwi-Metz Debate: An Exercise in Conversational Philosophy" [O fim do *ubuntu* ou o seu início no debate Matolino--Kwindingwi-Metz: um exercício de filosofia da conversação], de 2016, Jonathan O. Chimakonam aponta problemas na argumentação de ambos os lados da contenda e propõe, como alternativa, não uma restauração do *ubuntu*, mas sua reinvenção. Em "Is it the End or Just the Beginning of *Ubuntu*? Response to Matolino and Kwindingwi in View of Metz's Rebuttal" [É o fim ou apenas o começo do *ubuntu*? Resposta a Matolino e Kwindingwi à luz da refutação de Metz], de 2017, Mojalefa L. J. Koenane e Cyril-Mary Pius Olatunji refutam as posições de Matolino e Kwindingwi, argumentando que seu ponto de chegada sobre o fim do *ubuntu* é determinado pelo seu ponto de partida de que *ubuntu* é uma "narrativa de retorno", suposição que Koenane e Olatunji procuram desmontar. Optei por ater-me apenas aos artigos que estabeleceram inicialmente o debate, por questões de espaço e para não estender demais a argumentação. Mais além dessa discussão específica, vale acrescentar que uma busca restrita a *South African Journal of Philosophy* registra 79 artigos que fazem referência ao *ubuntu* entre 2001 e 2020. Isso demonstra, mais uma vez, a dimensão da expansão do conceito e a impossibilidade de revisar toda a produção sobre ele.

> zado nas experiências éticas de pessoas modernas como seres morais; e (2) procuramos argumentar que o *ubuntu* como solução ética concebida carece de capacidade e de contexto para ser uma inspiração ou código de ética no presente. (Matolino & Kwindingwi, 2013, p. 198)

Vejamos o ponto 1. A estratégia dos autores é associar os usos ideológicos do *ubuntu* a uma "narrativa de retorno". Aqui deve-se abrir um parêntese para entender o que alguns dos autores que participam do debate sobre o *ubuntu* entendem por essa expressão, e por que a associam ao *ubuntu*. Para Eliastam (2015), seguindo de perto a formulação de Gade (2011), o

> desejo de encontrar algo exclusivamente africano sobre o qual construir sociedades africanas pós-coloniais ou pós-conflitos não é único. Como os países africanos emergiram do domínio colonial e tentaram transformar suas sociedades, isso muitas vezes incluiu tentativas de retornar a algo do passado que é considerado nobre ou digno. Gade [...] observa que essas narrativas de retorno tendem a dividir a história em três fases: a era pré-colonial, muitas vezes concebida como um momento de harmonia quase perfeita e de prosperidade; uma segunda fase, em que pessoas de fora roubam os recursos, a dignidade e a cultura do povo africano; e uma terceira fase de recuperação, em que a dignidade e a cultura africanas são restauradas. (Eliastam, 2015, p. 1-2)

Matolino e Kwindingwi seguem argumentação semelhante para denunciar o uso do *ubuntu* como ideologia voltada a uma "era dourada" mítica que, além de nunca haver existido, não encontra conexão com a contemporaneidade:

> O que temos em mente aqui tem a ver com a interpretação dessas narrativas como representativas do autêntico modo de ser africano. Assim, o argumento que concebemos é o seguinte: os defensores

> da narrativa de retorno partem do pressuposto de que as narrativas que eles oferecem são uma representação autêntica da vida africana. Por isso eles concluem que as narrativas são desejáveis em si mesmas. No entanto, curiosamente, os defensores de qualquer forma de retorno parecem ter, através de sua defesa, eliminado a possibilidade de outras interpretações de modos de ser africanos que poderiam estar em discrepância com sua narrativa preferida. O principal problema com essa visão, em nossa opinião, é que ela entende a vida africana como monolítica tanto em sua interpretação quanto em como ela é vivida. Parece haver não só um consenso sobre o que é importante para os africanos e no seu pensamento como também um consenso sobre o valor e no que uma vida útil deve consistir. Naturalmente, tal posição deve ser vista com suspeita por alguns motivos. Em primeiro lugar, ela torna os africanos — ou em suas condições originais, ou em sua posição atual — incapazes de um pensamento individual ou dissidente. Em segundo lugar, em sua busca por um modo de ser africano idealizado específico, ela faz da vida africana algo hegemônico. Em terceiro lugar, ela parece se tornar tradicionalista com o intuito de ser tradicionalista, pois limita sua defesa a uma narrativa de retorno sem prestar atenção em como outras dinâmicas poderiam moldar e guiar a vida africana atual. (Matolino & Kwindingwi, 2013, p. 199)

Quanto ao ponto 2, os autores argumentam que *ubuntu* dependeria de comunidades pequenas, coesas e indiferenciadas, relativamente subdesenvolvidas, que fossem atravessadas pela solidariedade associada ao espírito do *ubuntu*. Sem comunalismo não há *ubuntu*. As transformações das sociedades africanas tornaram o conceito desconectado das possibilidades de sua realização. De todo modo, essa impossibilidade não constitui um problema para os autores. Para eles, aquelas comunidades tradicionais seriam notórias por sua aversão a estranhos, sua intolerância com ideias divergentes e sua valorização das relações de sangue para o reconhecimento do outro: "Estar comprometido com os valores do *ubuntu* é estar comprometido com a exclusão de outros valores" (Matolino & Kwindingwi, 2013, p. 202). Ainda de acordo com eles, os defensores do *ubuntu* falham em separar ética de metafísica:

> Os africanos são adeptos do *ubuntu* porque existe algo de africano neles que os orienta para o *ubuntu*? Ou são africanos porque são adeptos do *ubuntu*? Nossa opinião é que essa interação entre ética e metafísica é problemática, uma vez que tende a ofuscar o que o *ubuntu* deveria ser. Argumentamos que nenhuma dessas escolhas é favorável ao defensor do *ubuntu*. A primeira alegação de que os africanos são metafisicamente orientados para o *ubuntu* é desacreditada e não merece muito apoio. A segunda alegação, de que o *ubuntu* faz de alguém africano, é patentemente falsa. [...] ser africano pode ser qualquer coisa sem necessariamente se pensar que isso tenha de estar de acordo com os ditames do *ubuntu*. Não é implausível sugerir que existem modos de ser africano que são inconsistentes ou contrastam com o *ubuntu*. (Matolino & Kwindingwi, 2013, p. 204)

Em seguida, embora os autores acima não o mencionassem explicitamente, Metz (2014a) elaborou uma resposta a eles, por entender que aquelas críticas eram em grande medida direcionadas à sua pessoa — uma vez que Metz vem sendo o principal proponente do *ubuntu* como base para uma teoria moral contemporânea. No artigo, ele procura demonstrar a insuficiência das considerações de Matolino e Kwindingwi, além de fornecer razões para acreditar que o *ubuntu*, enquanto teoria ética, tem muito a dizer sobre como os indivíduos e as instituições devem ser no século XXI. Quanto ao primeiro ponto, Metz afirma ser irrelevante para suas pretensões o debate em torno do *ubuntu* como uma "narrativa de retorno". Se o conceito vier algum dia a assumir essa função ideológica negativa, não será em função do debate acadêmico sobre o tema (que, segundo Metz, é ignorado pelas elites políticas africanas). A intenção de Metz é, então, defender a validade do conceito como base ética para a ação. Para construir esse segundo ponto, o autor elenca uma série de experiências e ações positivas na vida sul-africana contemporânea que estariam associadas ao *ubuntu*. E pergunta:

> Caro leitor, os exemplos acima despertam seu interesse? Eles merecem não apenas mais reflexão ética, mas também investigação psicossociopolítica para que se comprove se seriam factíveis? Eles merecem ser testados em programas-piloto que verifiquem se são bem-sucedidos? Se você respondeu "sim" a essas perguntas, então você concorda comigo que o *ubuntu* está longe do fim. Está apenas começando, no sentido de estar agora em uma posição fantástica para afastar modos de vida indesejáveis com os quais ele tem sido associado, como sexismo e conservadorismo, e incorporar os insights da ciência, os benefícios da tecnologia e, de forma mais geral, as facetas desejáveis da modernidade. (Metz, 2014a, p. 71)

Por fim, Matolino (2015) insiste, em sua tréplica, no arcaísmo e passadismo do *ubuntu*. Afirma que considera a proposta de Metz utópica — e de um tipo de utopia conservadora, semelhante a muitas outras já empreendidas na África com resultados nefastos:

> A defesa utópica de Metz do *ubuntu* afeta consideravelmente sua posição. [...] o tipo de utopia de Metz não é novo nem promissor no continente africano. Baseando-se em casos bem conhecidos e documentados de utopias passadas fracassadas, eu alerto Metz contra esse movimento. [...] sua aprovação cega da democracia consensual como suporte para a eficácia do *ubuntu* na África moderna trai seu pensamento como conservador ou seletivo. (Matolino, 2015, p. 214)

Para Matolino, se Metz reconhece que o *ubuntu* pode vir a ser utilizado como "narrativa de retorno", isso enfraquece sua posição: por que voltar a um tema que pode causar tantos males, já comprovados historicamente? Matolino ataca no texto o comunalismo presente naquelas narrativas e no *ubuntu*, e procura associar a forma como Metz propõe a aplicação do conceito à África do Sul contemporânea com projetos "estatistas", "totalitários", "de partido único". É nesse ponto que Matolino expõe com mais clareza suas motivações:

> Esse pensamento só é defensável dentro de uma determinada escola de pensamento. Essa escola de pensamento é aquela que pensa ser possível ter uma vida comum e que é realmente do interesse das pessoas perseguir uma vida comum. Essa escola de pensamento é conservadora em sua perspectiva política, já que interpreta a vida como monolítica e busca minimizar as diferenças. (Matolino, 2015, p. 222)

Ademais, para Matolino, *ubuntu* não poderia ser entendido como uma teoria ético-moral a ser definida academicamente. Se assim fosse, estaria aberta a uma pluralidade de interpretações concorrentes, de acordo com as preferências e interesses de cada acadêmico — e o debate filosófico não permitiria definir qual sentido é o mais correto, fazendo, com isso, que *ubuntu* fosse qualquer coisa para qualquer um. Se *ubuntu* era algo endógeno aos "indígenas africanos subsaarianos" (como reconhecido por quase todos os seus defensores, inclusive Metz), então ele só poderia possuir um único sentido a ser investigado. Do modo desenvolvido por Metz, Matolino afirma, *ubuntu* só poderia ser então a interpretação pessoal de Metz do que é *ubuntu* — isto é, sua própria ética informada por seus próprios valores.

Ainda assim, segundo Matolino, Metz seguiria tendo que responder de que modo considera *ubuntu* intrínseco ao negro-africano (algo pressuposto em sua formulação). Mais precisamente, como *ubuntu* poderia ter se transportado das comunidades africanas tradicionais para a Joanesburgo contemporânea. Em resumo, o argumento de Matolino é de que *ubuntu* só poderia ser considerado viável na contemporaneidade com base em dois argumentos errôneos: (1) enquanto "narrativa de retorno", errôneo porque todas até aqui fracassaram; ou (2) como um essencialismo, errôneo porque se trata de uma posição que não é mais defensável do ponto de vista científico.

Para concluir esta seção, observe-se a seguinte crítica ao *ubuntu*, que vai em direção semelhante à adotada por Matolino e Kwindingwi — porém dedicada a negar as possibilidades de um sistema legal sul-africano orientado pelo *ubuntu*. Ilze Keevy afirma que

> a "Lei e o Pensamento Legal Africano" são baseados no *ubuntu*; são inseparáveis da religião africana; têm uma base patriarcal; envolvem os vivos e os mortos-vivos; aplicam valores africanos tradicionais; visam restabelecer o equilíbrio nos domínios físico e espiritual, apaziguando os espíritos ancestrais; propõem direitos e deveres coletivos e utilizam a vergonha coletiva como fator de dissuasão para os infratores. (Keevy, 2009, p. 32)[16]

Gostaria de ressaltar um ponto: a associação (claramente eurocêntrica) do *ubuntu* e de um modo geral da África à "tradição", ao "passado" (logo, ao "atraso") traçada por muitos dos críticos do *ubuntu*. Nessa chave, ele só poderia de fato ser entendido como a defesa de uma volta ao passado. Para negar qualquer reinterpretação das leis sul-africanas com base nas características locais, a estratégia de Keevy para construir seu argumento é criticar "a" África tradicional, pretensamente única, e associar o *ubuntu* a ela. Sociedade tradicional e *ubuntu* são tratados como sinônimos, os "valores tradicionais" não cabem e devem

16 Aqui é importante registrar que essa associação feita por Keevy entre *ubuntu* e patriarcalismo não é unívoca. Também podem ser encontrados esforços de apropriação do *ubuntu* pelo feminismo (Cornell & Van Marle, 2015).

ser excluídos da modernidade liberal, do "Ocidente". Logo, o *ubuntu* nunca seria compatível com o direito moderno, pois este estaria calcado no indivíduo portador de direitos. Se uma das principais críticas que de fato se pode fazer ao *ubuntu* é que, em boa parte de suas versões, ele entenderia a África como una e estática (e, portanto, essencialista, a-histórica), pode-se depreender o mesmo problema dos argumentos de seus detratores. Estes, ao considerarem *ubuntu* como algo exterior à modernidade, na verdade anterior a ela, o associam automaticamente a algo inferior, a partir de uma concepção teleológica de história implícita à visão explicitamente liberal desses críticos.[17]

Argumento então pela superação de quaisquer essencialismos na análise do conceito de *ubuntu*, ou seja, pela necessidade de complexificar os posicionamentos de boa parte de seus apoiadores e detratores. Como bem observou Kimmerle,

> reduzir o *ubuntu* à frase "eu sou porque nós somos", como tantas vezes acontece, também é muito esquemático. Esse provérbio não pode ser considerado uma contrapartida africana direta do *cogito ergo sum* de Descartes. As coisas são mais diferenciadas. Temos de levar em conta que o "eu", ou a pessoa, está se tornando cada vez mais importante na ontologia africana também. Por sua vez, no Ocidente uma filosofia do "nós" não é impossível e surgiu como um forte fluxo filosófico chamado "comunitarismo", que enfatiza o significado da comunidade. Assim, temos de olhar com mais detalhe para o impacto filosófico do *ubuntu* e do espírito comuni-

17 Anthony Oyowe (2013, p. 124), ao criticar as tentativas de Metz de construir uma filosofia moral baseada no *ubuntu* que agregue a liberdade individual e os direitos humanos, é mais explícito neste ponto: "Talvez para sociedades mais industrializadas e globalizadas, nas quais os ideais liberais de liberdade e Direitos Humanos são de importância central na formação da moralidade pública, uma ética do *ubuntu* possa exercer somente um papel muito mais restrito do que tinha nas sociedades africanas pré-industriais".

tário africano, a fim de descobrir o que eles podem significar no mundo de hoje. (Kimmerle, 2006, p. 81)

A EXPLOSÃO: O BANQUETE DE SIGNOS DO *UBUNTU*

Para além das tentativas de definição e dos debates político-filosóficos em torno do *ubuntu* no campo acadêmico, houve nos últimos anos uma expansão do conceito para novas áreas e públicos, e consequentemente sua utilização para novos fins. Os governos do ANC associaram *ubuntu* às políticas públicas mais diversas. Os princípios que informaram a *Batho Pele* (expressão da língua sotho que pode ser traduzida por "o povo em primeiro lugar"), inaugurada em 1997, teriam sido inspirados no *ubuntu*,[18] que deveria, com isso, informar transversalmente a

18 *Batho Pele* se baseia em oito princípios de prestação de serviços: "(1) Consulta: os cidadãos devem ser consultados sobre o nível e a qualidade do serviço público que receberão e, sempre que possível, devem poder escolher os serviços oferecidos. (2) Definição de padrões de serviço: os cidadãos devem ser informados sobre o nível e a qualidade dos serviços públicos que receberão, para que estejam cientes do que esperar. (3) Ampliação do acesso: todos os cidadãos devem ter acesso igual aos serviços a que têm direito. (4) Garantia de cortesia: os cidadãos devem ser tratados com cortesia e consideração. (5) Fornecimento de informações: os cidadãos devem receber informações completas e precisas sobre os serviços públicos a que têm direito. (6) Abertura e transparência: os cidadãos devem ser informados sobre como os departamentos nacionais e provinciais são administrados, quanto custam e quem está no comando. (7) Correção: se o prometido padrão de serviço não for cumprido, os cidadãos devem receber um pedido de desculpas, uma explicação completa e um remédio rápido e eficaz; quando as queixas são feitas, os cidadãos devem receber uma resposta simpática e positiva. (8) Valor para o dinheiro: o serviço

elaboração de políticas públicas na África do Sul. A iniciativa de "regeneração moral", iniciada por Mandela em 1997 e que se desdobrou no Movimento de Regeneração Moral lançado em 2002 por determinação do governo de Thabo Mbeki e de setores da sociedade civil, também teve o *ubuntu* como um elemento fundante.[19] Por fim, em 2011 Jacob Zuma lançou a chamada "diplomacia do *ubuntu*" (*Ubuntu diplomacy*):

> A África do Sul é um país multifacetado, multicultural e multirracial que adota o conceito do *ubuntu* como uma forma de definir quem somos e como nos relacionamos com os outros. A filosofia do *ubuntu* significa "humanidade" e se reflete na ideia de que afirmamos nossa humanidade quando afirmamos a humanidade dos outros. Ela desempenhou um papel importante na formação de uma consciência nacional sul-africana e no processo de transformação democrática e de construção da nação. Desde 1994, a comunidade internacional tem procurado a África do Sul para desempenhar um papel de liderança na defesa dos valores dos Direitos Humanos, democracia, reconciliação e erradicação da pobreza e do subdesenvolvimento. A África do Sul enfrentou o

---

público deve ser oferecido de forma econômica e eficiente, a fim de proporcionar aos cidadãos o melhor valor possível pelo dinheiro investido" (Pietersen, 2014, p. 255).

19 "O desenvolvimento da iniciativa de regeneração moral na África do Sul tem visto o conceito ser definido em termos de prevenção do crime e construção da nação. Em algumas versões, a regeneração moral teve um tom distintivamente espiritual e religioso; em outras, um forte sabor de ideologia nacionalista africana. Notavelmente, e talvez apenas por causa da tolerância para com a diversidade que é tão sul-africana, ela sobreviveu à sua própria confusão e abraçou uma série de grupos de interesses diferentes – grupos religiosos conservadores, alguns elementos da comunidade empresarial, partidos políticos, governo e intelectuais. O que resta saber é se uma campanha amplamente ideológica desse tipo produzirá resultados significativos em relação ao fortalecimento do tecido social e à redução do crime" (Rauch, 2005, p. 7).

> desafio e desempenha um papel significativo na região, no continente e globalmente. A abordagem única da África do Sul para questões globais encontrou expressão no conceito do *ubuntu*. Esse conceito informa nosso enfoque particular da diplomacia e molda nossa visão de um mundo melhor para todos. Essa filosofia se traduz em uma perspectiva das relações internacionais que respeita todas as nações, povos e culturas. Reconhece que é do nosso interesse nacional promover e apoiar o desenvolvimento positivo de outros. Da mesma forma, a segurança nacional dependeria, portanto, da centralidade da segurança humana como meta universal, baseada no princípio de *Batho Pele* (colocar as pessoas em primeiro lugar). No mundo moderno da globalização, um elemento constante é e deve ser a nossa humanidade comum. Por isso, defendemos a colaboração, cooperação e construção de parcerias no lugar de conflitos. Esse reconhecimento de nossa interconexão e interdependência e a infusão do *ubuntu* na identidade sul-africana moldam nossa política externa. (República da África do Sul, 2011, p. 4)[20]

Além das políticas públicas assumidamente inspiradas no *ubuntu*, é possível reforçar a dimensão que o conceito atingiu a partir de sua menção recorrente nos discursos presidenciais e nas declarações e documentos do ANC.[21] Nesse sentido, pode-se sugerir que a noção assumiu um papel central para o partido hegemônico sul-africano e suas gestões. Levantamentos no portal oficial do governo sul-africano podem demonstrá-lo: nele foi possível encontrar 1.743 menções ao termo *ubuntu*.[22] A seguir, alguns

20 O Departamento de Relações Internacionais e Cooperação da África do Sul oferece anualmente, desde 2015, o Ubuntu Awards para cidadãos que projetam positivamente a imagem do país no exterior.
21 Não faz parte do escopo deste capítulo realizar uma análise do ANC. Para um bom trabalho nesse sentido, remeto a Butler (2012).
22 O levantamento foi realizado em 23 de janeiro de 2020 no site https://www.gov.za/.

exemplos para ilustrar esse ponto. Mbeki, em seu discurso de renúncia à presidência da República em 2008, declarou:

> O trabalho que fizemos em busca da visão e dos princípios do nosso movimento de libertação sempre esteve baseado nos antigos valores do *ubuntu*, do altruísmo, do sacrifício e do serviço, de maneira a garantir que os interesses do povo tenham precedência sobre nossos desejos como indivíduos. Eu realmente acredito que os governos nos quais eu tive o privilégio de servir agiram e trabalharam no verdadeiro espírito desses importantes valores. Com base nos valores do *ubuntu*, cujo significado nós aprendemos aos pés de gigantes da nossa luta, como o chefe Albert Luthuli, O. R. Tambo, Nelson Mandela e outros, nós, como governo, embarcamos a partir de 1994 em políticas e programas dirigidos a tirar o povo da África do Sul do pântano da pobreza e garantir que construíssemos um país estável, desenvolvido e próspero. (Mbeki, 2008, s. p.)

Zuma, em discurso de abertura do National Social Cohesion Summit [Encontro nacional sobre coesão social], em 2012, afirmou que a responsabilidade do governo era "liderar o povo sul-africano em direção a uma sociedade nacional democrática. Uma sociedade que é unida, antissexista, antirracista, democrática e próspera. É uma sociedade com um sistema de valores baseado na solidariedade humana e no *ubuntu*, que promove uma sociedade que prioriza cuidar dos outros e respeitá-los" (Zuma, 2012). Já no discurso de posse de seu segundo mandato, em 2014, ele prometeu que sua administração serviria ao "povo com humildade, compromisso e dedicação. Nós nos esforçaremos para construir uma sociedade solidária e para ser uma administração que servirá ao nosso povo com cortesia, *ubuntu* e eficiência" (Zuma, 2014).

Por sua vez, Cyril Ramaphosa, que assumiu a presidência em 2018, vem apelando ao "espírito do *ubuntu*" para combater a crescente onda de violência no país, em especial a violência de gênero e contra imigrantes de outros países africanos (Ramaphosa, 2019a; 2019b). Um levantamento das referências a *ubuntu* em todas as publicações oficiais do governo sul-africano disponibilizadas em seu portal pode atestar a continuidade dos usos oficiais de *ubuntu*: nas políticas públicas de modo geral, na política externa, na "africanização" do sistema legal e principalmente com sentidos de "construção nacional" (*nation building*), "coesão social", "unidade".

O ANC também se utilizou do *ubuntu* em alguns de seus documentos oficiais. Em "The Moral Renewal of the Nation" [A renovação moral da nação] (1998), o partido abraçou a tese da "regeneração moral" que começava a ser proposta a partir do governo, baseada no *ubuntu*. Num evidente esforço de reinvenção de sua própria história, afirmava-se na declaração que o partido era baseado, desde sua fundação em 1912, numa cultura de valores sociais e pessoais elevados enraizados no *ubuntu*. E associava o conceito à construção da nação pós-apartheid:

> A visão de uma nação unida e transformada deve estar constantemente diante de nós. Fazemos isso aceitando a responsabilidade por nós mesmos, não culpando os outros. Construir uma nação com uma sólida base ética requer um compromisso de todos os setores da sociedade. Pessoas boas fazem boas nações. Cinismo, medo e frustração são afastados pela redescoberta da fé em nós mesmos e nutrindo o espírito do *ubuntu* na nossa nação. (African National Congress, 1998)

Na declaração "The RDP of the Soul" [O RDP da alma] (2007), o ANC defendeu a necessidade de um segundo Reconstruction and Development Program [Programa de reconstrução e desenvolvimento] (RDP), nome do programa apresentado pelo partido para as eleições de 1994 — mas agora voltado para a reconstrução do espírito da nação e baseado nos valores do *ubuntu*.

A sociedade sul-africana atual, baseada no individualismo e no consumo, deveria dar lugar a uma sociedade inspirada no *ubuntu*:

> O principal componente espiritual do continente africano — que recebe mil palavras diferentes em mil idiomas diferentes — é o profundo e primordial conceito humano do *ubuntu*. Ele rejeita as prioridades individualistas da civilização ocidental como afirmações destrutivas anti-humanas nascidas de um período juvenil de desenvolvimento, e afirma que somos parte uns dos outros e só podemos prosperar com base nisso [...]. Essa é uma verdade espiritual de toda a humanidade. É um entendimento básico a ser levado a todas as instituições religiosas, políticas e econômicas progressistas. O *ubuntu* governa. (African National Congress, 2007)

Em suma, "compaixão, cooperação e comprometimento são o fruto da espiritualidade secular, o coração pulsante do *ubuntu* guiando o longo processo da evolução, a essência do RDP da alma" (African National Congress, 2007).

Outro caminho para a expansão do *ubuntu* tem se dado no campo da reflexão e militância ecológica. Isso não deve surpreender, uma vez que a noção de interdependência, que é central ao *ubuntu* em qualquer de suas variáveis, é fundamental para a ecologia. O alcance dessa interdependência, no entanto, pode variar. Viu-se que, entre outros sentidos, *ubuntu* foi historicamente associado a "qualidades humanas", ao "humanismo" ou ao "fazer-se humano" (*human-ness*). Se o conceito for associado às duas primeiras ideias, seu potencial ecológico se reduz consideravelmente, uma vez que ele se aproxima da noção do ser humano como o centro de todas as coisas (do antropocentrismo). Nessas versões, seria possível associá-lo sem maiores dificuldades a quaisquer teorias da modernização ou projetos de desenvolvimento. Nesse caso, *ubuntu* poderia figurar como solidariedade, conexão entre os seres humanos vivos — e apenas entre eles.

No entanto, nas versões de *ubuntu* associadas ao "fazer-se humano" (aquelas mais holísticas), enfatiza-se geralmente a associação dos seres viventes com as gerações passadas e futuras, e mesmo com os seres vivos não humanos e com os inanimados. É aqui que *ubuntu* assume maior radicalidade ecológica, posto que exige uma concepção do ser humano integrado à natureza e comprometido com as gerações futuras. Ramose (2009) é o melhor exemplo desse tipo de reflexão ecológica mais "profunda" do *ubuntu*. O autor afirma que *ubuntu* tem uma dimensão "ecosófica", pois se baseia na interação e integração incessante de todos os entes — um movimento permanente que não seria caótico, mas harmônico. Segundo essa concepção, dado que o universo não teria um centro, o ser humano não poderia assumir tal lugar de destaque. Daí a constante insistência do autor de que *ubuntu* não pode ser um "ismo"— principalmente, não pode ser *human-ism*, mas *human-ness*.

De forma não exatamente idêntica a Ramose, mas próxima dele, Lesley Le Grange (2015, p. 305) afirma ser "importante distinguir entre humanidade (*ubuntu*) e humanismo (a ideia iluminista do que significa ser humano), e a educação baseada em tal compreensão [...]. O *ubuntu* não deveria, portanto, ser confundido com humanismo e é, na realidade, antitético ao mesmo". É nesse sentido que *ubuntu* é considerado por ele não como uma ideia que prioriza apenas as relações entre os integrantes de uma sociedade ou comunidade, mas entre os seres viventes, os ancestrais e os que ainda virão, e também destes com outros seres viventes e inanimados. Desse modo, "comunidade" assume um sentido muito mais amplo. É importante acrescentar que em diversas concepções africanas os ancestrais são associados a totens, a elementos da natureza, não havendo necessariamente aquela marcada dicotomia ser humano/natureza (e consequente fronteira entre ambas) visível nas formulações hegemônicas da modernidade.

Afora os usos que podem ser entendidos como propriamente "políticos" do *ubuntu*, o conceito vem se expandindo desde os anos

1990 para os mais diversos campos, como o mundo dos negócios, o empreendedorismo, a responsabilidade social e a inteligência emocional. Apenas para ilustrar esse ponto, apresento com mais detalhe duas obras: *Being Afrikan* [Sendo afrikano],[23] de Mandivamba Rukuni (2010), e *Ubuntu! An Inspiring Story about an African Tradition of Teamwork and Collaboration* [*Ubuntu*! Uma história inspiradora de uma tradição africana de trabalho em equipe e colaboração], de Stephen Lundin e Bob Nelson (2010). São bons exemplos da expansão do *ubuntu* para dois campos de crescente apelo: respectivamente, as literaturas de autoajuda e empresarial.

Rukuni parte da noção de *unhu/ubuntu/botho* como "ser" (*being*), ou "tornar-se humano" (*being human*), o processo de atingir um mais elevado nível de consciência "expresso no espírito de companheirismo e cooperação, humanidade e compaixão" (Rukuni, 2010, p. 2). *Ubuntu* deveria servir como base para uma teoria geral da "regeneração" africana em todos os campos da vida, por meio de uma "reafricanização". Com isso, reconstruiria-se a família estendida e a comunidade, numa redescoberta, recriação, redesenho de valores e estruturas sociais tradicionais, visando a construção de um futuro melhor. O aspecto central dessa regeneração, segundo o autor zimbabuense, passaria pela transformação pessoal.

É nesse ponto que Rukuni deixa sua exposição das bases filosóficas do *ubuntu* e passa à apresentação de insights e ensinamentos para uma vida melhor, à moda da literatura de autoajuda — e voltados não apenas ao público africano, mas a uma audiência mais geral. Afinal, afirma Rukuni, no curto prazo os africanos não precisariam superar o mundo ocidental em desenvolvimento tecnológico, ou os asiáticos em engenharia ou produção, mas teriam muito a ensinar a toda a humanidade a respeito de

23 Movimentos e ativistas pan-africanistas por vezes utilizam a grafia de África com "k", como forma de expressar uma consciência própria do continente, distinta da ocidental.

relações pessoais: "Quando nós recuperarmos aquela herança africana, poderemos mais uma vez mostrar ao mundo o que significa ser um ser humano — o que a felicidade de fato significa na vida. Nossa herança nos ensina que podemos fazer isso apenas através de *unhu*, *ubuntu* e *botho*: amor pelo outro e amor pelo nosso Grande Criador" (Rukuni, 2010, p. 26).

Baseado especificamente na visão shona (mas que, segundo ele, poderia ser estendida a toda a África), o autor apresenta então dez caminhos que podem "empoderar" o indivíduo, se forem adotados conscientemente por ele e adaptados à vida moderna. A transformação deve começar pelo indivíduo, por suas ações no cotidiano — com isso, temos um princípio básico da literatura de autoajuda. Rukuni dedica quase toda a obra a expor seus dez caminhos, que vão de "administrar suas emoções" a "dar tudo de si no que fizer"; de "dar generosamente e receber com gratidão" a "celebrar e respeitar todos os trabalhos do Criador"; de "divertir-se com outras pessoas de vez em quando" a "saber de onde veio" e "para onde está indo".

Já os estadunidenses Lundin e Nelson, renomados escritores de best-sellers empresariais e "palestrantes motivacionais", procuram com *Ubuntu!* traduzir a referida filosofia para o mundo dos negócios, esperando que a mudança no ambiente corporativo seja o catalisador da transformação que levará "a um mundo mais humano e conectado e a um retorno da civilidade" (Lundin & Nelson, 2010, p. VII). Os autores parecem ter visualizado no *ubuntu* um caminho para uma reorganização empresarial pós-crise financeira global. Nessa reorganização, a "igualdade" entre todos os funcionários, através do reconhecimento da humanidade de cada um e o trabalho em equipe (entendendo a empresa como uma "comunidade" com uma função social a cumprir), é a chave da transferência do *ubuntu* a esse universo tão distinto de sua origem.

Ideias básicas do que seria *ubuntu* são apresentadas ao leitor através de uma narrativa ficcional de argumento simples:

um gerente encontra problemas no departamento que precisa gerir, até que um funcionário sul-africano começa a lhe revelar o "tesouro escondido" do *ubuntu*, o potencial "grande legado africano para o mundo". A partir desse encontro tudo começa a se transformar, até o ponto em que o contato com a filosofia do *ubuntu* — reforçado por uma viagem de aprofundamento e descobertas à África do Sul — humaniza o ambiente de toda a empresa. No decorrer da história, ideias-chave do que seria *ubuntu* vão sendo apresentadas em caixas de texto, de modo a fixar as noções básicas ("*ubuntu* significa que estamos todos juntos nisso"; "*ubuntu* é uma filosofia que considera o sucesso do grupo acima do individual"; "*ubuntu* começa por reconhecer e abraçar a humanidade, a igualdade e o valor de cada pessoa"; "você não deve apenas praticar o *ubuntu*, você deve ser o *ubuntu*"; "o espírito do *ubuntu* é captado pela palavra 'comunidade'"). Ao final, regras "elaboradas pelos próprios personagens" servem de guia ao leitor para a adaptação do *ubuntu* ao dia a dia do mundo empresarial.

É interessante observar nesse livro que, ainda que descarnadas de qualquer potencial comunal ou anticapitalista, ideias básicas do *ubuntu* ainda parecem estar lá de alguma forma, dando certa verossimilhança à reapropriação. É curioso notar como os autores parecem buscar uma nova narrativa para empresas estadunidenses a partir de um capitalismo em crise global. Esse discurso alternativo, uma vez que parte de ideias como "igualdade" e "comunidade" (ainda que permeado por salários díspares e um ambiente competitivo e atravessado por hierarquias), não se vale de ideias-força próximas do (neo)liberalismo mais ortodoxo e não se encaixa totalmente nele. Nesse sentido, pode ser entendido como um esforço semelhante aos debates em torno da "responsabilidade social" das empresas, do "desenvolvimento sustentável" e afins.

Qual é, contudo, o ponto a ser frisado na menção a essas duas obras? É exemplificar, com elas, a longa viagem do *ubuntu*. Podemos pensar na possibilidade real de um viajante que se dirigiu ao aeroporto O. R. Tambo, em Joanesburgo, para tomar um voo da South African Airways. Na espera para o embarque, comprou um livro com mandamentos baseados no *ubuntu* para a transformação de sua vida pessoal (e, com isso, de todo o mundo). Durante o voo, terá certamente lido a revista da companhia, intitulada *Sawubona*.[24] Desembarcou num aeroporto dos Estados Unidos e na livraria comprou uma obra sobre como, com base no *ubuntu*, transformar o ambiente de sua empresa (e do mundo inteiro). Ao chegar ao hotel, acessou seu notebook dotado do sistema operacional Ubuntu, um software livre. Com sorte, ainda poderia conseguir adquirir on-line entradas para a próxima partida de basquete do Boston Celtics, equipe que por diversos anos baseou sua filosofia de jogo no *ubuntu*.[25] Poderia, enfim, dormir tranquilo, assistindo a uma reportagem na TV sobre a Oprah Winfrey Leadership Academy for Girls [Academia Oprah Winfrey de liderança para meninas], a escola feminina fundada pela apresentadora estadunidense cujo currículo tem por base o *ubuntu*.[26]

24 Em zulu, significa "eu vejo você". A *sawubona* se responde com *sikhona* ["eu estou aqui"] ou com *yebo sawubona* ["eu também vejo você"]. Essa saudação vem se tornando mais um exemplo (crescentemente citado) do que seria *ubuntu*: seres humanos reconhecem sua humanidade no outro e a humanidade do outro. Daí a opção da South African Airways por nomear sua revista dessa forma. A propósito, a companhia organiza suas atividades segundo a *ubuntu management* [gestão *ubuntu*].

25 Além do Boston Celtics, a seleção de futebol dos Estados Unidos se apropriou da noção durante a Copa do Mundo realizada na África do Sul, em 2010 (bem como a Coca-Cola em suas campanhas publicitárias durante aquele mundial). Pode-se afirmar que, nesses casos, *ubuntu* foi usado como uma "forma de fazer dinheiro, uma commodity cultural no circuito econômico transnacional do esporte globalizado" (Mangharam, 2011, p. 27).

26 "O espírito do *ubuntu* é incorporado em toda a Academia e é fundamental para a maneira como as estudantes pensam, falam e interagem com as outras. Ao longo de seus anos na Academia, as estudantes aprendem a incorporar o espírito do *ubuntu*, e são capazes de aproveitar

Em suma, *ubuntu* definitivamente se tornou um conceito *trendy*. Ganhou um significado vago, elástico a ponto de poder servir para os mais diversos fins. É curioso observar como uma antiga noção (re)construída na periferia, em grande medida por meio da iniciativa de teóricos críticos, de militantes anti-apartheid, de teólogos radicais e de um partido de esquerda, tornou-se uma expressão de circulação mundial, com significados tão distintos dos originais. Entre outras funções, *ubuntu* serviu de elemento nodal para a superação do apartheid e para a construção da identidade nacional sul-africana a partir dos governos do ANC. Como se viu, o conceito aparece em forma escrita desde meados do século XIX, o que afasta a ideia de que ele seja uma invenção das esquerdas sul-africanas. Estas se apropriaram dele num momento histórico preciso e o ressignificaram nesse processo. Portanto, elas não podem reivindicar sua "propriedade", nem devem interpretar sua longa viagem como uma "degeneração".

Todavia, espero ter demonstrado que, nessa jornada, o conceito em grande medida se esvaziou de significados mais substanciais. Hegemonicamente, parece circular mais com sentidos como "bondade", "compaixão", "respeito", "colaboração", "trabalho em equipe" e "ajuda ao próximo", e menos com significados mais complexos como "moral", "filosofia", "visão de mundo" ou *Weltanschauung*. Mas por que o *ubuntu* se expandiu tanto, por que se tornou um conceito *trendy*? A literatura especializada insistiu (considero que corretamente) no papel do conceito enquanto elemento de coesão social e identidade nacional na África do Sul pós-apartheid — algo que já havia sido ensaiado no Zimbábue,

—

suas habilidades de liderança para servir e inspirar os que as rodeiam. Sua autoconfiança é equilibrada pela compaixão, e sua assertividade por um senso de responsabilidade para com os outros" (Oprah Winfrey Leadership Academy for Girls, "Mission & Values" [Missão e valores], disponível em: http://www.owlag.co.za/about-owlag/mission-values).

mas não desenvolvido em sua plenitude. Quanto a esse ponto não parece haver muitos questionamentos.

Mais difícil, porém, é compreender a expansão do *ubuntu* para outros campos e quadrantes, desde o debate filosófico até a literatura de autoajuda. Não se trata de uma questão simples de responder, mas a princípio podemos sugerir que o termo *ubuntu* tem o potencial de suprir demandas num "mercado global de ideias" empobrecido pela "crise das utopias" e pelo "presentismo" (ver o capítulo 1). *Ubuntu* remete a humanidade, reconexão com a família, comunidade, natureza, cosmos, às gerações passadas e às que virão. Promete um reencaixe para indivíduos desencaixados, um reencantamento de existências desencantadas (e profundamente reificadas), a pessoalidade para indivíduos abstratos com seus direitos abstratos (porém concretamente negados), uma narrativa com potencial de oferecer sentido a um presente ininteligível, reconectando-o num mesmo movimento a um passado mitificado e a um projeto de futuro. Em suma, trata-se de uma narrativa "romântica" em toda a sua plenitude.

Adicionalmente, *ubuntu* parece responder em diferentes níveis à crise do capitalismo e a suas necessidades internas de reformulação, em especial na recepção estadunidense do conceito. Especificamente na diáspora afro-estadunidense (na qual obteve enorme fortuna), parece alimentar sua tradicional busca pelas "raízes" africanas, tornando-se um objeto de orgulho racial e de inserção social, de inversão de uma imagem negativa em relação ao comportamento do negro e a seu continente de origem (Mangharam, 2011). Ao mesmo tempo, segue inspirando projetos de "renascimento" ou "regeneração" continental na África. Desse modo, *ubuntu* parece ter diferentes apelos para diversos públicos, o que vem sendo sua potência — mas também, em certo sentido, sua crescente fraqueza.

UBUNTU ENTRE O MODERNO E O ARCAICO

Para concluir este capítulo, caberia perguntar se há alguma possibilidade de reativação do *ubuntu* como aquele elemento nodal da identidade (sul-)africana, e, mais ainda, se isso poderia assumir algum potencial emancipatório — como diversos intelectuais seguem propondo. Penso que no centro desse debate se encontra a discussão em torno da modernidade ou arcaísmo do *ubuntu*, e especificamente a insistência de diversos autores em "acusar" o *ubuntu* de ser uma "narrativa de retorno". Retomando o debate entre Matolino e Kwindingwi e Metz, argumento que *ubuntu* pode ter vigência na modernidade, como defendido por este último. Trata-se de uma reelaboração que não precisa ter conexão direta com o que o *ubuntu* foi — até porque não sabemos de modo exato o que *ubuntu* foi, se é que foi alguma coisa específica em algum momento. O mais provável é que, mais precisamente, o termo *ubuntu* remeta a uma miríade de relações, crenças e modos de vida vagamente "africanos" ou "banto", presentes em sociedades mais ou menos comunais anteriores aos contatos com a modernidade (não apenas através da colonização como até mesmo antes dela) e que sobrevivem em parte no interior da própria modernidade. *Ubuntu* é um modo (poderia ter sido outro) de nomear o que é considerado superior no passado e que foi destruído com o advento da modernidade — que, nesse caso, é sinônimo de conquista, opressão, dominação, escravidão e apartheid.

Nesse sentido, *ubuntu* remete a um passado mais ou menos mitificado e pode assumir os mais diversos usos político-ideológicos, como qualquer conceito político. Essa "mitificação" não envolve um mal em si mesmo, ao contrário do que Matolino e Kwindingwi insistem em afirmar. A mitificação é central (diria essencial) em qualquer narrativa política, em qualquer construção identitária, na motivação para qualquer projeto de futuro, para qualquer "utopia". Assim, *ubuntu* não é e nem poderá vir a ser uma "pura" teoria moral, como quer Metz. No entanto, ainda que envolva mito e remeta a "raízes" ou a "origens", *ubuntu* não é necessariamente uma "narrativa de retorno" — algo voltado para o passado e, desse modo, "reacionário", antimoderno. No sentido adotado por boa parte de seus apoiadores políticos e por quase todos os acadêmicos que desenvolvem o conceito (para ficar com os mais importantes, respectivamente Tutu e Ramose), *ubuntu* é inspiração para projetos transformadores, voltados ao futuro:

> A revitalização das tradições "não deve ser confundida com um retorno ao passado"; em vez disso, "frequentemente envolve estratégias explicitamente orientadas para o futuro, embora nem sempre alinhadas com os ideais 'ocidentais' de democracia, direitos humanos e emancipação, mas sim com discursos locais de identidade, tomada de decisão e igualdade". (Braeuchler & Widlok, 2007 *apud* Arthur, Issifu & Marfo, 2015, p. 75)

Além disso, *ubuntu* explicitamente serviu e tem servido (junto com outras formulações como *Rainbow Nation*) à coesão social e construção do Estado nacional sul-africano, o que não deveria ser entendido como algo em princípio "maléfico", em especial na periferia — como parece ser a visão de boa parte da literatura acadêmica sobre nacionalismos. É o caso do historiador alemão Christoph Marx, que entende *ubuntu* como um nacionalismo cultural, muito semelhante ao africâner. Para ele,

> *ubuntu* é a autodescrição de uma sociedade que está em processo de transformação de um íntimo pré-moderno para uma sociedade industrial anonimizada e urbanizada, marcada pela divisão do trabalho. *Ubuntu* é uma tradição inventada, cujo objetivo é minimizar fraturas e abismos históricos. *Ubuntu* procura contrastar sociedade e comunidade, *Gesellschaft* e *Gemeinschaft*. Mas

> *ubuntu* faz isso numa forma antropologizada, e é ao mesmo tempo um essencialismo cultural. De um lado, nós temos o mundo pré-moderno, idílico do vilarejo africano e do chefe, um mundo de espírito de comunidade, de pertencimento e de segurança social. Em contraste com isso está "o Ocidente", um mundo de egoísmo e frieza emocional. Em vez de compreender os processos econômicos, políticos e sociais específicos que formataram esse mundo, "o Ocidente" é apresentado em termos a-históricos, e de uma maneira culturalmente essencialista [...]. A "cura universal" que é proposta é a autenticidade africana. O novo nacionalismo cultural está em busca dessa pureza, que ele espera encontrar no passado e na tradição; em suma, numa África idealizada, a-histórica, pré-colonial. (Marx, 2002, p. 59-60)

Sem dúvida, *ubuntu* em suas formulações nacionalistas ou pan-africanistas pode envolver "essencialismos" (uma das críticas centrais também de Matolino e Kwindingwi). Defender que haveria um modo de ser conectado a uma "alma" africana, à raça ou a qualquer metafísica é uma formulação que simplesmente não tem mais lugar no debate acadêmico respeitável — e não deveria ter na política. Muitas vezes, *ubuntu* é entendido como algo essencialmente negro-africano, desde suas primeiras aparições no século XIX. Argumentos racialistas, biológicos, como os que por vezes se manifestavam, por exemplo, no pensamento de Senghor (ver o capítulo 2), nunca estão explícitos na literatura contemporânea sobre *ubuntu*. Caberia explicitar, então, se ele é especificamente negro-africano por estar relacionado a uma "cultura africana", ou a características econômico-sociais, ou a tradições. E, definida sua base material, se ele poderia ser transferido para além de seu lugar de origem. Mais uma vez, nos vemos entregues a uma considerável indefinição.

Pode-se afirmar que essa vastidão denominada *ubuntu* remete efetivamente a modos de vida, a visões de mundo manifestadas numa pluralidade de sociedades africanas, tanto no passado do continente quanto sobreviventes de forma adaptada ou em potência nas sociedades africanas contemporâneas. Essa posição, que pode ser sustentada por argumentos históricos, econômicos, sociológicos, antropológicos, políticos, culturalistas e filosóficos, é perfeitamente aceitável, na medida em que o debate em torno da "unidade" ou "fragmentação" africana se encontra ainda em aberto, na academia e nas reflexões do próprio continente e da diáspora. Não há necessariamente qualquer "essencialismo" nesse tipo de argumentação, apenas a defesa de que, além das (evidentes) diversidades, haveria elementos comuns a unificar o continente (e a diáspora) no passado, no presente e potencialmente no futuro. Mas isso não resolve o problema decorrente das possibilidades de se "ubuntizar" o mundo para além de seu lugar de origem — ou, colocado de outra forma, de se universalizar o *ubuntu*. Em suma, trata-se de investigar se *ubuntu* teria algum potencial emancipatório (ou apenas mistificador) fora de suas fronteiras.

De todo modo, a favor do *ubuntu*, deve-se notar que qualquer forma de comunitarismo ou comunalismo é entendida em chave negativa por quase todos os autores críticos do conceito, como explicitado na tréplica de Matolino a Metz. Trata-se do típico argumento de denunciar os defensores da comunidade, seja como "românticos" passadistas (pré-modernos), seja como coletivistas (socialistas) — em ambos os casos, atravessados por práticas e visões de mundo pretensamente "autoritárias". A partir de uma dicotomia que associa individualismo a liberdade e modernidade, e comunalismo a autoritarismo e pré-modernidade (como argumenta boa parte dos mencionados autores críticos do *ubuntu*), o conceito se vê numa situação difícil. Mas isso pode se inverter por meio da noção de "romantismo" proposta por Löwy e Sayre (2015), já desenvolvida em capítulos anteriores. Essa chave analítica ajuda a entender o *ubuntu* não como uma "narrativa de retorno", mas como uma "narrativa romântica" (em sentido positivo). Entre os seis tipos ideais de romantismos propostos pelos autores, defendo que o *ubuntu* foi muitas vezes interpretado em chave "reformadora" ou "revolucionária e/ou utópica", ambas perspectivas românticas voltadas para o futuro. Considero que o *ubuntu* poderia ser hegemonicamente enquadrado no tipo ideal do "romantismo reformador". Esse tipo

> está convencido de que os valores antigos podem retornar; porém, as medidas que preconiza para conseguir restaurá-los limitam-se a reformas: reformas legais, evolução da consciência das classes dirigentes. Nesse tipo de romantismo, portanto, encontramos com frequência um contraste nítido entre o radicalismo da crítica e a timidez das soluções preconizadas. (Löwy & Sayre, 2015, p. 100)

Os usos políticos do *ubuntu* na África do Sul, boa parte de suas interpretações acadêmicas e parte de sua circulação global se enquadram nessa perspectiva. O *ubuntu* é pensado como uma crítica por vezes radical ao individualismo, à reificação, ao materialismo e à falta de solidariedade da modernidade. Os programas para a transformação, no entanto, dificilmente se materializam em projetos concretos, e muito menos radicais — ficando no campo da proposição de "novas éticas" e de novos "RDP da alma".

Alguns autores, por sua vez, entendem *ubuntu* de forma mais assemelhada ao que Löwy e Sayre definem como "romantismo revolucionário e/ou utópico", mais particularmente em seu subtipo "populista" (ver o capítulo 2). Alguns formuladores do *ubuntu* defendem a sobrevivência de práticas comunais na África contemporânea (ainda que sob constante ataque ou submersas) e sugerem que elas podem ser bases para a transformação social a partir de elementos "originais", não da replicação de vias ocidentais. É nesse sentido que *ubuntu* estaria mais próximo dos chamados "socialismos africanos" da descolonização (ver o capítulo 3).

Evidentemente, há também as versões de *ubuntu* que se encaixam, por exemplo, no tipo ideal "restitucionista" ou no tipo ideal "conservador" — crítica que Matolino e Kwindingwi estendem a todos os seus usos. Pode-se sugerir que o *ubuntu* vem cada vez mais assumindo usos conservadores ou restitucionistas, seja de regeneração moral africana, seja de reorganização empresarial. Talvez estes sejam até mesmo hegemônicos na atualidade — o que não significa afirmar que *ubuntu* foi, é e será voltado sempre para a conservação ou para o passado.

Em suma, *ubuntu* pode ser entendido como reedição de uma larga "tradição comunal", um motivo recorrente no pensamento crítico da periferia global. Ou seja, uma retomada do argumento de que haveria uma essência original (nesse caso, negro-africana) potencialmente presente na contemporaneidade periférica, a servir como base para a construção de uma sociedade mais justa, harmônica e igualitária no futuro. De todo modo, além das bases materiais, de sua existência no passado ou no presente das sociedades africanas, sustento que o potencial do *ubuntu* está primordialmente na crença compartilhada em torno de sua existência. Ou seja, em seu potencial narrativo — não propriamente como "narrativa de retorno" a um passado idealizado, mas enquanto "narrativa de futuro".

Nesse sentido, concluo o capítulo com as inspiradoras sugestões do psicólogo e filósofo sul-africano Dirk Louw, em busca de repensar o caráter emancipatório do *ubuntu*. Seu trabalho exemplifica com precisão o que afirmo aqui. O autor parte do pressuposto de que,

> embora se possa duvidar da existência do *ubuntu* como uma realidade vivida por completo, dificilmente se pode negar sua existência como um conceito proeminente, narrativa ou mito na África, especialmente no sul da África. Chamar a ética do *ubuntu* de mito não é negar sua "verdade factual", embora a palavra seja muitas vezes usada nesse sentido. A palavra "mito" como usada aqui se refere à ética do *ubuntu* como uma história duradoura que — independentemente de sua "verdade factual" — inspira moralmente e revela o significado (ou seja, o valor, a relevância ou a significância)

> da vida para aqueles que participam dela, isto é, aqueles que contribuem para contá-la e recontá-la. (Louw, 2010, p. 2)

Por constituir antes de tudo uma narrativa, *ubuntu* só pode ser entendido como a

> rearticulação de uma ética antiga, inspirada pelo que é percebido como seus melhores atributos. Sua meta não é servir como uma cortina de fumaça para as anomalias e atrocidades das sociedades africanas tradicionais. [...] Tampouco significa um chamado para retornar aos valores, orientações e práticas das vilas pré-coloniais do sul da África. É em qualquer sentido impossível restaurar a versão "original" do *ubuntu*. Nossos entendimentos do *ubuntu* podem ser no máximo reconstruções inovadoras, inevitavelmente coloridas por nossos valores, crenças e perspectivas (pós-)modernas. Nesse sentido, qualquer tentativa de responder à questão "o que é *ubuntu*?" (leia-se: "como ele foi primeiramente formulado?") deveria ser evitada. Apesar de uma reflexão sobre *ubuntu* dificilmente poder ignorar noções herdadas sobre ele, sem dúvida a questão mais importante deve ser: "Como o *ubuntu* deveria ser entendido e utilizado para o bem comum de todos os africanos e de todo o mundo?". (Louw, 2010, p. 8)

Reconhece-se, assim, o risco efetivo (mediante leituras tradicionalistas do *ubuntu*) do sufocamento do indivíduo em função da comunidade — ou das mulheres em função dos homens, ou dos jovens em função dos anciãos... Mas com o *ubuntu* pode-se, ao contrário, "afirmar a unidade valorizando a diversidade, traduzir 'eu sou porque nós somos' por 'nós somos porque eu sou'" (Louw, 2010, p. 3). Em suma, pode-se fazer uma leitura do *ubuntu* que seja romântica, contemporânea e voltada para o futuro: utópica, no sentido definido por Löwy e Sayre.

5

COMUNALISMO NAS REFUNDAÇÕES ANDINAS DO SÉCULO XXI: O *SUMAK KAWSAY*/ *SUMA QAMAÑA*

Na Bolívia fazemos esta revolução desde os Andes, a Amazônia, os vales, as planícies e o Chaco, que são regiões marcadas pela história das antigas civilizações comunitárias locais; então nosso socialismo é comunitário por seu porvir, mas também por sua raiz e por seus ancestrais. Já que viemos do comunitário ancestral dos povos indígenas e porque o comunitário está latente no interior das grandes conquistas da ciência e da economia moderna, o futuro necessariamente será um tipo de socialismo comunitário nacional, continental e, em longo prazo, planetário. Mas também o socialismo do novo milênio, que se alimenta de nossa raiz ancestral, incorporará os conhecimentos e as práticas indígenas de diálogo e convivialidade com a Mãe Terra. O resgate do intercâmbio metabólico vivificante entre o ser humano e a natureza, praticado pelas primeiras nações do mundo, pelos povos indígenas, é a filosofia do Viver Bem. E está claro que não somente é a maneira de enraizar o futuro em raízes próprias, mas é ademais a única solução real à catástrofe ambiental que ameaça a vida inteira do planeta. Por isso, o socialismo do novo milênio só pode ser democrático, comunitário e do Viver Bem. Esse é o horizonte de época da sociedade mundial. A única esperança real para uma regeneração.

— Álvaro García Linera, "Socialismo comunitario del 'Vivir Bien'" (2015)

O *suma qamaña*, que é viver bem em harmonia integral, viver e conviver, não só se refere a viver, mas também a viver e conviver com a morte. Entre a morte e a vida está *suma qamaña* como ação intermediária. Deve-se ter cuidado quando esse "viver bem" se transforma em "viver melhor", porque "viver melhor" implica a comparação, implica que enquanto uns vivem "melhor" outros vão viver "pior", e portanto se perde essa questão de harmonizar os diversos mundos, as energias dos diversos mundos.

— Simón Yampara, "Cosmovivencia Andina: vivir y convivir em armonía integral — Suma Ramaña" (2011)

Quando é evidente a inutilidade de seguir correndo atrás do *fantasma do desenvolvimento*, emerge com força a busca de alternativas ao desenvolvimento, ou seja, de formas de organizar a vida fora do desenvolvimento, superando o desenvolvimento e, em especial, rechaçando aqueles núcleos conceituais da ideia de desenvolvimento convencional, entendido como a realização do conceito de progresso que nos foi imposto há séculos. Isso necessariamente implica superar o capitalismo e suas lógicas de devastação social e ambiental, o que nos abre as portas ao pós-desenvolvimento e, claro, ao pós-capitalismo.

— Alberto Acosta, *O Bem Viver: uma oportunidade para imaginar outros mundos* (2016)

Este capítulo analisa o conceito de *sumak kawsay* (em quéchua ou quíchua)[1] ou *suma qamaña* (em aimara), que foi traduzido ao espanhol como, respectivamente, *Buen Vivir* ou *Vivir Bien*, e ao português como "Bem Viver"/"Bom Viver"[2] ou "Viver Bem". De forma mais precisa, *sumak* poderia ser traduzido por "harmonia" ou "plenitude", e *kawsay* como "viver" ou "conviver", enquanto "bem viver" seria uma tradução mais apropriada da expressão *alli kawsay*.[3] Por sua vez, *suma qamaña* poderia significar também "viver em paz", "conviver bem", levar uma "vida

1 Quéchua no Peru, quíchua no Equador. O conceito vem tendo menos fortuna no Peru, o outro país andino no qual a presença indígena é significativa.

2 Na sua nota introdutória em Acosta (2016), o tradutor e editor do livro Tadeu Breda observa que "bom viver" é a tradução que mais respeita o original em espanhol e quíchua. Isso porque *sumak* é um adjetivo (que significa, na tradução ao espanhol, *hermoso*, *bello*, *bonito*, *precioso*, *primoroso*, *excelente*), assim como *buen* e "bom". No entanto, o tradutor faz a opção "política" e não "linguística" pelo termo "Bem Viver", porque este já vinha sendo utilizado pelos movimentos sociais brasileiros há alguns anos. Neste livro utilizo a expressão preferencialmente no original quíchua, mas quando é o caso adoto a expressão "Bem Viver", em português, pela mesma razão apontada por Breda.

3 Grosso modo, *alli kawsay* pode significar "viver bem" num sentido mais pragmático, prático, enquanto *sumak kawsay* foi mais utilizado como um ideal de vida plena.

doce", "criar a vida do mundo". Há diversas outras sugestões de tradução para *sumak kawsay* e para *suma qamaña*, às vezes parecendo quase haver uma para cada linguista ou intelectual indianista,[4] o que torna problemático o tema de sua passagem ao espanhol. O mais razoável é supor que esses termos não são passíveis de uma tradução exata para outros idiomas, no máximo de aproximações — e que são significantes em disputa e com múltiplos sentidos (Cuestas Caza, 2017; Medina, 2011).

No entanto, esses termos de difícil tradução nomeiam um corpo de ideias que vem ocupando espaço na política, nos movimentos sociais e no mundo acadêmico desde o início dos anos 2000, assumindo sentidos diversos no Equador e na Bolívia (lugares de origem desses debates) e crescentemente em várias partes do mundo. Desde o princípio, o conceito constitui um significante em disputa, utilizado em chave positiva para definir desde programas e projetos a novas concepções da vida social, e em chave negativa para criticar posições rivais e adversários políticos. Mapear e compreender esse embate em torno dos sentidos e usos do *sumak kawsay/suma qamaña* pode lançar luz sobre diversos aspectos das lutas políticas ocorridas nos últimos anos no Equador e na Bolívia.

Seria interessante, ademais, mapear e aventar hipóteses acerca da expansão do conceito para além de seu lugar andino de origem. Haveria diversos fenômenos interessantes a investigar nessa expansão. Por exemplo, sua recepção por parte da intelectualidade crítica e das esquerdas do Norte, órfãs de projetos transformadores — como sua utilização pelo Podemos espanhol e pelos movimentos altermundialistas Occupy e Association for the Taxation of Financial Transactions and for Citizens' Action

4 Aqui se assumem os sentidos de "indianismo" como reflexão originária, declaradamente decolonial, de intelectuais indígenas; em contraposição ao "indigenismo", fruto de reflexões de intelectuais *criollos* ou *mestizos* "ocidentalizados". O sentido é extraído diretamente da literatura especializada hispano-americana sobre o tema.

[Associação pela taxação das transações financeiras e pela ação cidadã] (Attac); as tentativas de associá-lo a conceitos como os de "bens comuns" (*commons*), "Bem Comum" e "Bem Comum da Humanidade" (Houtart, 2018); a apropriação do conceito por referências cristãs progressistas, como o próprio Jorge Mario Bergoglio, o papa Francisco (Bergoglio, 2015); ou a sua utilização (ou de termos tomados por equivalentes) por diversos povos originários do continente, como os Guarani, os Shuar, os Achuar, os Mapuche, os Kuna Yala, os Maia etc. (Hidalgo-Capitán & Cubillo-Guevara, 2014). Entretanto, aqui o foco estará posto prioritariamente sobre os usos da noção no Equador e na Bolívia, onde teve seus principais desdobramentos e se tornou peça central nos programas e discursos dos governos de Rafael Correa (2007-2017) e de Evo Morales (2006-2019),[5] nos posicionamentos de alguns dos mais relevantes movimentos sociais e em parte dos setores oposicionistas (pela esquerda) a esses governos.

É impossível abordar a construção e o avanço de projetos alternativos desde os anos 1990 na Bolívia e no Equador sem remeter ao papel dos movimentos indígenas, bem como de ideias que são comumente associadas a esses movimentos e, de um modo geral, a uma "herança indígena" ou "comunal" presente nesses países. O processo boliviano passou pela hegemonia de um projeto e de uma aliança social cujo núcleo era camponês/indígena (sejam os sindicatos[6] cocaleiros, sejam

5 O conceito também foi posteriormente utilizado por outros governos "progressistas" latino-americanos, como os da Nicarágua e de El Salvador.

6 Estruturados politicamente como instituições "ocidentais" (daí o próprio nome de "sindicato"), essas instituições estão imbricadas com estruturas comunais originárias. Os sindicatos, mais que instrumentos reivindicativos e de socialização, organizam a vida comunitária dos indivíduos e famílias que os integram, repartindo terras, aplicando justiça comunitária, organizando trabalho voluntário, comercializando produtos cultivados, entre outras funções.

os *ayllus*).[7] O processo equatoriano assumiu características mais urbanas e de camadas médias, herdando elementos e referências indígenas do ciclo de lutas anterior, mas não como o núcleo central de seu projeto — o que se explica pelo descenso do movimento indígena e de seu partido[8] no momento de avanço da Revolução Cidadã liderada por Correa. Essa presença distinta das organizações e projetos indígenas nos dois países não impede, entretanto, que em ambos os casos se tenha recorrido, respectivamente, às noções de *suma qamaña* e de *sumak kawsay* (seja no original, seja nas traduções ao espanhol), que exerceram peso considerável nos debates políticos e acadêmicos dos dois países.

Começo este capítulo analisando a origem e o significado do *sumak kawsay/suma qamaña*. Mapeio seus diversos usos, debatendo inclusive se ele deveria ser entendido como ideias distintas (ainda que intercambiáveis) ou como conceito unitário. Na segunda seção, discuto a apropriação da noção durante os processos constituintes ocorridos no Equador e na Bolívia. Adicionalmente, demonstro sua utilização como justificativa programática pelos governos de Correa e de Morales e por seus partidos, articulada a ideias limítrofes como a de "socialismo comunitário" defendida pelo ex-vice-presidente boliviano Álvaro García Linera. Como conclusão, aponto que essas ideias são também mais uma reedição

7 Trata-se do núcleo de sociabilidade e organização indígena comunitária, calcada em laços familiares estendidos e territoriais. Os *ayllus* são uma permanência e releitura de estruturas sociais anteriores à conquista do continente, basicamente aimaras, quéchuas e urus. Em alguns momentos e regiões, essas formas comunitárias de família ampliada estiveram próximas do desaparecimento, mas foram reorganizadas e ressignificadas nas últimas décadas. Hoje servem de identificação e delimitação político-territorial para movimentos étnicos, como o Consejo Nacional de Ayllus y Markas del Qullasuyu (Conamaq). Deve-se observar que eventualmente *ayllu* pode assumir o sentido mais restrito de "família" em algumas expressões do quíchua equatoriano.

8 Refiro-me à Confederación de Nacionalidades Indígenas del Ecuador (Conaie) e ao Movimiento de Unidad Plurinacional Pachakutik (Mupp).

de um tema que é recorrente no pensamento crítico periférico desde o século XIX: a busca da comunidade, dos pretensos elementos comunais ainda presentes nessas sociedades e oriundos de um passado pré-capitalista e não ocidental, que serviriam de base para a construção de um futuro igualitário.

OS MÚLTIPLOS SENTIDOS DE UM CONCEITO EM DISPUTA

Antes de mais nada, é preciso assumir que o *sumak kawsay* ou *suma qamaña* constitui uma ideia aberta, "que se está debatendo, que está em construção; é um conceito completamente móvel, que chama a refletir. Trata-se de um conceito complexo, não linear, historicamente construído e em constante mutação" (Ramírez, 2010, p. 139). O debate conceitual e mesmo semântico acerca do tema é longo, e dificilmente poderia ser diferente, por pelo menos três razões:

(a) Há discussões entre intelectuais e movimentos quéchua/quíchua e aimara de que *sumak kawsay* e *suma qamaña* poderiam se referir a noções distintas, de acordo com as diferentes cosmologias dos referidos povos.

(b) Nota-se uma divisão espacial na utilização dessas noções. No Equador, de forte presença quíchua, costuma-se empregar *sumak kawsay*, enquanto na Bolívia, com maior presença aimara no Altiplano, se trabalha com *suma qamaña*, o que provavelmente deriva desses diferentes pesos étnicos e dessas distintas experiências históricas.

(c) Não há acordo acerca do nível de influência "ocidental" sobre o conceito, e consequentemente acerca de sua ancestralidade. Essas ideias seriam para muitos uma construção

> híbrida e recente, fruto do encontro de acadêmicos ocidentais e de identidade *mestiza* com intelectuais de identidade indianista, propiciado por uma recente reativação das identidades indígenas. Para outros, trata-se de uma noção (mais precisamente uma visão de mundo, um modo de estar no mundo) majoritariamente ou puramente indígena, com uma continuidade que remeteria a temporalidades anteriores à conquista do continente.

Quanto ao primeiro problema, considero que esses conceitos guardam uma unidade na pluralidade, o que permite seu tratamento como algo único apesar das diferenças, na medida em que boa parte dos que utilizam tais conceitos os consideram expressão de uma cultura andina comum — como sugerido em Albó (2011). Esse conjunto de signos congrega uma pluralidade de conceituações e expressões sociais e territoriais, que vem inclusive rompendo os limites andinos e incidindo em outros países latino-americanos e europeus — o que torna, em grande medida, relativizável e superada a segunda questão. Se há eventuais diferenças entre o "Bem Viver" equatoriano e o "Viver Bem" boliviano (e entre as posteriores apropriações pelos governos de esquerda em ambos os países), essas ideias vêm sendo tratadas por seus formuladores, receptores ao redor do mundo e críticos[9] como algo unitário. Elas remeteriam conjuntamente a heranças e releituras de cosmologias andinas (distinguíveis, porém geralmente entendidas nessas análises como um corpo unificado em oposição a visões de mundo "ocidentais"), bem como a tentativas, por parte de intelectuais nos Andes e em todo o mundo, de buscar alterna-

9 Um bom exemplo de crítica ao conceito (e provavelmente o mais polêmico, ao associá-lo de forma pejorativa ao epíteto de "pachamamismo") está em Stefanoni (2011).

tivas ao desenvolvimento, ao capitalismo, à modernidade, até mesmo ao eurocentrismo e ao Ocidente.

Desse modo, chega-se ao terceiro problema, ao qual darei maior atenção porque me parece central para a compreensão do surgimento, relevância e sucesso do conceito. Tomo como recente a criação do *sumak kawsay/suma qamaña* e seus sentidos atuais. Sua aparição como um conjunto de ideias nos debates acadêmicos e políticos se deu, grosso modo, somente no início dos anos 2000, e sua maior expansão ocorreu a partir da segunda metade da década (Vanhulst, 2015). Pude localizar na Bolívia apenas uma referência a *suma qamaña* anterior aos anos 2000: o livro compilado pelo intelectual aimara Simón Yampara intitulado *Naciones autóctono originarias: vivir y convivir en tolerancia y diferencia*, publicado em 1991. O termo começou a ter mais circulação em 2000 com o "Diálogo Nacional 2000", iniciativa de consulta cidadã sobre temas de desenvolvimento, pobreza e bem-estar, organizada pelo governo boliviano com apoio do Banco Mundial. A partir dela, a agência de cooperação técnica alemã GTZ e a Federación de Asociaciones Municipales (FAM) elaboraram o programa *Suma Qamaña*, no qual intelectuais aimara de formação acadêmica na antropologia, na etnologia e na etno-história (como Yampara e Medina) desenvolveram melhor o conceito e aumentaram sua difusão (Altmann, 2013).

Já no Equador, são duas as referências a *sumak kawsay* anteriores a 2000. Em documentos políticos, deve-se mencionar o *Plan Amazanga: formas de manejo de los recursos naturales*, elaborado em 1992 pela Organización de los Pueblos Indígenas de Pastaza (Opip), da província amazônica de Pastaza (Viteri *et al.*, 1992); na literatura acadêmica, o capítulo de livro "Mundos míticos: Runa", do antropólogo quíchua Carlos Viteri Gualinga, publicado em 1993. Antes disso, porém, a expressão aproximada *alli kawsay* já havia sido usada de outras formas no Equador. *Alli kawsay* pode ser localizado mais cedo, em textos políticos indígenas em quíchua dos anos 1930 e 1940. Referia-se então à ideia de que, no passado, "todos viviam bem, não faltava nada, sabiam tudo". Naquele contexto, também começou a ser utilizado como alternativa de futuro a ser alcançada pela luta. Foi mencionado nesse sentido pela Federación Ecuatoriana de Indios (FEI), fundada em 1944 com forte presença comunista e considerada a primeira organização indígena de sucesso do país. Depois desse período, *alli kawsay* parece haver desaparecido das referências em quíchua até ser retomado nos anos 1980, associado aos avanços da educação bilíngue e aos sentidos de resgate de conhecimentos ancestrais e atividades agrícolas. Foi nesse contexto que a ideia de *alli kawsay* e agora também a noção associada do *sumak kawsay* foram sendo retomadas em quíchua, passando, em seguida, a ser empregadas em textos em espanhol. Por fim, *sumak kawsay* se impôs sobre *alli kawsay* no começo dos anos 2000 como uma noção emergente da Amazônia equatoriana (que constitui um lugar de encontro de diversas culturas indígenas), e progressivamente foi servindo de conceito aglutinador entre as organizações indígenas da Amazônia e dos Andes, até irromper na Assembleia Constituinte — e adquirir os mais diversos usos desde então. Esse percurso é apresentado em detalhe por Inuca Lechón (2017), Altmann (2019) e Cubillo-Guevara (2016).

Como pode ser ilustrado pelos primeiros usos escritos em quíchua da noção de *alli kawsay* ainda na primeira metade do século XX, deve-se reconhecer que os conceitos aqui analisados remetem a uma tradição mais ampla, não escrita, que é parte da cultura política e se articula com a materialidade de sua região de origem. Eles estavam presentes nas práticas sociais dos povos andinos, tendo sido recentemente sistematizados e "traduzidos" em conceitos políticos e acadêmicos (Hidalgo-Capitán & Cubillo-Guevara, 2014). O aparecimento e o crescimento de registros escritos dos conceitos *sumak kawsay*/*suma qamaña* estão relacionados a uma reinvenção de ideias indígenas, iniciada nos anos 1970 e 1980 por intelectuais indianistas que se formavam nas universidades e buscavam narrativas alternativas ao liberalismo e ao marxismo, em diálogo com intelectuais (missionários, teólogos da libertação, antropólogos, etno-historiadores),[10] ONG e agências de cooperação "ocidentais". Mas também constituem uma retomada de repertórios e cosmologias preexistentes, ainda que não decodificadas enquanto conceitos até então, no sentido acadêmico ou político. Ou seja, trata-se de um exemplo concreto, nos países andinos, de hibridização, preservação e mesmo incremento da "ecologia de saberes" (Santos, 2010a). Em suma, o *sumak kawsay/suma qamaña* é recente enquanto corpo de ideias que pode ser mapeado, estudado e compreendido como parte do pensamento político. Mas alguns elementos que constituem sua base já estavam lá, ainda que não fossem chamados somente por um nome e entendidos como algo que pudesse alimentar um corpo de ideias consideradas "respeitáveis".

É nesse sentido que *sumak kawsay* e *suma qamaña* constituem construções contemporâneas de intelectuais indianistas, movimentos camponeses/indígenas e crescentemente de acadêmicos do campo da "teoria crítica" (em especial de abordagens decoloniais) que passaram a visualizar nele potencial para a construção de uma visão de mundo alternativa. Mas estão em conexão com um passado que ainda persistiria no presente. Há, portanto, duas temporalidades em jogo: reconstrói-se algo que é parte de um passado de certo modo mítico, de sociedades pré-capitalistas que seriam comunais

10 Para ilustrar esse ponto, faço referência a três trabalhos de antropólogos europeus realizados entre os anos 1980 e 1990: o francês Philippe Descola (1986) traduziu o *shiir waras* dos Achuar como "Bem Viver" (*Buen Vivir*); o espanhol Bartomeu Melià (1988) identificou o *ñande reko* dos Guarani como "forma de ser" (*way of being*); e a austríaca Elke Mader (1996) verteu o *penker pujustin* dos Shuar para "boa vida" (*good life*) (Cubillo-Guevara & Hidalgo-Capitán, 2015; Beling *et al.*, 2020). No Altiplano boliviano, cabe destacar a relevante participação (para mencionar apenas dois) do antropólogo inglês Tristán Platt e do padre jesuíta e antropólogo espanhol Xavier Albó nas investigações sobre os *ayllus*, desde o começo dos anos 1970.

e igualitárias; ao mesmo tempo, traços e adaptações dessas formas de vida e de conceber a si mesmo e ao mundo ainda se materializam ao menos parcialmente e de forma adaptada no presente, num contexto de sociedades *abigarradas*.[11] Desse modo, remete-se a um passado que integra o presente, ainda que em potência. Um passado ao qual se deve retornar para construir uma nova possibilidade de futuro.

Dito isso, deve-se definir com mais propriedade o que vem a ser o *sumak kawsay/suma qamaña*. Insisto que se trata de um conceito polissêmico, e ademais em construção, que vem emergindo de três fontes ou correntes intelectuais. Aqui sigo em boa medida tipologias elaboradas por Hidalgo-Capitán e Cubillo-Guevara (2014), por Vanhulst (2015) e por Villalba-Eguiluz e Etxanoa (2017), ampliando-as e redefinindo alguns de seus termos. Vejamos:

(1) *Indianista*: formulação dos próprios intelectuais e movimentos indígenas ou associada a eles, enfatiza o caráter identitário e originário do conceito, como em Medina (2011) e Yampara (2011). Muitas vezes nem o considera de esquerda, por entender "esquerda" e "direita" como parâmetros ocidentais alheios a seu universo simbólico (assim como socialismo e capitalismo, e a modernidade de um modo geral). Tende a ser a versão mais essencialista do conceito.

(2) *Pós-estruturalista*: "pós-moderna" e/ou "decolonial", em busca de "alternativas ao desenvolvimento" e à moderni-

11 Conceito formulado por René Zavaleta para a Bolívia, que remete à noção de sociedade heterogênea, variada, colcha de retalhos ou bricolagem, "uma situação de sobreposição desarticulada de várias sociedades, em que os múltiplos grupos sociais e as instituições políticas se encontram como que sobrepostos, sem estarem articulados. São vários tempos históricos, visões de mundo, vários modos de produção da subjetividade, de socialidade e, sobretudo, várias formas de estrutura de autoridade ou autogoverno que convivem em um mesmo espaço e sem articulação" (Freitas, 2012, p. 77).

dade, como em Acosta (2016) e Gudynas (2012). Oriunda de intelectuais e movimentos ecologistas, essa vertente defende mais claramente a apropriação, por uma intelectualidade de esquerda, de sociabilidades comunais entendidas por ela como originalmente indígenas, para superar o desenvolvimento e a dicotomia ser humano/natureza. Tende a conectar o conceito a outras noções alternativas como "decrescimento", "pós-crescimento", "pós-desenvolvimento", "pós-extrativismo", "ecologia profunda" etc.

(3) *Oficial*: mais estatista, oriunda dos governos de esquerda e de intelectuais associados a eles. Essa tendência por vezes se subdivide em:

(a) Neodesenvolvimentista, voltada a estratégias estatais de desenvolvimento e de equidade social. Esta corrente entende o conceito como um "desenvolvimento alternativo", não como uma "alternativa ao desenvolvimento", como em Álvarez Lozano (2012). Progressivamente hegemonizou os quadros dos governos de esquerda da Bolívia e do Equador, ao menos desde a aprovação das Cartas Constitucionais. Essa vertente tende a esvaziar o núcleo comunal do conceito e a negar seu sentido epistemológico alternativo, ao associá-lo com "bem-estar" ou "vida melhor".

(b) Socialista, buscando mesclar elementos comunalistas oriundos da herança indígena a valores e estratégias socialistas, formulando noções como o "socialismo comunitário" ou "do Bem Viver", como em Ramírez (2010), Houtart (2018) e García Linera (2015). Este uso do *sumak kawsay/suma qamaña* já propõe uma reapropriação ainda mais explícita, ao entendê-lo como fonte a inspirar um socialismo alternativo.

Em sua origem, pode-se considerar que o núcleo do conceito passa por uma mudança na relação dos seres humanos entre si, e entre estes e a natureza. Duas ideias estão em sua base: (1) o comunalismo na relação entre os indivíduos, calcado na reciprocidade e na igualdade; e (2) uma concepção holística da relação ser humano/natureza, de integração em lugar de domínio e exploração, "de uma 'externalidade' para o estabelecimento de uma relação harmônica, com princípios de justiça intergeracional" (Wray, 2009, p. 53). A relação nesse ponto se modificaria em duas frentes: ser humano/natureza e geração atual/gerações futuras. Recasens chega a compreender essas interconexões a partir de três polos:

> O significado dessas referidas expressões seria o de uma vida digna, ainda que austera, que concebe o bem-estar de forma holística, identificando-o com a harmonia [1] com o entorno social (a comunidade), [2] com o entorno ecológico (a natureza) e [3] com o entorno sobrenatural (os Apus ou Achachilas e demais espíritos de um mundo encantado). (Recasens, 2015, p. 58)

No entanto, é tão evidente que o chamado "mundo sobrenatural" está imbricado com a dita "vida material" que considero não haver sentido pensar em três polos. O mundo sobrenatural aqui está subentendido tanto na comunidade quanto na natureza. Deve-se ainda reconhecer que mesmo a referida divisão em dois polos — na qual me apoiarei aqui por razões argumentativas — é adotada apenas para facilitar a explanação, pois ela vai parcialmente de encontro à ideia de *sumak kawsay/suma qamaña*. Para diversos autores que se debruçam sobre o tema, esses dois polos devem ser entendidos holisticamente, como algo uno: "É necessário ampliar o conceito de comunidade, para outro que inclua não só os seres humanos, mas todos os seres vivos enquanto partes de um ecossistema mais amplo, que se poderia chamar 'comunidade natural'" (Wray, 2009, p. 54). A reciprocidade entre indivíduos no presente e em relação às gerações futuras (e mesmo passadas, dado o respeito devido aos antepassados, materializados na própria natureza) também poderia ser observada na relação ser humano/natureza: o ser humano recebe seu sustento da natureza que integra e, em troca, permite sua regeneração; e ela mais adiante, agradecida, voltará a lhe oferecer seus frutos.

Trata-se, portanto, de uma concepção de circularidade temporal, alternativa à concepção de tempo progressista, evolucionista, linear, típica da modernidade (Koselleck, 2006). Trata-se igualmente de uma cosmologia que não compreende a natureza e a cultura como apartadas, nem o humano separado do não humano — um tipo de cosmologia que, apesar de distinta da concepção cartesiana própria da modernidade que foi se impondo a partir da Europa do século XVII, é recorrente em milhares de sociedades ao longo do tempo (Descola, 2005). Por tudo isso, seus críticos entenderão o *sumak kawsay/suma qamaña* como "pré-moderno" e contrário ao bem-estar de suas sociedades, bem-estar associado ao avanço da modernidade;[12] seus apoiadores o verão como "pós" ou "trans" moderno, ou ao menos potencialmente capaz de alimentar uma "outra modernidade".

As duas bases mencionadas se articulam respectivamente com o espaço do *ayllu* e com a noção de Pacha Mama. O primeiro é o núcleo da convivência indígena comunitária, baseada em laços familiares estendidos e territoriais. Nele se expressa a *qama-ña*, o lugar do ser/existir, o espaço-tempo social harmônico de bem-estar, lócus da comunidade. Articula-se de forma indissociável com a *jaka-ña*, que se refere mais ao viver, ao espaço-tempo onde se cria a vida, se (re)produz, e é o lócus do casal, do lar (*jaqi*); e com

12 Isso aparece, por exemplo, em críticas como a de Stefanoni (2011) ao "pachamamismo" e mesmo nos discursos de Rafael Correa e de Álvaro García Linera, quando atacam a utilização mais "radical" do *sumak kawsay/suma qamaña* como "ecologismo", "esquerdismo" ou "indigenismo" "infantis".

a *jiwa-ña*, o lugar de morrer (Medina, 2011, p. 44-5).[13] Em resumo, o *ayllu* é o espaço onde se vive bem. E *qama-ña*, *jaka-ña* e *jiwa-ña*, por sua vez, são indissociáveis do espaço da natureza, a Pacha Mama, com a qual se interage e convive, na qual se apoia a vida em casal, o estar em comunidade e a morte. *Qamaña*

> insinua também a convivência com a natureza, com a Mãe Terra ou Pacha Mama, ainda que sem explicitá-lo. [...] *Qamasa*, do gerúndio "vivendo, convivendo", é [...] "a energia e força vital para viver e compartilhar com outros". Esta é talvez a relação mais explícita entre a raiz *qama-*, como algo que está de maneira muito forte e viva na Pacha Mama, e nós que a habitamos e fazemos dela nossa morada. (Albó, 2011, p. 134)

Na maioria de suas formulações, o *sumak kawsay*/*suma qamaña* se aproxima de referências acadêmicas "ocidentalistas", seja apelando para narrativas modernistas e socialistas, seja para pós-modernistas e decoloniais, encontro que se evidencia quando intelectuais mais atrelados ao ambiente acadêmico se apropriam do conceito, como Alberto Acosta, Edgardo Lander, Eduardo Gudynas, Maristella Svampa e Boaventura de Sousa Santos. Alberto Acosta chega a afirmar que o *sumak kawsay*/*suma qamaña* não pode se circunscrever às sociedades andinas e que não tem apenas um "enraizamento histórico no mundo indígena, [pois] se sustenta também em alguns princípios filosóficos universais aristotélicos, marxistas, ecologistas, feministas, cooperativistas, humanistas e outros" (Acosta, 2011, p. 191). Por outro lado, o conceito parece relativamente mais "autóctone" quando elaborado por intelectuais indianistas, aimaras como Simón Yampara

13 Em círculos concêntricos, o *ayllu* seria a comunidade de *jaqis*, a *marka* seria a comunidade de *ayllus*, rumo a dimensões mais ampliadas como o *Qullasuyu* e o *Tawantinsuyu*.

e Javier Medina, ou quíchuas como Luis Macas, Pablo Dávalos e Nina Pacari.

Do ponto de vista econômico, propõe-se em geral a superação do extrativismo que constitui a base das economias primárias desses países, mas não há qualquer consenso acerca do que deveria substituí-lo — e qual seria o papel de políticas estatais industrializantes e (neo)desenvolvimentistas nesse processo. Alguns autores defendem a necessidade de um "desenvolvimento alternativo", um novo conceito de desenvolvimento, um novo "regime de desenvolvimento". Outros defendem a própria superação da noção de desenvolvimento, um "não desenvolvimento" ou "pós-desenvolvimento": "Não se trata hoje em dia de buscar e justificar um desenvolvimento alternativo, e sim de construir *alternativas ao desenvolvimento*" (Carpio Benalcázar, 2009, p. 122). A ideia fica clara na seguinte formulação de Acosta:

> Quando é evidente a inutilidade de seguir correndo atrás do *fantasma do desenvolvimento*, emerge com força a busca de alternativas ao desenvolvimento, ou seja, de formas de organizar a vida fora do desenvolvimento, superando o desenvolvimento e, em especial, rechaçando aqueles núcleos conceituais da ideia de desenvolvimento convencional, entendido como a realização do conceito de progresso que nos foi imposto há séculos. Isso necessariamente implica superar o capitalismo e suas lógicas de devastação social e ambiental, o que nos abre as portas ao pós-desenvolvimento e, claro, ao pós-capitalismo. (Acosta, 2016, p. 61-2)

Outro debate inconcluso é sobre se o que deverá substituir aquelas referidas metas e estratégias associadas ao "fantasma do desenvolvimento" tem um conteúdo que pode ser entendido como "socialista". Por vezes se defende uma mescla entre elementos capitalistas em chave mais progressista (neodesenvolvimentista, estatista) e comunalista, como na proposição de García Linera

(2010) da necessidade de um "capitalismo andino-amazônico"[14] como etapa prévia a um "socialismo comunitário" — conceito que ganhou primazia em trabalhos mais recentes do autor, por exemplo, García Linera (2011; 2015). Em outros casos é enfatizada a impossibilidade de convivência do conceito com o capitalismo, mas também com o socialismo (enquanto paradigma gestado pela modernidade). Finalmente, há os que associam *sumak kawsay/suma qamaña* com um novo socialismo e, nesse caso, recorrem a noções como socialismo "comunitário" ou "do Bem Viver". As relações do *sumak kawsay/suma qamaña* com diferentes projetos políticos envolvendo as ideias de desenvolvimento e de socialismo serão debatidas na próxima seção.

Há, portanto, um papel considerável de intelectuais "ocidentalizados" e mesmo de ONG, agências de cooperação, assessores e consultores internacionais na formulação e expansão do conceito,

> atores alheios ao campesinato andino [...]. Essa participação é perfeitamente legítima e não deveria inspirar nenhuma suscetibilidade, sobretudo no caso de pessoas ou instituições caracterizadas por um inquestionável compromisso com o respeito à diversidade cultural e às demandas dos povos indígenas. No entanto, esse papel nem sempre está isento de riscos, posto que a falta de contato direto com a realidade cotidiana daqueles a quem se pretende "representar" pode levar à adoção de propostas idealizadas, irreais e essencialistas sobre suas necessidades, suas aspirações e em definitivo sobre seu *modus vivendi*. [...] nos encontramos diante de um caso de "tradição inventada", na medida em que alguns intelectuais, ao divulgar uma versão idealizada da cosmovisão e dos valores das culturas andinas e convertê-la numa alternativa à visão desenvolvimentista

14 Este advoga ou prevê uma etapa de desenvolvimento capitalista de Estado, valorizando o comunalismo, a pequena produção e a diversidade étnico-cultural, antes do socialismo de novo tipo ("socialismo comunitário") baseado nas tradições comunais originárias.

> (individualista, economicista, etnocida e ambientalmente agressiva), promovida durante décadas por governos e instituições de desenvolvimento, teriam contribuído para superdimensionar e reificar seu significado. (Recasens, 2015, p. 63-4)

No entanto, mesmo corroborando com parte das preocupações do autor, quero insistir aqui no hibridismo do conceito — que não constitui um problema em si, na verdade o enriquece —, bem como nas bases simbólicas e materiais que ele deve possuir para ter obtido a legitimidade e a coerência necessárias a sua expansão e sucesso. Não parece haver dúvidas quanto aos elementos de "tradição inventada" presentes no conceito. Mas algo que os autores que trabalham com a ideia de tradição inventada geralmente ignoram ou pouco enfatizam, a começar por Hobsbawm e Ranger (2012), é que as tradições inventadas de "sucesso" devem possuir alguma base material — do contrário, falariam para o vazio, teriam grandes dificuldades em contribuir para a construção de hegemonias. Sue Iamamoto (2013) observa muito bem esse ponto ao tratar da memória e do passado como elementos essenciais para a construção da etnicidade e do nacionalismo. O passado é inventado em grande medida a partir do presente, mas isso não ocorre do nada. Pode-se imaginar uma via de mão dupla: o presente reformulando o passado, mas também o passado se manifestando no presente e retornando de tempos em tempos.[15]

Em resumo, o *sumak kawsay/suma qamaña* constitui um conceito rico exatamente por sua capacidade de se prestar tanto a nomear propostas e programas articulados pelos próprios intelectuais indianistas e movimentos sociais de base camponesa/indígena quanto à defesa, por uma intelectualidade crítica e por grupos

15 Essa ideia ecoa as recorrências à "memória longa" (e memória curta) nos trabalhos de René Zavaleta (2011) e de Silvia Rivera Cusicanqui (2010).

internacionais, de um novo projeto societário (em suas versões "fortes") ou ao menos de propostas socioambientais alternativas (em suas versões mais "fracas"). Como apontou Schavelzon (2015), parece ser exatamente sua ambivalência o que torna o conceito relevante nos dias de hoje, embora esteja implícito nessa ambivalência um risco de tornar o conceito tão amplo a ponto de fazê-lo perder qualquer valor — o que parece ter começado a ocorrer na segunda metade dos anos 2010, com a menor incidência do termo nas vertentes "indianista", "pós-estruturalista" e "oficial".

O PAPEL DO CONCEITO DE *SUMAK KAWSAY/ SUMA QAMAÑA* NAS REFUNDAÇÕES DA BOLÍVIA E DO EQUADOR

O *sumak kawsay/suma qamaña* se articulou discursivamente com os processos de refundação na Bolívia e no Equador[16] — tanto durante os processos constituintes nos dois países quanto nas estratégias de seus governos de esquerda. O conceito assumiu a capacidade de remeter ao enraizamento de governos e movimentos em suas sociedades, de maiorias indígenas ou de identidades *mestizas* recentemente reetnizadas. Nesse sentido, o conceito parece ter sido introduzido nas Assembleias Constituintes da Bolívia (2006-2007) e do Equador (2007-2008) pela atuação de intelectuais, assembleístas governistas, ONG e movimentos sociais de forma a inspirar e a nomear diversas inovações institucionais. Além disso, assumiu a partir de então um papel de legitimação de posições no interior de disputas intragovernamentais e entre governos e setores sociais, servindo de parâmetro (desde

16 Para uma discussão da ideia de "refundação" e uma análise dos governos da Bolívia e do Equador, conferir Pereira da Silva (2015).

sua abertura e polissemia) para avaliar se os dois governos desenvolveram políticas inovadoras, ou se levaram a cabo meras reedições de antigos projetos desenvolvimentistas.

Na Bolívia, o conceito foi introduzido na Constituição a por meio de contribuições de movimentos camponeses/indígenas e da atuação de personalidades como o ex-ministro das Relações Exteriores e vice-presidente David Choquehuanca. Aparece enquanto princípio ético-moral (entre outros) que deve inspirar o Estado, a sociedade e o modelo econômico. O artigo 8º afirma que:

> O Estado assume e promove como princípios ético-morais da sociedade plural: *ama qhilla*, *ama llulla*, *ama suwa* (não seja preguiçoso, não seja mentiroso, não seja ladrão), *suma qamaña* (viver bem), *ñandereko* (vida harmoniosa), *teko kavi* (vida boa), *ivi maraei* (terra sem mal) e *qhapaj ñan* (caminho ou vida nobre). (Estado Plurinacional da Bolívia, 2009)

O mesmo artigo elenca uma série de valores que sustentam o Estado "para viver bem", que considero mesclarem (de forma sugestiva) elementos "originários", das esquerdas "tradicionais" e mesmo liberais:

> O Estado se sustenta nos valores de unidade, igualdade, inclusão, dignidade, liberdade, solidariedade, reciprocidade, respeito, complementaridade, harmonia, transparência, equilíbrio, igualdade de oportunidades, equidade social e de gênero na participação, bem-estar comum, responsabilidade, justiça social, distribuição e redistribuição dos produtos e bens sociais, para viver bem. (Estado Plurinacional da Bolívia, 2009)

Chegou-se enfim à fórmula negociada das "*naciones y pueblos indígena originario campesinos*" (as três ideias reunidas numa mesma formulação, sem hífen e com plural só no final, como se fossem uma única entidade) para nomear esse novo sujeito social recorrente no texto constitucional (Schavelzon, 2012). Essa fórmula procurou sintetizar as identidades híbridas e as alianças na base de sustentação inicial do governo, de certo modo as portadoras dos valores do *suma qamaña* e agentes do *proceso de cambio*. O novo sujeito social é definido constitucionalmente no artigo 30: "É nação e povo indígena originário camponês toda a coletividade humana que compartilhe identidade cultural, idioma, tradição histórica, instituições, territorialidade e cosmovisão, cuja existência é anterior à invasão colonial espanhola". Aqui o *suma qamaña* aparece mais na forma da coexistência da justiça comunitária com a justiça "ocidental" (algo pouco aprofundado desde então) e da noção de "democracia intercultural".[17] Esses aspectos estão expressos e justificados no artigo 2º:

> Dada a existência pré-colonial das nações e povos indígena originário camponeses e seu domínio ancestral sobre seus territórios, garante-se sua livre determinação no marco da unidade do Estado, que consiste em seu direito à autonomia, ao autogoverno, à sua cultura, ao reconhecimento de suas instituições e à consolidação de suas entidades territoriais. (Estado Plurinacional da Bolívia, 2009)

No Equador, a ideia se impôs nos debates constituintes por diversos fatores, como o papel dos intelectuais quíchua e movimentos indígenas nas discussões, e contou com a presença de Alberto Acosta presidindo os trabalhos. Terminou por assumir uma função de unificação discursiva dos vários projetos em disputa, desde o preâmbulo, no qual os assembleístas afirmam ter decidido

17 Sustentada "na existência das nações e povos indígena originário camponeses e das comunidades interculturais e afrobolivianas [...] com diferentes formas de deliberação democrática, distintos critérios de representação política e o reconhecimento de direitos individuais e coletivos, [...] [e] baseada na complementaridade da democracia direta e participativa, democracia representativa e democracia comunitária" (Ley del Régimen Electoral *apud* Colpari, 2011, p. 5).

construir "uma nova forma de convivência cidadã, em diversidade e harmonia com a natureza, para alcançar o Bem Viver, o *sumak kawsay*". Um corpo de direitos fundamentais é constituído pelos "da natureza", talvez a maior inovação desse texto, pois que a natureza é entendida como um sujeito de direitos, em especial quanto à sua preservação e regeneração:

> o próprio conceito dos Direitos da Pacha Mama implica uma mescla, resulta de uma ecologia de saberes: o saber ancestral com o saber moderno, eurocêntrico, progressista. É uma hibridização entre a linguagem do direito e a linguagem proveniente da cosmovisão indígena, pois nesta última o conceito de direito é mais exatamente um de deveres. (Santos, 2010b, p. 24)

Além disso, boa parte dos direitos sociais — mais tradicionais ou de elaboração recente — foi agrupada no preceito dos "direitos do Bem Viver", ou seja, a noção define um corpo de direitos fundamentais. Os direitos sociais "garantem", "possibilitam", "realizam" o Bem Viver. Deles derivam um "regime do Bem Viver", no qual se agrupam políticas de inclusão e equidade, defesa da biodiversidade e dos recursos naturais; e um "regime de desenvolvimento" que deve garantir a realização do Bem Viver. Afirma-se que é dever primordial do Estado, "para aceder ao Bem Viver", "planificar o desenvolvimento nacional, erradicar a pobreza, promover o desenvolvimento sustentável e a redistribuição equitativa dos recursos e da riqueza" (República do Equador, 2008). Nesse sentido, assim como na Constituição da Bolívia, percebe-se na Constituição do Equador a amplitude de significados que o conceito pode assumir, ao mesmo tempo remetendo à profunda inovação dos "Direitos da Natureza" e associando-se a noções de "desenvolvimento" ("nacional" e "sustentável").

O conceito também foi utilizado com frequência nos discursos e textos presidenciais, sobretudo por parte de Morales, bem como nos documentos governamentais e programas partidários do Movimiento al Socialismo (MAS) na Bolívia e do Patria Altiva i Soberana (PAIS) no Equador. Ainda que diversos críticos destaquem as estratégias "neodesenvolvimentistas" e "extrativistas" de ambos os governos (debate que não será aprofundado nestas páginas), o que pretendo ressaltar aqui é que o *sumak kawsay/suma qamaña* seguiu vigente como um significante a nomear o "horizonte histórico" projetado nos dois países, por mais que tenha adquirido novos significados no processo ou tenha entrado em contradição com projetos e estratégias dos dois governos.

O conceito seguiu vigente como referência fundamental para nomear os planos das duas administrações. Na Bolívia, até o golpe de Estado que destituiu Morales em 2019, vinha sendo executado o Plan de Desarrollo Económico y Social en el Marco del Desarrollo Integral para Vivir Bien (2016-2020). Naquele documento,

> O Viver Bem é uma filosofia que valoriza a vida, busca o equilíbrio consigo mesmo e com os demais, o estar bem individual, assim como o estar bem coletivo. [...] O Viver Bem é o horizonte que reivindica a cultura da vida comunitária em plenitude, em contraposição à cultura do individualismo, do mercantilismo e do capitalismo que se baseia na exploração irracional da humanidade e da natureza, recuperando as raízes mais profundas de nossa história e da identidade de nossos povos. (Estado Plurinacional da Bolívia, 2016, p. 3-4)

No Equador, os planos nacionais de desenvolvimento de 2009-2013 e de 2013-2017 foram denominados Plan Nacional para el Buen Vivir. No documento que contemplava o período de 2013 a 2017, por exemplo,

> O Bem Viver ou *sumak kawsay* é uma ideia mobilizadora que oferece alternativas aos problemas contemporâneos da humanidade. O Bem Viver constrói sociedades solidárias, corresponsáveis e recíprocas

que vivem em harmonia com a natureza, a partir de uma mudança nas relações de poder. O *sumak kawsay* fortalece a coesão social, os valores comunitários e a participação ativa de indivíduos e coletividades nas decisões relevantes para a construção de seu próprio destino e felicidade. [...] Não se trata de voltar a um passado idealizado, mas de encarar os problemas das sociedades contemporâneas com responsabilidade histórica. O Bem Viver não postula o não desenvolvimento, mas contribui para uma visão distinta da economia, da política, das relações sociais e da preservação da vida no planeta. O Bem Viver promove a busca comunitária e sustentável da felicidade coletiva e uma melhoria da qualidade de vida a partir dos valores. (República do Equador, 2013, p. 23)

Morales e seu chanceler David Choquehuanca se tornaram referência em arenas internacionais de debate sobre mudança climática e direitos indígenas, entre outros temas, contribuindo para a circulação internacional do conceito de Viver Bem. Essas iniciativas culminaram na realização da Conferência Mundial dos Povos sobre a Mudança Climática e os Direitos da Mãe Terra em Cochabamba de 19 a 22 de abril de 2010.[18] Segundo Morales,

> Enquanto os Povos Indígenas propõem para o mundo o "Viver Bem", o capitalismo se baseia no "Viver Melhor". As diferenças são claras: o Viver Melhor significa viver à custa do outro, explorando o outro, saqueando os recursos naturais, violando a Mãe Terra, privatizando os serviços básicos; já o Viver Bem é viver em solidariedade, em igualdade, em harmonia, em complementariedade, em reciprocidade. [...] O Viver Bem é um sistema que supera o capitalista, mas também propõe um desafio que põe em xeque

18 Uma compilação dessas intervenções internacionais e de diversos documentos sobre o tema produzidos pela chancelaria boliviana pode ser encontrada no livro *Vivir Bien: mensajes y documentos sobre el Vivir Bien 1995-2010*, publicado pelo Ministério das Relações Exteriores da Bolívia em 2010.

alguns preceitos clássicos da esquerda que, num ânimo desenvolvimentista, propunha o domínio da natureza pelo ser humano. (Morales, 2011, p. 9)

Um momento relevante no uso do conceito na Bolívia foi a promulgação, em 2012, da Ley Marco de la Madre Tierra y Desarrollo Integral para Vivir Bien. Nela, se definia o "Viver Bem" como "viver em complemetariedade, em harmonia e equilíbrio com a Mãe Terra e as sociedades, em equidade e solidariedade e eliminando as desigualdades e os mecanismos de dominação. É Viver Bem entre nós, Viver Bem com o que nos rodeia e Viver Bem consigo mesmo". E apresentava o "desenvolvimento integral para viver bem" não como um fim, mas como "uma fase intermediária para alcançar o Viver Bem como um novo horizonte civilizatório e cultural" (Estado Plurinacional da Bolívia, 2012), etapa necessária para garantir suas bases sociais, materiais e culturais (ecoando a proposta de García Linera de um "capitalismo andino-amazônico" como etapa anterior a um "socialismo comunitário").

No que diz respeito a Correa, nota-se um crescente uso da noção de "bem viver" ao longo de seu governo. Nesse caso, porém, ela estava muito próxima de significantes como "desenvolvimento" e "bem-estar": melhoria das condições de vida da maioria, mais equidade, avanço dos serviços públicos de saúde e educação, exploração dos recursos naturais de "forma responsável". Por exemplo, ao defender "um país sem miséria, mas também sem luxuosos esbanjamentos, um país que supere a cultura da indiferença, onde ninguém seja tido como descartável na sociedade. No qual trabalhemos para os filhos de todos e assim, juntos, alcancemos o Bem Viver, o *sumak kawsay* de nossos povos ancestrais".[19] E ao apontar como objetivo

19 "Lea los discursos textuales del papa Francisco y Rafael Correa", *El Comercio*, 5 jul. 2015.

> desenvolver o Equador como uma sociedade organizada em torno do conceito do *Buen Vivir* — viver bem, com justiça e de forma saudável. [...] Atingir essa visão através de investimento em recursos humanos, instituições fortalecidas, projetos de infraestrutura e de capital, tornando os setores produtivos mais eficientes através da ciência e tecnologia. (Correa, 2011, p. 70)

De todo modo, Correa chegou a criar, em 2013, a Iniciativa Presidencial para la Construcción de la Sociedad del Buen Vivir (encerrada no começo do governo de seu sucessor, Lenín Moreno), uma secretaria especial com status de ministério, que tinha por objetivo desenvolver estudos e atividades para promover valores e a consecução de uma sociedade "baseada no Bem Viver". A secretaria esteve a cargo de Freddy Ehlers e terminou por adotar o slogan "o Bem Viver é a felicidade dos cidadãos" (Cubillo-Guevara, 2016, p. 140), num passo a mais para o esvaziamento do conceito. Tal postura tornou o departamento conhecido, entre seus detratores, como a "secretaria da felicidade".

Quero deter-me um pouco mais na aproximação do *sumak kawsay/suma qamaña* ao socialismo, proposta dos dois governos aqui analisados. Pode-se mapear em especial a ideia de "socialismo comunitário" (mais recentemente complementado pela expressão "do Viver Bem") recorrente na Bolívia, e a de "socialismo do Bem Viver" ou "do *sumak kawsay*" presente no Equador. Em ambos, *sumak kawsay/suma qamaña* remeteria a heranças e valores indígenas ainda vivos nas sociedades boliviana e equatoriana, que permitiriam nesses casos dotar a tradição socialista ocidental de conteúdos locais, próprios, nacionais. Nos comentários sobre a obra de José Carlos Mariátegui apresentados no capítulo 1, vimos que esse tipo de associação não é novo na região. Esse pano de fundo comum de um encontro entre vertentes socialistas "ocidental" e "andina" está presente nas ideias de "socialismo comunitário" e de "socialismo do Bem Viver".

Se submetidas a uma análise mais criteriosa, porém, percebe-se que diferem consideravelmente.

A ideia de "socialismo comunitário" enfatizou a organização social, econômica, cultural e territorial comunal presente na Bolívia através da permanência/adaptação do *ayllu*, como na declaração de Morales a seguir. Note-se que ela foi formulada no tempo presente, referente ao mundo indígena contemporâneo e a seus movimentos: "Somos um socialismo comunitário, baseado no modelo social e econômico do *ayllu*, na coletividade, reciprocidade e solidariedade. [...] Aqui não se discrimina nem se marginaliza, eliminamos o sectarismo da esquerda tradicional".[20] Para diversos intelectuais que acompanharam o processo refundador boliviano, a ideia central no conceito é de que a organização comunal, ainda existente no espaço rural boliviano, não constitui um atraso na transição ao socialismo, e sim uma vantagem. Identitariamente, serve ainda como modo de diferenciação em relação à "esquerda tradicional".

Além de autores como Mariátegui, Fausto Reinaga e René Zavaleta, a referência sempre citada pelos formuladores do socialismo comunitário (García Linera, Jorge Viaña, Silvia de Alarcón, entre outros) é o próprio Karl Marx. No entanto, a atenção se volta para textos que fogem da habitual visão de história teleológica expressa em geral nas obras marxianas, nas quais a história teria direção e sentido predeterminados (Bartra, 2015). Mais especificamente, remete-se aos *Grundrisse* (manuscritos de 1857-1858 que serviram de esboço à obra *Para a crítica da economia política*, de 1859) e sobretudo a seu esboço de resposta à carta de Vera Zasulitch (de 1881) (Viaña, 2011). Nesses textos, pouco conhecidos e recuperados tempos depois (como vimos nos capítulos 1 e 3), Marx defende que a comuna russa (*obschina*) poderia servir de base para a socialização da produção naquele país, não havendo a necessidade de sua passagem por todas as etapas do

20 "Entrevista Evo", *El Deber*, 8 jul. 2002.

desenvolvimento capitalista — na medida em que tal sistema já estava consolidado internacionalmente e a Rússia já estava articulada a ele. Em suma, a comuna poderia passar de uma forma de organização produtiva "arcaica" diretamente a uma forma "superior". Note-se que, se essa formulação parece superar a visão teleológica de história do autor, ainda não rompia com seu evolucionismo eurocêntrico, pois que apontava ainda para formas "inferiores" e "superiores" de organização social. É relevante mencionar que os fragmentos das obras de Marx que sugerem uma visão alternativa de desenvolvimento histórico foram traduzidos ao espanhol e editados em livro (junto com textos de Zasulitch, Engels e trabalhos de diversos comentaristas) pela própria vice-presidência da Bolívia, sob o título *Karl Marx: escritos sobre la comunidad ancestral* (Alarcón & Prieto, 2015).

A influência desses manuscritos (e de Mariátegui, Reinaga e Zavaleta) pode ser notada de maneira geral nas proposições do Grupo Comuna. Esse coletivo de intelectuais críticos, como García Linera, Raúl Prada e Luis Tapia, teve relevância no período de crise orgânica vivenciada na Bolívia nos primeiros anos da década de 2000, e se vinculou com maior ou menor intensidade à alternativa constituída em torno de Morales. A posição progressivamente crítica de alguns desses intelectuais em relação ao processo refundador, combinada à sua defesa irrestrita por parte de outros que integravam o governo, terminou por desarticular o grupo.[21] Note-se que, para esses autores, não se trata de defender um retorno à comunidade tradicional (organização "limitada"), mas de seu papel central no desenvolvimento de novas sociabilidades comunitárias "superiores", a partir das comunidades historicamente existentes. Assim, "o socialismo

21 Uma análise detalhada da trajetória e das principais formulações do grupo pode ser encontrada em Santaella Gonçalves (2016). Um estudo aprofundado das diversas etapas do pensamento de García Linera está em Torres López (2018).

comunitário é a forma que assume a luta contra o capital tendo como horizonte e como meio de realização as formas comunitárias" (Alarcón, 2011, p. 443).

García Linera talvez seja a mais relevante referência dessa formulação, associando-a mais claramente, nos últimos anos, ao conceito de *suma qamaña* ao propor o "socialismo comunitário do Viver Bem". A citação a seguir é longa, mas ilustra bem sua visão sobre o tema:

> Como na Bolívia fazemos essa revolução desde os Andes, a Amazônia, os vales, as planícies e o Chaco, que são regiões marcadas pela história das antigas civilizações comunitárias locais, então nosso socialismo é comunitário por seu porvir, mas também o é por sua raiz e por seus ancestrais. Já que viemos do comunitário ancestral dos povos indígenas e porque o comunitário está latente no interior das grandes conquistas da ciência e da economia moderna, o futuro necessariamente será um tipo de socialismo comunitário nacional, continental e, em longo prazo, planetário. Mas também o socialismo do novo milênio, que se alimenta de nossa raiz ancestral, incorporará os conhecimentos e as práticas indígenas de diálogo e convivialidade com a Mãe Terra. O resgate do intercâmbio metabólico vivificante entre o ser humano e a natureza, praticado pelas primeiras nações do mundo, pelos povos indígenas, é a filosofia do Viver Bem. E está claro que não somente é a maneira de enraizar o futuro em raízes próprias mas é, ademais, a única solução real para a catástrofe ambiental que ameaça a vida inteira do planeta. Por isso, o socialismo do novo milênio só pode ser democrático, comunitário e do "Viver Bem". Esse é o horizonte de época da sociedade mundial. A única esperança real para uma regeneração. (García Linera, 2015, p. 73)[22]

22 Deve-se mencionar que a vice-presidência da Bolívia editou entre 2012 e 2019 a revista *La Migraña* [A enxaqueca], que foi uma das principais

Por sua vez, o "socialismo do Bem Viver" ou "do *sumak kawsay*", recorrente nos discursos de Correa, em documentos do PAIS e nos trabalhos de René Ramírez (então um importante quadro do governo equatoriano), reveste-se de conteúdos de fundo ético-moral, do humanismo, do cristianismo, do ecologismo, do republicanismo. Nele, a base comunitária (mais frágil no Equador, diga-se de passagem) expressa no *ayllu* não assume centralidade. Mas a referência às tradições originárias está presente, para a construção de um socialismo original e adequado ao século XXI, de um "socialismo à equatoriana", *nuestroamericano*. Defende a

> consecução do bem-estar comum e da felicidade de cada um, que não se obtém mediante a acumulação de grandes riquezas, nem mediante uma capacidade de consumo excessivo, mas através da maximização dos talentos e capacidades pessoais e coletivas, [...] do desfrute da presença e do acompanhamento dos seres queridos, da existência em harmonia com a natureza. (Patria Altiva i Soberana, 2010a, p. 12)

Propõe, em linhas gerais, um "mundo mais justo, igualitário e sustentável que, pelo menos, reduza e, posteriormente, reverta, as dinâmicas de estruturação do capitalismo histórico". Defende a supremacia do homem e "do trabalho humano sobre o capital e em harmonia com a natureza", sendo esse trabalho a finalidade da produção (Patria Altiva i Soberana, 2010b, p. 38).[23]

Desse modo, mesmo integrando um universo semântico comum, há algumas diferenças conceituais nas formulações

---

divulgadoras do conceito de *sumak kawsay/suma qamaña* em diversas de suas formas – não apenas em sua aproximação com o socialismo.

23 Uma apresentação mais detida do que seria o "socialismo do Bem Viver" pode ser encontrada em República do Equador (2013, esp. p. 21-9).

da Bolívia e do Equador. Schavelzon observou que as origens intelectuais e sociais também diferem:

> É notável que, aos antropólogos, filósofos e intelectuais indígenas que participaram do debate [...] na Bolívia, se somam também os economistas no contexto equatoriano. O dado pode ter relação com os caminhos do conceito nos dois países. Se as menções estatais ao Viver Bem na Bolívia remetem com frequência à comunidade, no Equador o debate estatal parte da discussão ambiental e das políticas públicas, com presença ecologista e da economia solidária. As distintas características da Chancelaria na Bolívia e da Secretaría Nacional de Planificación y Desarrollo no Equador, que protagonizam o debate, são certamente um dos fatores que se somam a uma hostilidade e distância maior e mais antiga entre o movimento indígena e o governo do Equador. (Schavelzon, 2015, p. 194)

Esse trecho pode ajudar a explicar a abordagem mais ecologista e holística do *Vivir Bien* observada no governo boliviano, ao passo que, no governo equatoriano, a noção de *Buen Vivir* se confundiu mais a ideias associadas a "desenvolvimento", "progresso" e "bem-estar". Ademais, observa-se, da parte de Morales e seu entorno, uma recorrência mais decidida ao conceito, em comparação com Correa. De todo modo, pode-se notar que houve, em ambos os países, uma progressiva aderência daquela noção a políticas públicas e a estratégias de desenvolvimento e de industrialização — o que justificou as críticas de diversos intelectuais que fomentam o conceito na sociedade civil. Essa apropriação da noção talvez ajude a explicar sua crescente articulação "oficial" com a ideia de socialismo, sua associação à ideia ocidental de "bem-estar" e sua maior incidência nas versões em espanhol *Vivir Bien* e *Buen Vivir*.

O COMUNALISMO REVISITADO

Procurei enfatizar, ao longo deste capítulo, a expansão e os diversos usos de *sumak kawsay*/*suma qamaña*, deixando implícito que não se trata mais de um conceito "indígena". Talvez nunca tenha sido propriamente indígena. As sociabilidades e epistemologias que o inspiram são autóctones, mas não necessariamente o conceito, pois, como se viu, ele foi elaborado em tempos recentes, pelo encontro de movimentos e intelectuais indígenas com intelectuais, ONG e órgãos de cooperação "ocidentais". Mesmo essa dualidade indígena/ocidental deveria ser em certa medida contestada. Os próprios movimentos e intelectuais indígenas já estavam evidentemente atravessados por hibridismos, o que pode ser exemplificado pelos usos de noções como "esquerda" e "sindicato", ou pela ideia da *doble mirada* (classe e etnia). A partir daí, há diferentes usos, e procurei explicitar esse ponto com base nos tipos ideais propostos.

Para concluir este capítulo, vou defender que o *sumak kawsay*/*suma qamaña* pode ser entendido como a expressão andina contemporânea de um fenômeno social mais amplo. Farah e Vasapollo observam que,

> em diferentes zonas do planeta com ou sem essa densidade [de organização social, comunitária e processos de empoderamento social das comunidades agrárias], observou-se a emergência de noções similares. Noções como "Viver Bem", "Bem Viver" e "felicidade pública" surgiram no trânsito de sociedades predominantemente agrárias às modernas, para o amparo do humanismo social e de paradigmas fundados na crítica social aos problemas emergentes com o capitalismo. Nesse sentido, não é estranho que hoje (res)surjam em diferentes lugares do planeta, e sobretudo onde persistem essas estruturas de maneira importante. (Farah & Vasapollo, 2011, p. 18)

O conceito aqui estudado está sendo apresentado neste livro em associação a diversos outros, surgidos nas últimas décadas em meio a processos de expansão acelerada da modernidade na periferia global. São justamente essas modernidades periféricas de capitalismo dependente que geram os hibridismos, heterogeneidades e *abigarramientos* (ver nota 11, neste capítulo) que permitem propor alternativas societais baseadas em permanências comunais de um passado mais ou menos idealizado. Essas formulações implicam elementos de "invenção de tradições", mas exigem que esses processos de "invenção" encontrem bases materiais para seu "sucesso".

Essas referidas permanências comunais evidentemente integram o presente de suas sociedades, em toda a sua complexidade. As visões dualistas das sociedades ditas em processo de "modernização" ou de "desenvolvimento" — tão comuns nas teorias da modernização do século XX e que pressupunham a crença em um progressivo desaparecimento do "arcaico", dando lugar ao "moderno", ou o bloqueio do "moderno" pela permanência do "arcaico" — já foram devidamente criticadas e superadas por todas as reflexões de dependentistas, de *subaltern studies* [estudos subalternos], de "pós" e "decoloniais" etc. Se aquelas permanências integram o presente, adaptaram-se em certo sentido à modernidade, ainda que a entendamos como múltipla e heterogênea.[24] Nesse processo de adaptação, constituíram-se em elementos modernos, ainda que guardem relações com heranças pré-modernas e que possam eventualmente servir de base a projetos alternativos à modernidade. Constituem-se, assim, como um "outro", como um discurso alternativo, porém desde o interior da própria modernidade, no sentido sugerido por Delgado:

24 No limite, trata-se de compreender a modernidade e seus tempos como algo não monolítico. E de reconhecer a existência, sobretudo na periferia global, de "tempos heterogêneos" (Chatterjee, 2008).

> A constatação de que a lógica moderna é excludente, marginalizando a diferença, não significa afirmar que o "outro" é excluído da modernidade. Ele se constitui na própria modernidade, assim como esta se constrói a partir da interação entre o "eu" e o "outro". Pressupor o contrário seria entender a própria América Latina como externa à modernidade e corroborar a narrativa dominante. Nesse sentido, o indígena é "produzido" em meio às relações com o colonizador, sendo excluído não *da* modernidade, mas *na* modernidade, relação que vai se tornando mais complexa historicamente em meio a uma dinâmica social de interação, exclusão e tensão. (Delgado, 2016, p. 169)

Ao tratar das memórias que são retomadas nas lutas sociais bolivianas contemporâneas, Iamamoto sugere que elementos do passado são estruturantes do presente, ao mesmo tempo que a agência dos atores atua na seleção e construção de memórias. Para a autora, não há contradição entre esses dois movimentos, que denomina respectivamente de "constitutivo" e "instrumental": tais memórias "são instrumentais porque se tornam ferramentas na luta política, mas só podem ser poderosas porque se relacionam com aspectos íntimos e constitutivos dos próprios atores" (Iamamoto, 2015, p. 51). Nesse sentido, não são quaisquer memórias que podem ser instrumentalizadas. Elas parecem possuir

> a capacidade de expressar desequilíbrios de poder contemporâneos; o enraizamento no espaço cotidiano dos atores (ou seja, a facilidade com que se pode imaginar os eventos do passado no espaço vivido); e a existência de metáforas corporais, que expressam a perda e a necessidade de tornar-se novamente inteiro para construir projetos futuros. (Iamamoto, 2015, p. 51)

Aqui remeto mais uma vez ao "romantismo" na formulação de Löwy e Sayre (2015). Em particular, a ideia de um "romantismo revolucionário" importa em grande medida para a compreensão de uma proposta como o *sumak kawsay/suma qamaña*. Se essas intelectualidades críticas, nos seus processos de invenção e adaptação de conceitos, apelam a um passado (mais ou menos mitificado), trata-se da apropriação de elementos de um passado que é parte efetiva de um presente. Nos termos de Koselleck (2006), um "passado atual" — do contrário, não faria sentido realizar tal apropriação —, de modo a reforçar um projeto de futuro. Sugiro que a ênfase dessas reflexões em torno do *sumak kawsay/suma qamaña* continua sendo no futuro, na construção de uma nova sociedade, mas com base em uma epistemologia diversa, crítica à modernidade.

Para ilustrar esse ponto, concluo com algumas reflexões de Alejandra Ruiz Tarrés (2018) em torno da obra de Silvia Rivera Cusicanqui. Ela observa a importância do aforismo maia "*Qhip nayr uñtasis sarnaqapxañani*" na compreensão do pensamento de Cusicanqui. O aforismo pode ser traduzido pela ideia "olhando atrás e à frente (ao futuro-passado), podemos caminhar no presente-futuro"; ou alternativamente como "o aqui-agora da história, o espaço-tempo no qual a sociedade 'caminha' por sua trilha, carregando o futuro em suas costas (*qhipha*) e olhando o passado com os olhos (*nayra*)". Trata-se de uma ideia que remete a temporalidades distintas do "futurismo" e do "presentismo" (ver capítulo 1). Desse modo, pode-se pensar numa mudança que comece por "ativar a memória do passado comum para criar futuro. Nesse entremeado epistêmico, pode-se dar conta da existência de um mundo 'presente' onde a incerteza e a contingência são elementos característicos do habitar humano". Com isso, "o futuro é carregado nas costas enquanto os olhos veem o passado à frente, e se vive na incerteza de um devir que pode ser catastrófico ou catalisador do Bem Viver" (Ruiz Tarrés, 2018, p. 15).

6

A FELICIDADE NACIONAL BRUTA E SEU INSUSPEITO POTENCIAL TRANSFORMADOR

Qualquer um, mesmo me sendo hostil, é um ser vivo como eu, que teme sofrer e aspira à felicidade. Ele tem todo o direito de ser poupado do sofrimento e de alcançar a felicidade. Esse pensamento nos faz sentir profunda preocupação com a felicidade dos outros, sejam amigos ou inimigos. É a base da verdadeira compaixão.

– Tenzin Gyatso, o Dalai Lama, em Matthieu Ricard, "The Dalai Lama: Happiness from Within" [O Dalai Lama: felicidade vinda de dentro] (2011)

Abdicamos da excelência pessoal e dos valores comunitários pelo mero acúmulo de bens materiais. Nosso produto nacional bruto [...] mede fechaduras especiais para nossas portas e prisões para as pessoas que as quebram. Mede a destruição da sequoia e a perda de nossas maravilhas naturais em uma expansão caótica. Mede napalm, ogivas nucleares e carros blindados para a polícia combater os distúrbios em nossas cidades. Mede [...] os programas de televisão que glorificam a violência para vender brinquedos a nossos filhos. No entanto, o produto nacional bruto limita a saúde dos nossos filhos, a qualidade de sua educação e sua alegria de brincar. Exclui a beleza de nossa poesia e a força de nossos casamentos, a inteligência de nosso debate público e a integridade de nossos funcionários. Ele não mede nossa inteligência, coragem, sabedoria, aprendizado, compaixão e devoção ao nosso país. Em resumo, mede tudo, exceto o que faz a vida valer a pena.

– Robert Kennedy, "Remarks at the University of Kansas" [Comentários na Universidade do Kansas] (1968)

A felicidade nacional bruta é mais importante que o produto nacional bruto.

– Atribuída ao rei Jigme Singye Wangchuck, em algum momento dos anos 1970 ou 1980

Eu só quero é ser feliz
Andar tranquilamente na favela onde eu nasci
E poder me orgulhar
E ter a consciência que o pobre tem seu lugar
– Cidinho e Doca, "Rap da Felicidade" (1995)

A felicidade é uma arma quente
[...]
Quando te envolvo em meus braços
E sinto meu dedo no seu gatilho
Eu sei que ninguém pode me fazer mal
Porque
[...]
A felicidade é uma arma quente, sim, ela é
– John Lennon,"Happiness Is a Warm Gun" (1968)

As avaliações da experiência butanesa com a felicidade costumam ser alheias às violações flagrantes dos direitos humanos perpetradas pelo Estado butanês. De fato, essa cegueira serve – consciente ou inconscientemente – ao propósito de identificar um "paraíso na terra", um símbolo de alteridade oriental e uma via para superar as falências sociais, espirituais e ambientais da cultura ocidental moderna.
– Lorenzo Pellegrini e Luca Tasciotti, "Bhutan: Between Happiness and Horror" [Butão: entre a felicidade e o horror] (2014)

"EU SÓ QUERO É SER FELIZ"

Muito do que vimos até aqui neste livro se relaciona com a busca por uma felicidade perdida ou vindoura. A aspiração à igualdade, por meio da (re)estruturação de relações comunais nos mais diferentes níveis, está associada a ela. Além de sua associação a algum idílio comunal, trata-se efetivamente de uma noção constituída de múltiplos sentidos históricos, filosóficos, sociológicos, religiosos. Ela pode se relacionar com estratégias individuais e coletivas; ter motivações materiais e espirituais; ser entendida como um acúmulo de prazeres fugazes ou como estados permanentes. Evidentemente, não é minha pretensão sequer entrar no debate sobre o que viria a ser a felicidade.[1] O que pretendo é analisar a origem e os usos de mais um conceito com impacto global desenvolvido na periferia. Trata-se

1 É evidente que a felicidade assume múltiplos sentidos subjetivos e sociais, que se transformam ao longo da história e em cada cultura. Uma vez que é apropriada politicamente, passa a ser, ainda com mais clareza, um significante em disputa. Se definir "felicidade" é um objeto de profunda controvérsia, medi-la será sempre uma meta inconclusa, pois inevitavelmente partirá de um olhar enviesado, limitado. O que me parece interessante na felicidade nacional bruta (bem como no índice correlato) é que ela parte de concepções de felicidade potencialmente disruptivas em relação a elementos centrais do capitalismo e da própria modernidade. Além da produção e do consumo, ela procura agregar

da felicidade nacional bruta, ou *gross national happiness*, que tratarei daqui em diante pelo acrônimo do termo em inglês pelo qual ela é conhecida: GNH.

A felicidade é um tema que por séculos esteve presente na reflexão filosófica e política. Foi um debate central para os principais filósofos gregos: para Platão, estava associada a uma vida de virtude e justiça; Aristóteles reconhecia a necessidade de ter saúde, liberdade e condições socioeconômicas para atingir a felicidade, bem como o papel da pólis na garantia dessas precondições. A felicidade teve papel igualmente importante no advento da modernidade, constando mesmo como um dos "direitos humanos" na Declaração de Independência dos Estados Unidos: "Consideramos essas Verdades como evidentes por si mesmas, que todos os Homens são criados iguais, que são dotados pelo seu Criador de certos Direitos inalienáveis, entre os quais a Vida, a Liberdade e a Busca pela Felicidade" (Estados Unidos da América, 1776). Por sua vez, Jeremy Bentham definiu "utilidade" (a base de sua teoria) como "aquela propriedade em qualquer objeto pela qual ele tende a produzir benefício, vantagem, prazer, bem ou felicidade" para um indivíduo ou comunidade. A "utilidade total dos indivíduos" ou da comunidade deveria ser maximizada, visando "a maior felicidade para o maior número de indivíduos" (Bentham, 1907, p. 2).

Referências como essas estão presentes em algum nível na GNH. Sua principal base de sustentação (como será visto), porém, está nos debates budistas sobre o tema, que informaram a busca por uma via própria de desenvolvimento empreendida pelo Estado do Butão nas últimas décadas:

---

elementos ambientais, sociais, espirituais, psicológicos. Se associarmos felicidade apenas a questões materiais (o que ocorre mesmo no caso de conceitos mais heterodoxos como o índice de desenvolvimento humano, que considera outros elementos além da produção e do consumo), podemos chegar a resultados limitados.

> No Butão, "felicidade" se escreve *gyalyong gakid pelzom*, que se traduz mais precisamente como "felicidade e paz para todas as nações para a realização de todas as coisas boas e virtuosas". Isso transcende uma ideia mais "ocidental" de felicidade material, ou o valor constitucional americano-jeffersoniano de "vida, liberdade e busca pela felicidade". (Schuelka & Maxwell, 2016, p. 7)

Trata-se então de um conceito originalmente autóctone, periférico, do Sul global, mas construído em crescente diálogo com acadêmicos, políticos e gestores do Norte global. Nesse sentido, em princípio predominava nele um uso voltado à construção da identidade nacional e do Estado butanês, chegando a se constituir, no limite, enquanto uma ideologia "oficial" de Estado — o que veio se complexificando a partir de sua expansão global e dos próprios desenvolvimentos recentes no Butão. É um conceito autóctone e romântico, em sua origem. Está inserido naquela lógica das ideias que são objeto deste livro: a crítica à modernidade capitalista, ao desenvolvimento, ao individualismo, ao consumismo, inspirada por modelos de sociedades comunais e "organicistas" em vias de dissolução.

Temos visto, ao longo destas páginas, versões mais "à esquerda" de romantismo, que se associam a um romantismo "reformador" ou à construção de novas sociedades calcadas na reelaboração de elementos do passado (um romantismo "revolucionário e/ou utópico"). Ocorre que, em seu princípio, a GNH evidentemente não tinha uma origem de "esquerda" em terminologia política ocidental. A GNH não propunha como projeto de futuro uma sociedade igualitária alternativa ao capitalismo — apesar de desde sempre ter sido um conceito crítico a modos de vida capitalistas. De início, ela procurava preservar características e valores (inclusive a própria existência independente do país) ainda presentes na sociedade butanesa, durante o que poderia se definir (utilizando terminologias ocidentais) como um projeto de "desenvolvimento pelo alto" controlado por um "despotismo esclarecido". Seus usos, contudo, foram ganhando outras formas com a complexificação e a democratização da sociedade butanesa, e sua expansão global praticamente converteu a GNH numa nova "espécie" — ou em várias. Entre essas novas versões, vê-se a transformação do conceito, nos últimos anos, em um dos elementos da crítica global ao desenvolvimento capitalista e à modernidade, e em uma das fontes para pensar alternativas anticapitalistas no século XXI.

Remetendo à tipologia de romantismos elaborada por Löwy e Sayre (2015), pode-se sugerir que a GNH teve suas origens num romantismo "conservador", do tipo que defenderia a preservação de "sociedades que, na realidade, já estão na via do desenvolvimento capitalista, mas essas sociedades são apreciadas precisamente pelo que *conservam* das formas antigas, anteriores à modernidade" (Löwy & Sayre, 2015, p. 91). Nos últimos anos, sugiro que esse romantismo foi adquirindo internamente características também do que seria um tipo mais progressista, chamado "reformador", procurando reinserir, na sociedade moderna em gestação, valores budistas, comunais, familiares, que estariam se perdendo com o processo de desenvolvimento e inserção internacional do país. Esse tipo de romantismo "está convencido de que os valores antigos podem retornar; porém, as medidas que preconiza para conseguir restaurá-los limitam-se a reformas: reformas legais, evolução da consciência das classes dirigentes" (Löwy & Sayre, 2015, p. 100). Mais plurais têm sido os usos globais do conceito, informando propostas de reforma do capitalismo e de "desenvolvimento sustentável", mas também projetos alternativos e ecossocialistas.

Este capítulo se estrutura da seguinte forma: a primeira seção apresenta uma história sumária do conceito de GNH, desde as primeiras menções provocativas até suas elaborações posteriores. Destacamos o desenvolvimento butanês inicial do conceito, relacionando-o com as transformações sociais do país nas últimas décadas e seus projetos político-estatais dominantes. A segunda seção enfoca a expansão global da ideia. Sua divulgação foi inicialmente fomentada pelo próprio Estado butanês, e seus usos internacionais passaram a influenciar de forma considerável o desenvolvimento do conceito, inclusive no originário Butão (desde sempre em conexão com a produção internacional em torno do tema). Na seção final, retomo e sistematizo o debate em torno das modalidades de romantismo presentes em diversas versões da GNH, discutindo suas potencialidades de contribuição com o pensamento crítico.

A GNH E A CONSTRUÇÃO DO "CAMINHO DO MEIO"

Há uma crescente literatura em diversas áreas das humanidades interessada no Butão e em sua experiência com a GNH. Ao revisar esse corpo de textos, logo se constata que a maioria adota um tom "laudatório" do conceito, da cultura butanesa (simplificadamente associada ao budismo) e de sua monarquia. Entre os variados consensos nessa literatura, destacam-se: a invenção do conceito pelo rei Jigme Singye Wangchuck; a benevolência da família real em desenvolver políticas visando a felicidade de seus súditos, incluindo a recente "oferta" de democracia; o sucesso das políticas públicas baseadas na GNH; e a validade de sua implantação (com adaptações) em outras realidades. Por exemplo, Jigme Thinley, primeiro-ministro do Butão em diversos períodos entre os anos 1990 e 2010 (sendo o primeiro a ter sido eleito, de 2008 a 2013), afirmou que a GNH é "um presente atemporal" de Sua Majestade "ao povo do Butão e à sociedade humana", "fruto de sua dedicação em entender, articular e realizar o desejo mais profundo de seus súditos" (Thinley & Hartz-Karp, 2009, p. 3). Nota-se que tal literatura é majoritariamente produzida por dois tipos ideais: ou por quadros "oficiais" associados de forma mais ou menos autônoma ao Estado butanês, ou por acadêmicos e militantes do Norte e do Sul global encantados com a ideia de que a busca pela felicidade possa motivar a ação política, em especial se isso envolver um obscuro reino oriental. Desnecessário afirmar que não sou alheio a esse encantamento.

Por outro lado, há uma pequena produção que poderíamos nomear "oposicionista" ou "crítica", geralmente associada à minoria de fala nepalesa e de religião hinduísta (os Lhotshampa) que vem sendo excluída das políticas oficiais e da própria identidade butanesa desde os anos 1980,[2] e também a alguns acadêmicos internacionais críticos, incomodados com o deslumbramento que seus pares demonstram pelo Butão. Um bom exemplo está em Pellegrini e Tasciotti:

> Esses recorrentes elogios a uma monarquia e a um país, [...] baseados em "alteridade" e superioridade (implícita) em relação ao resto do mundo, estão essencializando a realeza butanesa e o país como um todo. Questionamos fundamentalmente se os monarcas butaneses são a personificação do "ditador benevolente", e se o Butão é de fato o último Shangri-La vivendo segundo princípios budistas, superando, assim, formas seculares de luta social. Como consequência, também desafiamos a literatura que não suspeita da caracterização orientalista do Butão, o que parece exigir uma contextualização histórica e política do projeto de felicidade. (Pellegrini & Tasciotti, 2014, p. 3)

Em meio a essa disputa, na qual todos têm razões e argumentos dignos de respeito, não há muitos trabalhos que procu-

2 Um exemplo dessa produção oposicionista desde o exílio pode ser encontrado em Mishra (2008).

ram se equilibrar em posições intermediárias. É nesse lugar que tenho a pretensão de me inserir. Além de qualquer interesse de pesquisa objetivo, assumo por honestidade intelectual uma simpatia genuína pelos valores que permeiam a construção da GNH — bem como por todos os conceitos analisados ao longo deste livro. Não é possível, entretanto, me furtar a criticar a política butanesa concreta e a investigar os interesses que perpassam a adoção oficial da GNH. Para isso, acompanhar a história do conceito e as razões da recente invenção dessa tradição é um bom caminho.

Quase toda a bibliografia sobre a GNH aponta o quarto rei do Butão, Jigme Singye Wangchuck (que governou de 1972 a 2006), como o criador do conceito. Ao menos quatro versões de como isso teria acontecido aparecem repetidas vezes na literatura sobre o tema (Munro, 2016). São elas: (1) o monarca teria inventado o conceito quando ascendeu ao trono ou, mais precisamente, em seu discurso de coroação, em 1974; (2) questionado por jornalistas indianos sobre a pobreza de seu país, ao retornar do Encontro dos Países Não Alinhados de 1979 (ocorrido em Havana) pelo aeroporto de Bombaim, o rei teria proferido a famosa frase: "A felicidade nacional bruta é mais importante que o produto nacional bruto"; (3) o conceito teria sido formulado numa entrevista do monarca ao jornal britânico *Financial Times*, em 1987; (4) o rei teria desenvolvido a noção de GNH ao longo de viagens pelo interior do país nos primeiros anos de seu reinado.

Para elaborar seu excelente trabalho sobre a história do conceito, Lauchlan Munro (2016) levantou milhares de artigos de jornais, artigos acadêmicos, documentos de agências internacionais e do Estado butanês desde os anos 1960. Não encontrou qualquer menção a ele nos anos 1960 e 1970, e apenas doze ocorrências do termo entre 1980 e 1995 (nas quais GNH era apenas uma referência secundária). Entre outros achados, Munro localizou as primeiras menções a felicidade nacional bruta em dois artigos de Michael Kaufman no *New York Times* em 1980, a partir de alusões ao termo feitas pelo monarca ao autor; a primeira aparição como tema central num artigo baseado na entrevista de Jigme Singye Wangchuck a John Elliott, publicada no *Financial Times* em 1987; o primeiro artigo acadêmico a mencioná-la, ainda que lateralmente, em 1989, de autoria de Stephen Perry; e, por fim, o primeiro documento de Estado referindo-se à GNH, o Orçamento Nacional butanês de 1996-1997.

A intenção de Munro em seu trabalho não é exatamente negar que o conceito tenha sido inventado por Jigme Singye Wangchuck, mas defender que as primeiras menções ao termo nos anos 1970, se é que existiram, foram feitas como provocações. Se a expressão chegou a ser utilizada naquele período (ainda não em forma escrita, como se vê), teria sido como um jogo de palavras do monarca para criticar a "obsessão" ocidental com o produto interno bruto. Mas foi apenas nos anos 1980 que puderam de fato ser mapeados seus (raros) primeiros registros, ainda como um bom trocadilho à espera de maior substância.

Considero Munro excessivamente rigoroso com aquelas quatro versões da origem do termo mencionadas acima: para ele, se não há registro escrito delas, é porque não aconteceram. Para mim, não importa tanto se ocorreram ou não, mas sim as razões pelas quais essas versões passaram a ser contadas. Porém, mesmo atendo-se a "fatos", pode-se considerar que o rei deve ter cunhado a expressão em algum ponto dos anos 1970 (ainda que não tenha constado em seu discurso de entronização, em 1974, nem em uma entrevista para qualquer diário indiano ao retornar de Havana, em 1979), pois, como se viu, ela já existia em 1980. A versão das viagens pelo interior do país nos anos 1970 ofereceria um bom contexto para o surgimento da ideia, pois dividiria sua invenção entre monarca e povo. Ou melhor, posicionaria o conceito como algo presente no *éthos* popular butanês, conectando-o com a "essência" nacional — e, além disso, apresentaria o monarca como "tradutor" e "catalisador" daquela essência.[3] Por fim, pode-se sugerir que, embora a GNH não tenha sido inventada no contexto daquela entrevista do monarca ao *Financial Times* em 1987 (dado que isso comprovadamente ocorreu antes), ela começou de fato a ganhar algum destaque internacional a partir dali, quando o número de menções escritas passou a aumentar.

Desse modo, sugiro que nenhuma das quatro versões é de todo "falsa". O termo "felicidade nacional bruta" foi cunhado em torno da época para a qual elas apontam, e sempre apareceu associado ao monarca. O que é "falso", pode-se dizer, é pretender que ele tenha embasado o projeto de desenvolvimento estatal e nacional butanês desde o princípio. Foi apenas na segunda metade dos anos 1990 que a GNH emergiu como um conceito mais elaborado, ganhando cada vez mais centralidade (e sentidos sofisticados) nas políticas de Estado do Butão. Se no Orçamento Nacional de 1996-1997 foi mencionada lateralmente, teve destaque pela primeira vez no Oitavo Plano Quinquenal (1997-2002). Curiosamente, estava então associada ao conceito de "desenvolvimento humano" de Amartya Sen, que começava a ganhar evidência global naquele momento:

3 Jigme Thinley é o principal divulgador dessa versão que, se não for a "verdadeira", é ao menos a mais rica em simbolismos. O ex-primeiro-ministro reafirmou recentemente que o monarca "começou consultando seu povo, cruzando a pé ou a cavalo seu reino montanhoso e pobre em infraestrutura. Ele descobriu que, ainda que seu povo quisesse ser tirado daquela miséria advinda de suas necessidades materiais, eles não eram inteiramente pobres. Tinham orgulho de sua riqueza espiritual, vitalidade cultural e forte integração social. Isso era gerado por uma sensação de segurança na relação simbiótica com o abundante meio natural. Ele [o rei] foi tomado pelo senso de satisfação daquele povo, mesmo em extrema pobreza, e por seu singular anseio por felicidade" (Thinley & Hartz-Karp, 2019, p. 3). Thinley é um dos principais elaboradores e divulgadores da GNH. Como ministro das Relações Exteriores, foi o primeiro a apresentar internacionalmente o conceito, no discurso intitulado "Valores e desenvolvimento: felicidade nacional bruta", proferido no Encontro do Milênio para a Ásia e o Pacífico (Seul, 1998).

> O crescimento econômico, no entanto, não é o objetivo do desenvolvimento; o desenvolvimento humano, sim. A expansão da renda e o aumento da produção de commodities são apenas meios que têm o potencial para melhorar as capacidades humanas. Eles são úteis apenas se puderem contribuir para a felicidade nacional bruta. (Amartya Sen *apud* Munro, 2016, p. 79)

Finalmente, o conceito se tornou a base para o desenvolvimento do país a partir de 1999, com a fundação do *think tank* semioficial Centre for Bhutan Studies [Centro de estudos do Butão] (CBS) e com o documento elaborado pela comissão de planejamento butanesa intitulado *Bhutan 2020: A Vision for Peace, Prosperity and Happiness* [Butão 2020: uma visão para a paz, prosperidade e felicidade]. Desde então, ele tem estado em praticamente todos os seus documentos oficiais, informando suas políticas públicas. Isso

> parece ser movido por uma estratégia consciente de promoção da GNH como um paradigma de desenvolvimento alternativo [...]. E essa promoção acelerada da GNH é acompanhada por reivindicações frequentes e sem fundamento de que a política da GNH se originou em décadas passadas. Em suma, o que testemunhamos aqui é a invenção de uma tradição. (Munro, 2016, p. 82)

Enfim, trata-se de um conceito relativamente novo, que não pode ser entendido como sinônimo da política de abertura controlada ao mundo e da busca por um "Caminho do Meio" (*Middle Path*), estratégia que o país começou a empreender em 1961 (e que veremos a seguir). Ele seria mais precisamente seu desdobramento, um conceito que vem sendo elaborado nas últimas décadas para justificar *a posteriori* todo aquele processo, e para defender a necessidade de preservar um lugar no mundo para o Butão por meio de sua contribuição imaterial.

Com tudo isso, a filosofia da GNH vem sendo elaborada nas últimas duas décadas por acadêmicos locais e ocidentais. E vem assumindo sentidos mais "abertos e democráticos" do que nos anos 1970, quando Jigme Singye Wangchuck supostamente cunhou sua famosa expressão (Correa, 2017). Como vimos, o conceito foi elaborado mais tarde, depois da criação daquele termo, que de todo modo é o elemento-chave de sua constituição. Até porque a oposição felicidade nacional bruta *versus* produto nacional bruto segue como seu núcleo constitutivo até hoje. Mais do que simplesmente um índice ou um parâmetro para elaboração de políticas públicas, a GNH vem se tornando uma crítica a toda uma concepção hegemônica de desenvolvimento (e de mundo).

Hoje, o produto "nacional" bruto (PNB) — ou *gross national product* (GNP) — é um índice de menor relevância global que o produto "interno" bruto (PIB) — ou *gross domestic product* (GDP).[4] É efetivamente em oposição a este último que a felicidade nacional bruta vem se constituindo desde os anos 1990, como se pode constatar na literatura sobre o tema. De todo modo, preservou-se o "nacional", que provavelmente estava contido no jogo de palavras original: é felicidade "nacional" bruta que se propõe, não felicidade "interna" bruta. Deve-se considerar que, nos anos 1970, quando a expressão teria sido formulada, o produto nacional bruto era um índice relevante e aliás utilizado pelos Esta-

4 O produto nacional bruto é a soma, num dado período, das despesas de consumo pessoal, investimento privado local, gastos do governo, exportações líquidas e receitas de investimentos no exterior dos residentes de um dado país, subtraída a receita obtida na economia doméstica por residentes e por empresas estrangeiras. Seria o produto dos "nacionais", dentro e fora do país. O produto interno bruto, por sua vez, é o valor de todos os bens e serviços produzidos em dado país, num período específico, não importando a nacionalidade de seus proprietários. Evidentemente, países centrais tendem a ter um produto nacional bruto maior que o produto interno bruto, e o inverso ocorre com os países periféricos. O produto nacional bruto permite medir o caráter nacional de dada economia e sua capacidade de incidência internacional, e tem se tornado secundário num capitalismo cada vez mais mundializado.

dos Unidos. Ademais, o termo "nacional" preservado até hoje deve reforçar o caráter próprio, autóctone do conceito.[5] A respeito dessa etimologia, vale acrescentar que a maior parte da literatura em português sobre o tema traduz GNH por felicidade interna bruta (FIB), enfatizando a oposição com o produto interno bruto (PIB) — entre outros, Sales *et al.* (2013), Ito *et al.* (2014) e Del Bianco *et al.* (2016). Nesse caso, porém, trata-se simplesmente de má tradução — daí minha opção por utilizar a alternativa em português "felicidade nacional bruta", e no mais das vezes recorrer à sigla inglesa (GNH) pela qual a ideia é conhecida no mundo todo.

O conceito de GNH recolheu nos últimos anos diversas contribuições da academia "ocidental" (sobre as quais tratarei na próxima seção), mas possui um núcleo original budista, mais especificamente oriundo do budismo vajrayana (entendido por muitos como uma das três principais tradições do budismo).[6]

5 Não se trata de medir a felicidade "nacional" nos termos em que se define o produto nacional bruto (ver nota anterior). Ademais, "felicidade bruta" é uma expressão que por si só não tem qualquer significado analítico. O termo foi cunhado para indicar aquilo a que ele se opõe, não para definir com precisão o que ele significa ou o que mede. Efetivamente, a frase do monarca opõe "felicidade" a "riqueza material" — essa é a real oposição por trás do jogo de palavras.

6 São elas: a mais "tradicional" theravada, a mahayana e a vajrayana. A tradição vajrayana (tibetana, tântrica, esotérica, entre outras denominações possíveis) é a de mais recente desenvolvimento e recolhe elementos das tradições anteriores. Por vezes, a vajrayana é entendida como parte da tradição mahayana, não como uma linhagem independente. Por isso, nos textos que tratam do Butão e em seus próprios documentos oficiais, ora se associa o país (e a GNH) ao budismo vajrayana, ora de um modo geral ao mahayana. Ambas as associações se justificam, sendo somente modos distintos de entender a história do budismo. Deve-se observar que a tradição theravada enfatiza a busca pessoal pela iluminação e não coloca em primeiro plano a figura do *bodhisattva* (o ser iluminado que persegue a iluminação de todos os seres em conjunto), daí a menor atenção dessa vertente à comunidade (*sangha*). Entende-se, assim, por que a tradição mahayana/vajrayana se prestaria mais a releituras "progressistas".

Indo ao cerne do conceito, é preciso assinalar que, no mais das vezes, em qualquer tradição do budismo a "felicidade" não remete a prazer ou a satisfação de demandas. Ao contrário, associa-se mais propriamente com ausência de apego a prazeres e a necessidades, ao estado de nirvana ou "iluminação", "despertar". Como afirma Thaddeus Metz (2014b, p. 220),

> "felicidade" para o Butão significa algo que não é monístico nem puramente subjetivo. A palavra não pretende nomear, digamos, experiências agradáveis, desejos realizados ou simplesmente atender a demandas. Em vez de se referir aos entendimentos anglo-americanos de utilidade, os butaneses utilizam "felicidade" para nomear uma concepção pluralista e amplamente objetiva do que é uma vida intrinsecamente desejável.

Nesse sentido, Karma Ura (diretor do CBS, que, como mencionado, é o principal *think tank* por trás do desenvolvimento do conceito) procura diferenciar entre a felicidade ("utilidade") a ser maximizada segundo os paradigmas econômicos dominantes e a felicidade que é base da GNH. Para o autor, essa é uma felicidade "digna", "responsável", "que valorizamos", "relacional e intersubjetiva", "inseparável das razões pelas quais é buscada", "resultante de uma mente reflexiva que se vê moralmente, e vai além do eu". Diferencia-se assim da felicidade da tradição utilitarista, que seria "individualista", "irresponsável", "egocêntrica", "hedonista", "subjetiva", "consumista"[7] (Ura, 2005, p. 604-5). Ura ressalta tanto a "interdependência de todas as coisas" ("das realidades sociais, econômicas e ambientais") como base do que chama de ciência social budista quanto a "compaixão e a gentileza adorável" nas relações como o meio para reduzir a infelici-

7 Desfazer-se, portanto, da proliferação de bens de consumo: não consumir pode ser considerado um "sinal de progresso".

dade (incompatíveis com o princípio de maximização racional da utilidade) (Ura, 2005, p. 606).

Elizabeth Allison enfatiza que

> o processo de desenvolvimento do Butão deveria emergir de seu próprio contexto cultural, incluindo suas antigas tradições do budismo vajrayana, mais do que ser imposto por especialistas estrangeiros. O desenvolvimento deveria sustentar a busca budista pela iluminação para o bem de todos os seres sencientes (*sentient beings*) — uma busca associada ao desenvolvimento de equanimidade duradoura, compaixão e inspiração espiritual nos níveis individual e coletivo. [...] No budismo vajrayana, a figura do *bodhisattva* (aquele que atinge a iluminação, mas permanece no plano terreno para ajudar outros seres sencientes em seus esforços na direção da iluminação) é reverenciada, indicando um imperativo cultural para a compaixão geral ilimitada. (Allison, 2012, p. 180)

Nas tradições budistas, todos os animais são seres sencientes (capazes de sentir), e um dos cinco preceitos budistas fundamentais consiste em não matar qualquer ser senciente.[8] Quanto aos seres vivos que não sentem e mesmo todas as coisas não viventes do mundo, eles de todo modo possuem "natureza búdica" ou "de Buda". Por tudo isso, deve-se desenvolver uma relação harmônica com a natureza, para além do debate sobre seres "sencientes" e "não sencientes". A busca pela "iluminação" é um processo complexo, que se dá através do carma (ações que deixam marcas) "positivo" ou "negativo", a depender se as atitudes estão ou não de acordo com os preceitos budistas. O conceito de carma é o que conecta, no budismo, a geração presente com as passadas

8 Os outros quatro são: não roubar, não mentir, não negociar entorpecentes e evitar "condutas sexuais impróprias". Uma boa introdução aos preceitos budistas pode ser encontrada em Nhat Hanh (2019). Uma discussão mais aprofundada da noção de comunidade (*sangha*) no budismo em chave "progressista" e contemporânea está em Nhat Hanh (2008).

e as futuras (uma vez que tudo tem "origem interdependente" e envolve causas e consequências), e a compaixão associa os seres humanos a tudo o que os cerca. Em suma, "felicidade" implica buscar "iluminação" e colaborar com a "iluminação de todos"; para isso deve-se procurar reduzir o "carma negativo", ou seja, viver o mais próximo possível dos preceitos. Isso significa em boa medida adotar atitude compassiva e harmônica com todos os seres humanos, com a comunidade em que se está inserido, com os sencientes de um modo geral e com os não sencientes, viventes ou não. Em outras palavras, deve-se assumir atitude compassiva e harmônica com tudo, pois tudo possui "natureza búdica" e, consequentemente, sacralidade (Tideman, 2011).

Essa interdependência (presente em primeiro plano na maioria das linhagens budistas) é mais do que uma relação entre "eus" predeterminados, pois para o budismo não há um "eu" permanente: tudo é impermanente. Ela deve ser entendida como um fluxo perpétuo. Assim, ela se afasta da formulação cartesiana *cogito ergo sum* ("penso, logo existo"), central na modernidade ocidental — e que é, para o budismo, precisamente a origem de todas as desilusões e sofrimentos (Schroeder & Schroeder, 2014). Desse modo, enfatiza-se

> a importância de promover não apenas a própria iluminação e libertação do sofrimento mas a de todos os seres sencientes. Isso fundamenta a GNH tanto em seu voluntarismo quanto no desenvolvimento holístico, para tornar primordial a busca pelo desenvolvimento do indivíduo e ao mesmo tempo incorporá-lo na comunidade, pois acredita-se que, como seres sociais, os indivíduos nunca podem ser felizes isolados. (Ferns, 2012, p. 35)

Ainda que por outros caminhos, é interessante observar como esse debate se aproxima das discussões sobre o *ubuntu* e o *sumak kawsay/suma qamaña* dos capítulos anteriores: harmonia com a comunidade, com os antepassados e os que ainda virão, com a natureza — todos holisticamente interconectados. Metz destaca:

> Há um foco [da GNH] na vitalidade da comunidade, em especial nas relações interpessoais positivas, como parte essencial de uma vida boa. [...] [Ao contrário de outros índices alternativos,] os butaneses explicitamente consideram o bem-estar como parcialmente indicado, e supostamente constituído, por experimentar um sentimento de pertencimento, confiar nos vizinhos e fazer parte de uma família [...], relações que são valorizadas de modo particular no Oriente, mas é claro que não apenas ali. (Metz, 2014b, p. 225-6)

Por ser a felicidade um tema caro às reflexões do budismo, não surpreende que ela já estivesse presente em documentos que estão na origem da entidade política que começou a se unificar em 1634, e que mais tarde se constituiu no moderno Estado do Butão: refiro-me aos códigos civis de 1652 e de 1729. Este último afirmava explicitamente que, "se não há lei, a felicidade não chegará para os seres. Se os seres não têm felicidade, não há sentido em haver hierarcas" (*apud* Montes & Bhattarai, 2018, p. 208). Em documentos como esses foi se constituindo a ideia de um governo "sábio", guiado pelos princípios budistas como o garantidor das bases necessárias à iluminação de seus súditos. Portanto, a construção da narrativa do Quarto Rei do Butão como articulador de uma filosofia que coloca o Estado como provedor das condições para que seus cidadãos busquem a felicidade não é, por assim dizer, uma "invenção" criada no vazio. Ela tem sólida base simbólica no Butão e, de forma mais ampla, nas tradições budistas (Noy, 2008).

Desde o século XVII, o Butão tinha um sistema duplo de poder: um oficial, para temas "seculares", e uma liderança espiritual ligada ao corpo monástico budista da linhagem Drukpa do budismo vajrayana (que se tornou a mais forte entre todas as que ocuparam a região a partir do Tibete nos séculos anteriores). A monarquia butanesa só se constituiu de fato em 1907, com a dinastia Wangchuck. O Butão não chegou a ser colonizado por potências estrangeiras (apesar da considerável aproximação, em dado momento, com a administração britânica na Índia), e a adoção da monarquia hereditária em torno da posição de Druk Gyalpo [o "Rei Dragão"] pode ser entendida como uma forma de sustentar mais solidamente a independência em um período de franca expansão imperialista — embora o Butão mantivesse uma dependência econômica e de representação internacional em relação à Índia Britânica (Zurick, 2006; Rodríguez-Calles, 2019).

Grosso modo, o poder central em ascensão manteve por mais algumas décadas o sistema socioeconômico que, geralmente, é classificado pela literatura segundo parâmetros ocidentais como "(semi)feudal", centralizado nos senhores locais e nos lamas (guias espirituais) dos monastérios budistas. Do mesmo modo, o regime político poderia ser entendido então como uma "monarquia absolutista" com elementos "teocráticos" (Bothe, 2017). Entrar nesse debate com os parâmetros da teoria política ocidental é no mínimo polêmico e limitado, e nos distanciaria do objetivo do capítulo. O mais importante aqui é destacar que as reformas "pelo alto" começaram a se dar mais claramente com a eliminação da servidão, em 1959, e com a abertura ao exterior, em 1961. Naquele contexto, foi elaborado o primeiro plano quinquenal butanês de desenvolvimento, já com o apoio de especialistas internacionais. A estratégia implicou uma aproximação ainda mais estreita com a Índia, que havia substituído a administração britânica colonial como o principal parceiro econômico do Butão e seu apoiador na arena internacional — só em 2007 o reino se tornaria formalmente autônomo quanto à política externa (Bittencourt, 2017).

Essa abertura significou o fim de um autoimposto isolamento defensivo e a decisão por uma estratégia de abertura controlada. Para as elites butanesas mais informadas, deve ter ficado evidente que insistir na ideia de uma sociedade rural autossuficiente acarretaria, mais cedo ou mais tarde, o desaparecimento do país. Com isso, a estratégia reformista deveria parecer a melhor alternativa disponível. Desde então, o país tem buscado se equilibrar numa estratégia de desenvolvimento controlada pelo Estado, denominada Caminho do Meio (mais uma referência budista — trata-se da via para se chegar ao nirvana evitando os extremos da autoindulgência e da austeridade). A ideia central é atingir um desenvolvimento "equilibrado" por meio de uma escolha consciente entre crescimento econômico e preservação, entre cultura tradicional e estilos de vida modernos (Zurick, 2006; Rinzin, Vermeulen & Glasbergen, 2007). Em última instância, essa estratégia procura garantir a própria sobrevivência do país e da monarquia, que se encontravam sob ameaça, vide os exemplos dos outros reinos do Himalaia: o Tibete foi definitivamente anexado pela China em 1959; Siquim decidiu, via referendo, extinguir sua monarquia e se integrar à Índia em 1975; e a monarquia do Nepal foi extinta em 2008.

A busca por uma identidade nacional homogênea foi central nessa estratégia de sobrevivência. Ela se constituiu em torno da etnia Ngalong (que se concentra no oeste do país e da qual faz parte a família real), de sua língua dzongka[9] e de sua linha-

9 "Literalmente, *dzongka* significa a 'língua' *kha* falada na 'fortaleza' *dzong*. Essas [fortalezas] *dzong* dominaram a paisagem montanhosa do Butão de leste a oeste e foram tradicionalmente centros de poder político e militar, bem como centros de ensino" (Van Driem, 1994, p. 88). Dzongka é uma derivação oral moderna do tibetano clássico ou chöke, a antiga língua literária na qual os textos produzidos ao longo da história do Butão foram escritos e que era empregada na educação monástica. Era a língua vernácula da corte, da elite militar e da burocracia, mas só foi adotada como língua oficial do país em 1971, e depois incorporada ao sistema educacional secular. Foi só a partir desse ponto que ela começou a ser sistematicamente estruturada em forma escrita, tendo sido padronizada em 1986 (Schuelka & Maxwell, 2016). O inglês também atua como uma língua franca no Butão, empregado na administração e no ensino junto com o dzongka.

gem Drukpa do budismo vajrayana.[10] O Estado aprofundou tal processo nos anos 1980, com a imposição do Ato de Cidadania (também conhecido como "Uma Nação, Um Povo") em 1985 e do Driglam Namzha em 1989. O primeiro exige, para a obtenção da cidadania, pai e mãe butaneses ou a comprovação de residência permanente no país desde 1958. O segundo é um código de conduta baseado nas tradições dos Ngalong, que envolve variados aspectos: do modo de se vestir até o de se comportar, das artes à arquitetura. Tudo isso provocou a reação dos Lhotshampa, concentrados no sul, de origem nepalesa e tradição hinduísta — excluídos, portanto, da cidadania legal e proibidos de expressar seus costumes e sua língua. Revoltas armadas e protestos ao longo dos anos 1990 culminaram num massivo movimento de imigração/expulsão desses contingentes para o Nepal.[11] Esse processo de homogeneização étnica imposto pelo Estado vem sendo o principal elemento de contestação à GNH, sobretudo pelos críticos de sua função como uma "ideologia de Estado" utilizada para justificar a dominação da monarquia e a opressão das minorias étnicas do país.

A transição "pelo alto" à democracia faz parte desse processo: insere-se na estratégia mais ampla de reformas e adaptações, antecipando-se a eventuais ameaças de revoltas internas e de perda da soberania. O país foi progressivamente adotando

10 A Constituição do Butão (2008) afirma que "o budismo é a herança espiritual do Butão, que promove os princípios e valores da paz, da não violência, da compaixão e da tolerância" (Reino do Butão, 2008, p. 9), e que "o Estado deve procurar criar condições que permitam o desenvolvimento verdadeiro e sustentável de uma sociedade boa e compassiva, enraizada no *éthos* budista e nos valores humanos universais" (Reino do Butão, 2008, p. 20).

11 Evidentemente, as versões sobre essa questão são contraditórias, bem como os dados disponíveis. Estima-se em cerca de cem mil o número de deslocados/expulsos (Hutt, 2017). Ao longo dos anos 1990, também houve conflitos (bem menos documentados) envolvendo os Sharchop, concentrados no leste e falantes de língua tshangla.

instituições da democracia liberal procedimental, adaptadas às tradições locais (Horgan, 2015). Foram criados comitês administrativos distritais em 1981 e comunitários em 1991, de caráter parcialmente representativo. Em 1998, o rei cedeu parte de seu poder à Assembleia Nacional (que existia desde 1953 com caráter consultivo e com representantes distritais, do corpo monástico e da burocracia), incluindo a função de líder de governo que passaria a ser exercida por um gabinete escolhido pela Assembleia. Ao longo dos anos 2000, levou-se adiante, por iniciativa governamental, a elaboração de uma Constituição, por meio de consultas a setores da população. Em 2006, Jigme Singye Wangchuck abdicou do trono por opção própria em favor de seu filho Jigme Khesar Namgyel Wangchuck. O novo monarca finalmente promulgou a Constituição, em 2008 (na qual foi definido como dever do Estado "promover aquelas condições que vão permitir a busca pela felicidade nacional bruta"), e no mesmo ano realizou as primeiras eleições parlamentares nacionais.

A ascensão do Quinto Rei do Butão simboliza, assim, o ponto culminante de um longo processo de "gatopardismo".[12] Ele foi possível graças à efetiva concentração estatal de poder (especificamente em torno da família real) que se deu ao longo de todo o século XX. Essa concentração permitiu o controle "pelo alto" de transformações complexas, incluindo a mais recente desconcentração e separação de poderes. A monarquia "iluminada" (quer tomemos essa expressão em sentido ocidental, quer em sua acepção budista) guiou todo o processo e por fim "presenteou" seus súditos com "democracia", mesmo não havendo uma forte demanda para tal (algo difícil de avaliar). Trata-se efe-

12 Em *O leopardo* (1959) – *Il gattopardo*, no original –, romance de Giuseppe Tomasi di Lampedusa, o símbolo da decadente aristocracia italiana Don Fabrizio (príncipe de Salina) procura transmitir a seu sobrinho Tancredi que "tudo deve mudar para que tudo fique como está". Esse é o princípio de qualquer "revolução-restauração" em sentido gramsciano (ver Gramsci, 2002).

tivamente de uma democracia controlada, "híbrida", limitada, na qual o monarca ainda concentra considerável poder (Givel, 2015; Hutt *apud* Schmidt, 2017).[13]

A elaboração da GNH também deve ser entendida como parte do processo de reformas conservadoras controladas pelo Estado com o intuito de mesclar desenvolvimento e tradições locais, constituído num contexto de aceleração da globalização e da neoliberalização do país (Montes, 2019). Tornou-se "razão de Estado", guia para elaboração e avaliação de suas políticas públicas, "filosofia central da nação" (Ferns, 2012, p. 13). Pode-se sugerir que a ideia da "felicidade" como centro das políticas estatais foi uma reação inicial à avaliação negativa do Butão com base em padrões hegemônicos (produtivistas, economicistas, individualistas...), e foi em boa medida associada, no princípio, a "paz social" e "segurança internacional". Foi progressivamente constituída como parte da identidade nacional em construção, junto com a linhagem Drukpa do budismo vajrayana, a monarquia, a língua dzongka e o Driglam Namzha (Brooks, 2013).[14] Nos últimos anos, vem sendo associada ao processo de democratização e a políticas de investimento em infraestrutura, educa-

13 Um sinal desse "sucesso" estratégico da monarquia e do papel aglutinador da GNH está na política partidária configurada desde o processo de democratização. Três partidos distintos ocuparam sucessivamente o governo, numa caminhada da "direita para a esquerda" do espectro político: o "conservador" Partido da Paz e Prosperidade do Butão (2008-2013), o "liberal-progressista" Partido Democrático do Povo (2013-2018) e o "social-democrata" Partido Unido do Butão (2018-). Porém, ainda que com ênfases distintas, os três procuram defender a monarquia constitucional e legitimar suas diferentes propostas através da GNH.

14 "Pode-se argumentar que a estratégia etnonacionalista original de butanização foi substituída gradualmente por um caminho nacionalista cultural, em que a educação e a 'escola GNH' desempenham o papel principal na criação de um processo vertical orgânico no qual mulheres, homens, meninas e meninos interagem e se influenciam dentro de um ambiente social e horizontal específico" (Schmidt, 2017, p. 8).

ção e redução da pobreza, e apresentada na arena internacional como um caso de sucesso e um "presente do Butão à humanidade" — o que justificaria a própria preservação de sua existência enquanto nação independente. Nessa expansão para o cenário externo, a GNH foi se tornando mais do que um elemento central da identidade nacional butanesa; foi se inserindo no debate internacional sobre desenvolvimentos alternativos, em diálogo com propostas como "desenvolvimento humano", "pós-desenvolvimento", "economia feliz" etc. — uma inserção que reverberou em suas formulações internas.

A ESCALADA DA GNH NO MERCADO GLOBAL DE ALTERNATIVAS

Como se viu, a GNH começou a ser mencionada na imprensa internacional ainda nos anos 1980, mas só no fim dos anos 1990 foi projetada para o mundo (em parte por iniciativa do próprio Butão) como uma alternativa consistente aos modelos tradicionais de desenvolvimento. O peso dessa projeção internacional na história do conceito pode ser indicado por sua própria nomeação em inglês. Ainda que a língua inglesa seja utilizada na administração e no sistema educacional butanês junto com o dzongka, servindo eventualmente como língua franca entre as elites dos diversos grupos étnicos do país, vale destacar que não ocorre com a *gross national happiness* o mesmo que se dá com o *ubuntu* e o *sumak kawsay/suma qamaña*.[15] Algo a se notar também é que boa

15 Foi mencionado no capítulo 5 que, no caso do *sumak kawsay* e *suma qamaña*, os conceitos são geralmente utilizados em quéchua/quíchua e em aimara por autores indigenistas, e em suas versões em espanhol (*Buen Vivir* e *Vivir Bien*) por autores mais "ocidentalizados". Até onde pude observar, isso não ocorre no caso da GNH. Deve-se considerar

parte da literatura especializada sobre o tema é produzida por acadêmicos do Norte global — o que ocorre com os outros conceitos contemporâneos aqui analisados. Esses dois dados sugerem que a GNH pode ter sido desde muito cedo projetada como um produto de exportação, de *soft power*, como uma "marca-país" (*nation branding*); indica também que o conceito pode ter tido maior penetração na literatura crítica sobre desenvolvimento, em comparação com outros conceitos periféricos contemporâneos candidatos a ocupar o mesmo terreno.

Essa conexão internacional esteve presente desde que o conceito começou a ser elaborado de forma mais sistemática. Na seção anterior, vimos que, em suas primeiras aparições oficiais, em meados dos anos 1990, ele se imbricava com elementos das discussões de Amartya Sen e de Martha Nussbaum (entre outros) em torno do "desenvolvimento humano" e das "capacidades" (Sen, 1998; Nussbaum, 2011). Deve-se levar em conta que havia uma busca do Estado do Butão por assessoria internacional de especialistas nas mais diferentes áreas, desde o princípio de seu processo de abertura (Zurick, 2006; Schuelka & Maxwell, 2016), o que se intensificou com a criação do CBS.[16] Pode-se sugerir também que o recente esforço de construção de um *gross national happiness index* [índice de feli-

---

que não há circulação internacional de literatura em dzongka, o que pode explicar a opção pelo inglês feita pelos próprios autores butaneses. Ainda assim, eles poderiam utilizar, em seus textos em inglês, o termo equivalente em dzongka, de modo a reforçar sua identidade, como fazem os autores indigenistas supramencionados em seus textos em espanhol. Vale frisar que não acessei a literatura em quíchua/quéchua e em aimara sobre *sumak kawsay* e *suma qamaña* (uma vez que não domino essas línguas); tais conceitos aparecem nos idiomas indígenas nos próprios textos em espanhol. Do mesmo modo, não acessei a literatura em dzongka, mas o termo poderia ser empregado nessa língua na literatura em inglês.

16 O Centre for Bhutan Studies mudou de nome para Centre for Bhutan & GNH Studies [Centro de estudos do Butão e de pesquisa em GNH] em 2013, quando o país se comprometeu perante a ONU a elaborar

cidade nacional bruta] (GNHI) também foi uma tentativa de responder a críticas internacionais de que a felicidade é relativa e incomensurável (não tendo, por isso, serventia como parâmetro para a elaboração de políticas públicas). A partir desse ponto de maior internacionalização, debates em torno de uma "economia budista" (Ernst Friedrich Schumacher), de uma "psicologia positiva" (Martin Seligman) ou de uma "economia verde" (Joseph Stiglitz) assumiram maior espaço no interior das reflexões da GNH.

A noção de GNH foi "oficialmente" introduzida na arena internacional em 1998, no Encontro do Milênio para a Ásia e o Pacífico em Seul, na mesma época de criação do CBS. No ano seguinte, o livro coletivo *Gross National Happiness* foi publicado como homenagem ao jubileu de prata do reinado de Jigme Singye Wangchuck. Em 2001, o CBS foi um dos organizadores do seminário GNH — As Challenged by the Concept of Decent Society [GNH — Desafiada pelo conceito de sociedade decente], ocorrido na Holanda. Também em 2001, os ministros do planejamento e economia da South Asian Association for Regional Cooperation [Associação para cooperação regional do Sul da Ásia] (Saarc) adotaram o conceito como uma estratégia para a redução da pobreza na região (Allison, 2012).[17]

Desde então, a expansão internacional da GNH tem sido contínua. Deve-se suspeitar da existência de um ambiente propício para isso. O conceito se inseriu num debate global em torno de alternativas ao desenvolvimento (nos quais o *sumak kawsay/suma qamaña* e o *ubuntu* também encontraram

parâmetros internacionais para avaliação da felicidade. Isso também indica a centralidade que a GNH vem assumindo para o Estado butanês.

17 O conceito passou a ser utilizado na Tailândia após o golpe militar de 2006. Naquele contexto, foi associado à chamada "filosofia da suficiência econômica" (*sufficiency economy philosophy*), elaborada a partir dos anos 1970 pelo rei Bhumibol Adulyadej, com a qual a GNH possuiria pontos de contato.

espaço aproximadamente no mesmo período) que vem se avolumando ao menos desde os anos 1970 (Liaudat, 2012). Podemos localizar críticas ao desenvolvimento em ao menos três direções: à pressuposição de um progresso linear e indefinido (Sachs, 1985); à correlação entre desenvolvimento e bem-estar (Easterlin, 1974); e à associação entre desenvolvimento e crescimento material (Schumacher, 1973). Parte desse debate procurou retomar a reflexão sobre a felicidade e o bem-estar como parâmetros alternativos ou complementares à produção material, e mais concretamente buscou elaborar novas medições multidimensionais e referências alternativas para a formulação de políticas públicas. Entre outras iniciativas nessa direção, podem ser mencionadas: o índice de desenvolvimento humano (*human development index*), formulado por Sen e Mahbub ul Haq em 1990 e adotado pelo Programa das Nações Unidas para o Desenvolvimento (Pnud) em 1993; o índice de bem-estar nacional bruto (*gross national wellbeing index* — GNHI) do International Institute of Management, de 2005; o índice do planeta feliz (*happy planet index*), medido pela ONG britânica New Economics Foundation a partir de 2006, com outros indicadores correlatos de "PIB verde" (*green* GDP); e os debates da Commission on the Measurement of Economic Performance and Social Progress [Comissão de medição do desempenho econômico e progresso social], estabelecida pelo então presidente francês Nicolas Sarkozy e integrada por Stiglitz, Sen e Jean-Paul Fitoussi entre 2008 e 2009 (Stiglitz, Sen & Fitoussi, 2009) — para detalhes desses e de outros índices e debates relacionados, ver Daga (2014).

Ao longo dos anos 2000, reagindo à construção daqueles parâmetros alternativos globais e contrapondo-se tanto à ideia de que a felicidade seria incomensurável quanto às críticas que o país recebia em relação à desconexão entre seu "discurso da felicidade" e suas políticas concretas, o Butão iniciou um processo de debates e de elaboração do GNHI. Como se viu, a GNH

> está enraizada na noção simples de que a felicidade é uma aspiração universal e deve ser o núcleo central do desenvolvimento. Felicidade vem de um equilíbrio bem estabelecido do material e do não material. O acúmulo de bens não é o fim desejado do desenvolvimento; é apenas um meio interconectado para atingir as múltiplas dimensões social, mental, emocional e espiritual do ser humano. Além disso, felicidade genuína envolve um intrincado elo entre felicidade individual e coletiva. Uma requer e consolida a outra. (Schroeder, 2018, p. 22)

Com o intuito de traduzir de modo concreto essa visão holística de felicidade, foi estabelecido um índice complexo (talvez o mais abrangente e multidimensional do tipo), contendo quatro "pilares" desdobrados em nove "domínios" que vêm sendo definidos pelo Estado butanês desde 2005, metrificados por meio de 33 indicadores envolvendo 134 variáveis de ordem qualitativa e quantitativa. Esse índice inclui o criticado PIB, o que justifica o raciocínio butanês de que, embora o GNHI seja mais complexo e holístico que o PIB, não implica a completa negação daquele. Ou seja, o PIB está contido no GNHI, assim como o prazer material mais imediato é tolerado pelo budismo enquanto vai sendo progressivamente superado por formas superiores de felicidade e redução de sofrimento.

Para permanecer apenas nos dois primeiros níveis mencionados (sem tratar de todos os dados e pesquisas utilizados para medição), os "pilares" basicamente explicam o que pretende o GNHI: "boa governança", "desenvolvimento socioeconômico sustentável", "preservação cultural" e "conservação ambiental". Eles foram desdobrados em "domínios" com o intuito de "criar uma ampla compreensão da GNH e refletir a abordagem holística de seus valores. Os nove domínios são: bem-estar psicológico, saúde, educação, uso do tempo, diversidade cultural e resiliência, boa governança, vitalidade da comunidade, diversidade e resiliência ecológica, e padrões de vida" (Daga, 2014,

p. 15). Não está no escopo deste livro realizar uma análise pormenorizada da construção do GNHI; para tanto, remeto à considerável literatura dedicada ao tema.[18] Gostaria apenas de fazer três observações antes de prosseguir.

A primeira observação é que o GNHI não procura medir uma "felicidade média" da população butanesa, para a partir daí aumentar seu "volume". Ele está mais focado na felicidade de cada um. Espera-se que todos atinjam ao menos um "nível suficiente" de felicidade, e as políticas públicas devem ser dedicadas aos que ainda não o atingiram. Ou seja, pode-se dizer que as políticas são focadas nos mais "infelizes":[19]

> Em lugar de tentar obter uma medida da felicidade agregada ou média, os pesquisadores tentam medir em que extensão as realizações dos membros da população se aproximam de um "nível suficiente" em uma variedade de dimensões. A filosofia subjacente parece ser a de que uma gama de condições mínimas deve ser atingida antes que uma pessoa possa ser considerada feliz. (Bates, 2009, p. 11)

Outro elemento a ser destacado é que o Estado não se apresenta como o principal responsável pela felicidade de cada cidadão: ele se propõe a colaborar com seu incremento. O que se pretende então é fornecer ou ajudar a preservar as condições favoráveis

18 Entre outros, ver: Daga (2014); Ferns (2012); Ura (2015); Bates (2009); Schroeder (2018); Centre for Bhutan Studies and GNH (2017); e os sites do CBS, que constituem excelentes fontes de informação sobre o tema (www.bhutanstudies.org.bt/ e, em particular, www.grossnationalhappiness.com/).

19 O que remete imediatamente à frase do político e militar uruguaio José Artigas gravada em seu mausoléu em Montevidéu: "*Que los más infelices sean los más privilegiados*" [Que os mais infelizes sejam os mais privilegiados]. Porém, contraditoriamente, remete também à "focalização" de políticas públicas típica do neoliberalismo das últimas décadas, aliás presente no Butão, mesclada a outras tradições.

para sua realização. Neste ponto, o GNHI se aproxima parcialmente do índice de desenvolvimento humano (IDH), que destaca as condições necessárias ao desenvolvimento das capacidades e liberdades do indivíduo. No entanto, pode-se considerar que, comparativamente, no IDH a agência está mais voltada ao indivíduo, enquanto no GNHI o Estado e a comunidade assumem maior proeminência: "A GNH difere do paradigma do desenvolvimento humano em sua fundação no budismo. Também difere em seu fim último: promover felicidade em oposição ao foco do desenvolvimento humano na agência, ou empoderamento, através de escolhas" (Schroeder, 2018, p. 3).

Por fim, deve-se observar que (como não poderia deixar de ser) um dos focos do GNHI está na comunidade. Sua introdução na constituição do índice não se expressa apenas no domínio denominado "vitalidade da comunidade", mas abarca diversos elementos em vários domínios: senso de pertencimento à comunidade; confiança nos vizinhos; fortalecimento dos laços familiares; preservação da "etiqueta" e da "cortesia" (como parte do Driglam Namzha) nas atividades interpessoais; dedicação a atividades comunitárias e a doações; atuação em atividades culturais tradicionais; "vitimização" (se o indivíduo for uma vítima recente de crime); participação política (eleitoral e nos encontros comunitários) etc. A referida dimensão se amplia ainda mais quando recordamos que o senso de comunidade se estenderia também para as relações entre os seres conscientes e sencientes, e mesmo para as relações com todas as coisas (por sua intrínseca "natureza búdica"). Boa parte do índice é dedicada a medir a conservação e o equilíbrio com o meio ambiente (Ura, 2015).

Para calcular o GNHI, vêm sendo aplicados questionários estruturados com base nos "pilares" e "domínios". Pesquisas-piloto foram testadas em 2006 e 2008, e em 2010 e 2015 ocorreram duas pesquisas de abrangência nacional, procurando retratar a população e as diferentes regiões do país. Com base nos resultados, o índice é calculado de modo a definir um valor comparável da GNH nacional em cada momento (para 2015, 0.756); estabelecer diferentes níveis de felicidade entre a população (para 2015, 8,4% de "profundamente felizes", 35% de "extensamente felizes", 47,9% de "limitadamente felizes" e 8,8% de "infelizes");[20] e encontrar diferenças entre grupos e regiões (por exemplo, em 2015, em média foram considerados mais felizes os homens residentes urbanos e mais escolarizados).

As pesquisas periódicas e o índice se tornaram os principais parâmetros para o desenho das instituições estatais butanesas e para a elaboração e avaliação de suas políticas públicas. A pesquisa nacional serve de base para o planejamento e a revisão de políticas, procurando focar o incremento da felicidade dos setores mais infelizes da sociedade — os considerados "infelizes" e "limitadamente felizes", os dois grupos que "ainda não são felizes". As instituições centrais para este fim são a GNH Comission [Comissão GNH], principal órgão de planejamento estatal,[21] e as GNH Policy Screening Tool e GNH Project Screening Tool [Ferramentas de triagem de políticas e triagem de projetos pela GNH], elaboradas em 2008. Elas avaliam as propostas de políticas públicas nacionais, reformulando ou vetando as que poderiam "reduzir a felicidade" e aprovando as que a incrementariam ou ao menos seriam "neutras" nesse aspecto. As ferramentas

20 Os indicadores (constituídos por diversas variáveis quantitativas e qualitativas) assumem determinados pesos na constituição final de cada um dos diferentes "domínios". Os "profundamente felizes" devem atingir resultados satisfatórios em mais de 77% dos domínios; os "extensamente felizes", em 66%; os "limitadamente felizes", em 50%; os que não atingem 50% são os "infelizes".

21 Trata-se da antiga Comissão de Planejamento do Butão, que mudou de denominação em 2008. Assim como no caso do CBS, essa mudança de nome também é indicativa da crescente centralidade da GNH para o Estado butanês.

exigem que, para um ranqueamento coletivo de dado esboço de política ou projeto, múltiplos e diversos atores façam suas deliberações a partir de um conjunto de perguntas de triagem baseadas na GNH. A ferramenta de triagem de políticas é composta por mais de vinte perguntas, cada uma conectada com uma dimensão específica da GNH. A ferramenta de triagem de projetos envolve perguntas da GNH adaptadas para projetos em dezesseis setores específicos, como mídia, agricultura, silvicultura, educação, juventude e comércio. (Schroeder & Schroeder, 2014, p. 43)[22]

Com tudo isso, hoje a GNH não é mais apenas "um modelo de desenvolvimento nacional multidimensional para o Butão mas também um componente definidor da [...] autoimagem do Estado butanês, retratando uma entidade autônoma e coerente, liderando a busca pela felicidade nacional em parceria com a sociedade butanesa e com doadores internacionais" (Schroeder & Schroeder, 2014, p. 14). A GNH atualmente organiza a narrativa sobre o próprio Estado butanês, sua *raison d'État*. Mais ainda, estrutura a identidade butanesa e sua história. Pode-se atestar essa simbiose no discurso sobre o Estado da Nação de 2016 do então primeiro-ministro Tshering Tobgay (2013-2018):

> Todos nós sabemos que o nosso país pertence a uma corrente de civilização na qual o objetivo explícito do governo é criar meios que facilitem a busca da felicidade por nossos cidadãos. Felicidade nacional bruta ou GNH é mais importante para o Butão principalmente porque:
>
> (a) Sua Majestade, o Quarto Druk Gyalpo, presenteou seu povo com a felicidade nacional bruta;

22 Segundo esses autores – e também segundo Ura (2015) –, apenas a ferramenta de triagem de políticas vem sendo implementada. Haveria uma lacuna quanto às ferramentas específicas para a avaliação de projetos temáticos, bem como quanto aos comitês locais de planejamento da GNH que deveriam ser constituídos.

(b) a felicidade nacional bruta é mais holística e importante que o produto nacional bruto;
(c) felicidade nacional bruta é desenvolvimento com valores;
(d) o objetivo final da GNH é garantir que tenhamos uma sociedade justa, igualitária e harmoniosa; e
(e) nossa Constituição sagrada estipula: "O Estado deve se esforçar para promover as condições que permitirão a busca pela felicidade nacional bruta". (Centre for Bhutan Studies & GNH, 2016, p. 1)

Em certo sentido, a metrificação e a institucionalização do debate sobre felicidade no Butão vêm sendo referendadas nos últimos anos pela ONU. Em 2011, a Assembleia Geral da ONU aprovou, com o apoio de 68 países, a resolução apresentada pelo Butão intitulada "Happiness: Towards a Holistic Approach to Development" [Felicidade: rumo a uma abordagem holística de desenvolvimento]. Ela sugeria aos países-membros medir a felicidade de seus cidadãos e utilizar os resultados como parâmetro para a elaboração de políticas. Dentro daqueles marcos, em 2012 ocorreu, na sede da ONU, o encontro Happiness and Wellbeing: Defining a New Economic Paradigm [Felicidade e bem-estar: definir um novo paradigma econômico], presidido pelo então primeiro-ministro butanês Jigme Thinley. Desde então, vêm sendo elaborados Relatórios Mundiais da Felicidade (World Happiness Reports), que se pretendem pesquisas sobre a felicidade global. Naquele encontro, também foi definido que o Butão ficaria responsável pelo processo de elaboração mais detalhada daquele novo "paradigma de desenvolvimento". No mesmo ano, o governo butanês instituiu uma comissão formada por especialistas e acadêmicos de diversas origens e nacionalidades, para realizar o trabalho solicitado e apresentá-lo à Assembleia Geral da ONU de 2013 — o resultado foi apresentado no relatório *Happiness: Transforming the Development Landscape* [Felicidade: transformando o panorama do desenvolvimento] (Centre for Bhutan Studies & GNH, 2017).

É nesse ponto que a formulação autóctone produzida no Sul global, desde o princípio parcialmente fecundada por reflexões críticas do Norte, assume um papel global — a partir daí, já se torna difícil estabelecer as fronteiras entre uma e outra.

Nesse contexto, o debate sobre felicidade que vem acontecendo nas últimas décadas no Butão se conecta explicitamente com as discussões globais. Se o Estado butanês preserva um "sabor autóctone" e particularmente "budista" em suas formulações, deve-se reconhecer o crescente peso dos debates globais na formulação da GNH, em especial de seu índice. Evidentemente, o debate internacional estava presente em algum nível desde o princípio, pois a própria ideia de uma "felicidade nacional bruta" se constitui em contraposição a algo originado no centro, na disjuntiva tipicamente periférica entre "ser como o centro" ou "ser como nós mesmos" (Devés, 2017). Por outro lado, percebe-se na sumária revisão acima que o debate butanês em dado momento também se impôs internacionalmente, primeiro na sub-região do Sul da Ásia e mais tarde em todo o mundo, projetando o país no cenário estrangeiro. Em nível global, viu-se também que há um crescente campo de formulações críticas às concepções ortodoxas de desenvolvimento, que vem se constituindo há aproximadamente meio século tanto de contribuições das periferias quanto de intelectuais do centro. Logo no princípio, esse campo de críticas ao desenvolvimento deve ter influenciado a formulação butanesa, desde as primeiras reações ao PIB/PNB, nos anos 1970, passando pelos primeiros esforços de sistematização, nos anos 1990, até chegar à elaboração do índice, nos anos 2000. No entanto, em dado momento da trajetória do conceito, a felicidade de "sabor budista" se encontrou com diversos paradigmas ocidentais naquele mercado global de alternativas e passou a influenciar a busca pela felicidade global. É a partir desse encontro que a GNH — uma formulação original e crítica da modernidade, mas numa chave conservadora — poderia se tornar mais radicalmente crítica e transformadora, a depender de suas novas relações, hibridizações e cruzamentos.

ENFIM UM CONCEITO CRÍTICO?

Pode-se considerar que a proposta da GNH teve origem na perspectiva periférica assumida pelos principais quadros do Estado butanês (a começar pelos monarcas e seus assessores mais próximos) ao longo de sua progressiva inserção subalterna na modernidade. Ela constitui uma elaboração originária, autóctone, uma afirmação de "ser como nós mesmos" e não "como o centro". Ela opera numa *rationale* romântica, nesse caso inicialmente de inspiração "conservadora": é inevitável inserir-se na modernidade, mas é fundamental fazê-lo mantendo o máximo possível nossos valores e modos de vida. O desejo de preservação de um modo de vida próprio não deve ser entendido em chave negativa: é perfeitamente legítimo procurar conservá-los num contexto de imposição de valores de fora, ou proteger a natureza, que é seu espaço de vida, de projetos de exploração que ameaçam desfigurá-la. Nesse sentido específico, o termo "conservador" não assumiria uma conotação pejorativa, mas propriamente descritiva.

Retomando a formulação de Löwy e Sayre citada na introdução deste capítulo, a GNH defende valores de uma sociedade que já estava inserida numa via de desenvolvimento capitalista. Mas tal sociedade era apreciada (pelos setores hegemônicos de sua elite dirigente) precisamente pelo que conservava "das formas antigas, anteriores à modernidade" (Löwy & Sayre, 2015, p. 91). A estratégia adotada pela monarquia butanesa foi a das reformas "pelo alto", controladas pelo Estado.[23] Evidentemente, não se tratava apenas de preservar os valores próprios, mas de fortalecer o Estado e seu núcleo de poder, de manter o status quo,

23 Não se deve excluir que houvesse (e que existam hoje) setores minoritários dessas elites dirigentes que advogassem por uma modernização "ocidental" e acelerada, assim como defensores de um "congelamento" e isolamento indefinido do país.

até mesmo de impor interesses e valores de um grupo étnico em detrimento de outros — nesse sentido, sim, "conservadorismo" poderia ser entendido de modo negativo. Por diversas razões (procurei sugerir algumas acima), assumiu-se majoritariamente a inviabilidade de uma estratégia "arcaizante", "reacionária". Mas também procurou-se evitar os riscos implicados numa modernização radical e acelerada. Desse modo, a estratégia adotada ao longo de quase todo o século XX deve ser entendida como "conservadora" — nem "reacionária", por um lado, nem "reformadora" ou "revolucionária", por outro.

Por fim, a modernização controlada, progressiva, limitada, algumas décadas mais tarde foi sustentada simbolicamente na GNH. Ao mesmo tempo, a GNH a moldou e a acelerou a partir de dado momento: uma sociedade já relativamente "aberta" não poderia se espelhar com coerência na GNH (em vias de expansão global) sem aceitar maiores graus de democratização e sem elaborar políticas voltadas à redução da pobreza, por exemplo. A sociedade butanesa que emergiu da abertura internacional e dos processos de reforma "pelo alto" foi progressivamente assumindo demandas democratizantes, participativas, por liberdades — também neoliberais, individualistas, materialistas, consumistas. Em suma, as duas faces da modernidade.

Desse modo, o avanço do processo de modernização foi também transformando a chave discursiva: segundo essa nova narrativa, os valores tradicionais, ainda fortemente presentes no princípio daquela trajetória, estariam sendo abandonados e adaptados. Isso implicaria não mais defender a "preservação", mas em certa medida "resgatar" valores para garantir uma sociedade mais harmônica, solidária e igualitária no futuro. Daí advêm as crescentes referências, nos últimos anos, à necessidade de retomar elementos em vias de desaparecimento do Driglam Namzha, da vida comunal, do ensino budista, da participação comunitária. Parte desse resgate se traduz em "invenção de tradições": elas não estavam lá originalmente, ou estavam lá apenas para uma parte da sociedade (para apenas uma etnia constitutiva do país), ou estavam lá de outro modo.

Mas o que importa frisar é que há, agora, um ideal projetado de "sociedade budista" para o futuro (parcialmente projetável em nível global), inspirado no passado (neste caso, num passado bem recente). Essa mudança de perspectiva já vai aproximando a GNH de outras formulações encontradas neste livro, como a de um "romantismo reformador", "convencido de que os valores antigos podem retornar; porém, as medidas que preconiza para conseguir restaurá-los limitam-se a reformas" (Löwy & Sayre, 2015, p. 100). Há um projeto inspirado num passado recente, e ao mesmo tempo elementos ainda atuantes do presente que o alimentam: a GNH "é formulada tanto como uma meta futura quanto como um recurso atual, de modo a equilibrar uma postura voltada para o futuro no planejamento de políticas com uma visão baseada no reconhecimento das circunstâncias presentes" (Polley, 2009, p. 236). Assim, passado, presente e futuro estão conectados num projeto de sociedade. No interior do próprio Butão, a GNH vai passando de elemento de conservação a projeto societal.

Pode-se considerar, então, que a GNH constitui uma crítica romântica à modernidade, no sentido adotado para todos os conceitos analisados aqui. Sugiro, porém, que ela tem uma origem "conservadora" mais explícita — no sentido de "conservar" valores ainda majoritários, mas também de "conservar" um status quo e seus correspondentes setores sociais dominantes. Na longa viagem empreendida pela ideia/provocação de Jigme Singye Wangchuck, o conceito foi assumindo diversos sentidos e usos, incluindo reapropriações a partir do pensamento crítico, alimentando projetos contra-hegemônicos globais. Além dos usos butaneses iniciais, pode-se sugerir ainda uma afinidade da GNH com diferentes vertentes do ecologismo, incluindo as correntes mais radicais do ecossocialismo (Pillay, 2019), e também com propostas alternativas de desenvolvimento, como o "pós-desenvolvimento", o "decrescimento" e a "economia feliz"

(Verma, 2017), na medida em que critica o consumismo, o produtivismo e o materialismo.

Propor a felicidade como paradigma alternativo à produção material implica um posicionamento crítico em relação a valores e a parâmetros centrais da modernidade. Sugere um modo de ser e de estar no mundo distinto do capitalismo, particularmente de suas vertentes neoliberais (embora algumas das políticas inspiradas na GNH também se mesclem a aspectos do neoliberalismo). Ainda que tenha estado presente, de algum modo, em momentos fundantes da modernidade, como a Constituição estadunidense e a formulação benthamiana, a felicidade não assumiu protagonismo na modernidade, ao menos não no sentido apresentado neste capítulo. Em boa medida, foi associada ao acúmulo de bens e ao prazer imediato e sensorial. Felicidade no sentido proposto pela GNH implica a subalternização dos referidos acúmulos e prazeres em relação a valores mais permanentes, sugere a prevalência da comunidade sobre o indivíduo e uma conexão forte entre presente, passado e futuro.

Um exemplo dessas afinidades pode ser encontrado na comparação realizada por Darren Noy (2008) entre as propostas da GNH e as dos movimentos sociais antineoliberais discutidas nos encontros do Fórum Social Mundial (FSM). O autor relembra que as origens das propostas são diferentes: aquela foi elaborada pelo Estado; estas, por setores da sociedade civil. Essa origem distinta leva a posições diversas em relação ao Estado: os proponentes da GNH o entendem como um mosaico que procura elaborar e aprimorar políticas públicas para realizar os objetivos nacionais, enquanto o FSM o entende como uma arena de lutas sociais na qual a sociedade civil deve se opor às forças do capitalismo. Ainda assim, Noy observa que, em vários aspectos, particularmente em sua rejeição do materialismo, a GNH é mais radical que as propostas daqueles movimentos sociais (muitos deles, para o autor, defensores de uma governança mais equitativa e democrática do desenvolvimento em moldes "tradicionais"). Ambos convergiriam em vários pontos, como a preocupação com a sustentabilidade e o meio ambiente, e a valorização das culturas locais e de visões autóctones de desenvolvimento. Em resumo, para Noy o sucesso recente da GNH se deve a seu contraste com o neoliberalismo, ainda que nem sempre o expresse abertamente.

> A GNH contrasta fortemente com a agenda política neoliberal, pois propõe que a riqueza e o crescimento econômico não devem ser as medidas centrais pelas quais os seres humanos medem o progresso ou o bem-estar social. Nos últimos tempos, a GNH ganhou força política precisamente porque representa uma alternativa aos efeitos colaterais negativos do neoliberalismo, incluindo o materialismo, a destruição ambiental, a desintegração da comunidade e a aniquilação cultural. (Noy, 2008, p. 32)

O autor destaca, porém, os riscos de cooptação da GNH por setores que defendem a divisão de classes como útil à harmonia social e à felicidade. A "ideologia da GNH poderia potencialmente ser usada para desarmar um apelo por justiça, clamando que, se a felicidade é subjetiva e espiritual, não há necessidade de uma distribuição material justa" (Noy, 2008, p. 37).

Em suma, trata-se de uma possibilidade em aberto. Felicidade é um conceito polissêmico, podendo justificar toda sorte de buscas mais imediatas e hedonistas, como nos versos de John Lennon em "Happiness is a Warm Gun" incluídos como uma das epígrafes deste capítulo, nos quais o manuseio da "arma quente" remetia tanto à violência quanto a uma analogia sexual. Pode assumir também posturas defensivas, como "andar tranquilamente" em sua comunidade, ter "orgulho" próprio e "seu lugar" no mundo, mesmo sendo pobre, como no "Rap da Felicidade", igualmente incluído como uma das epígrafes do capítulo, que remete ao que considero ter sido a intenção inicial da monarquia butanesa com a invenção da GNH, algo que poderíamos formular como: "Ainda que pobre, ter paz, orgulhar-se de sua origem e garantir um lugar no mundo". Finalmente, se avançamos para uma perspectiva coletiva (a "felicidade social"), os sentidos se avolumam. Considerando apenas a formulação específica de felicidade presente na GNH, há uma disputa de sentidos no interior da sociedade butanesa, com abordagens mais críticas, conservadoras ou desenvolvimentistas, a depender do autor ou do partido no poder. Isso também ocorre nos ambientes internacionais nos quais ela tem circulado em anos recentes. Importa então reconhecer o potencial revolucionário contido em alguns dos sentidos de "felicidade", dada sua contradição em relação a uma realidade insuportável que exige de nós nada menos que sua completa superação. Em resumo, a felicidade pode ser revolucionária, pode projetar um futuro para além do capitalismo e da modernidade. Ou pode ser deglutida por eles.

Conclusão

A INCESSANTE BUSCA PELA COMUNIDADE

Há um quadro de Klee intitulado "Angelus Novus". Representa um anjo que parece preparar-se para se afastar de qualquer coisa que olha fixamente. Tem os olhos esbugalhados, a boca escancarada e as asas abertas. O anjo da história deve ter esse aspecto. Voltou o rosto para o passado. A cadeia de fatos que aparece diante dos nossos olhos é para ele uma catástrofe sem fim, que incessantemente acumula ruínas sobre ruínas e as lança aos seus pés. Ele gostaria de parar para acordar os mortos e reconstituir, a partir dos seus fragmentos, aquilo que foi destruído. Mas do paraíso sopra um vendaval que se enrodilha nas suas asas, e que é tão forte que o anjo já não as consegue fechar. Esse vendaval arrasta-o irrefreavelmente para o futuro, ao qual ele volta as costas, enquanto o monte de ruínas à sua frente cresce até o céu. Aquilo a que chamamos o progresso é este vendaval.

— Walter Benjamin, *O anjo da história* (1940)

O anjo da história de Walter Benjamin, inspirado no desenho a nanquim de Paul Klee, pode lançar pistas sobre os conceitos analisados neste livro. Se "aquilo a que chamamos progresso" é um vendaval que sopra do paraíso e impede o anjo de "acordar os mortos" e "reconstituir aquilo que foi destruído", o passado sempre parecerá uma "catástrofe sem fim", um "monte de ruínas que cresce até o céu". Esse monte de ruínas é também o futuro que conseguimos imaginar, se aquele vento continuar soprando sem cessar. Mas o que nossos conceitos demonstram é que há temporalidades diversas, alternativas que ainda sobrevivem nas bordas, nas fronteiras, por vezes em abismos profundos. Elas permitem projetar modos distintos de conectar passado, presente e futuro. É possível — no interior da modernidade — procurar controlar as forças do paraíso para desacelerar o tempo, propor a reconstituição daquilo que foi destruído e construir um futuro a partir desse movimento.

Haveria "base material" para esse tipo de formulação? No capítulo 5, desenvolvi esse ponto ao tratar do *sumak kawsay/suma qamaña*, e aquela argumentação serve para o conjunto do livro. Não há possibilidade de um conceito adquirir tanta fortuna sem que tenha base material. Em algumas dessas sociedades em transição acelerada a alguma etapa supostamente superior da modernidade, podem ser encontrados "resquícios" (ou uma forte memória) de formas de vida nas quais não havia a noção capitalista de propriedade: a propriedade, em última instância, era da família, da tribo, do clã, da aldeia, do *ayllu*, da *obschina*, da *ujamaa* — não podia ser alienada. Tampouco havia economia monetária, mas escambo. Reconhecia-se a propriedade da casa, das ferramentas: elas, sim, eram familiares. Em geral, também era familiar o efetivo produto do trabalho, que em grande medida era realizado pela família, mas envolvia colaborações coletivas e trocas do que se produzia.

De todo modo, não procurei aqui em nenhum momento buscar "comprovações" da existência de bases materiais. Ou, formulando de outro modo, não procurei avaliar a "verdade", a "invenção" ou "falsificação" dos conceitos estudados.[1] Ao contrário, procurei defender que, se as ideias e a cultura preservam sua força própria, nada impede que eventualmente determinem outros campos da ação humana. A própria noção de uma "base" material remete à pressuposição de que haveria uma concretude que determinaria as "etéreas" ideias. Mais explicitamente, quero afirmar que uma crença pode ser mobilizadora a ponto de gerar (ou ao menos expandir) as "bases materiais". Mas as crenças que se expandem por uma sociedade, por uma região, mesmo em nível global, como as analisadas neste livro, encontraram um ambiente propício para seu desenvolvimento.

Pode-se sugerir que esse ambiente propício se relaciona de algum modo com o avanço acelerado da modernidade naquelas sociedades, em seus mais variados aspectos, em contextos que progressivamente vão se tornando e se compreendendo como periféricos. Impõe-se uma disputa (que se reproduz no interior daquelas sociedades) entre "nós" e "eles", "pátria" e "antipátria", "identitários" e "cosmopolitas", "comunitários" e "individualistas"/"consumistas". É como o argumento de José Enrique Rodó (1991), com sua América Latina "Ariel" (espiritual, solidária, comunitária) em oposição a uma América Anglo-Saxã "Calibã" (material, individualista, interessada, vil, medíocre). É o tipo de formulação que aparece em todos os nossos conceitos, a partir do pensamento crítico, de intelectualidades que se querem enraizadas, locais, nacionais, até mesmo racializadas.[2] Esse argumento romântico é uma crítica à modernidade formulada no interior da própria modernidade, uma visão de mundo que pode assumir diversas direções, e aqui se tratou de enfatizar dois pontos: que essa visão de mundo pode

1 Nem se procurou avaliar os resultados práticos das políticas desenvolvidas a partir das ideias aqui analisadas.

2 Defendi no capítulo 2, ao tratar da negritude, que de modo algum devem ser reeditados argumentos biológicos, inspirados em inversões dos racialismos ocidentais, sobretudo aqueles biologizantes da virada do século XIX para o XX.

sustentar projetos "futuristas"/"de esquerda" (em suas versões "reformadora" e "revolucionária"), pois o futuro não é monopólio dos modernistas, podendo ser o horizonte também dos críticos da modernidade; e que tal visão de mundo tem ainda mais razão de se manifestar nas periferias globais, uma vez que são comparativamente menos beneficiárias da modernidade (quando não são simplesmente oprimidas no interior dela).

Esses projetos originais permitem que intelectuais periféricos se apresentem como "nacionais", e em muitos contextos consigam até mesmo assumir posições de direção de seus Estados. Suas ideias, ainda que inicialmente inspiradas em produções ocidentais ou mesmo desenvolvidas em longos períodos formativos em universidades dos países centrais, não estarão "fora de lugar". Dito de outro modo: essas intelectualidades críticas terão compreendido que, numa situação de colonialismo/dependência/colonialidade, é difícil haver ambiente propício para versões extremas de "internacionalismo" e de "cosmopolitismo"; que esses valores não devem ser abandonados, mas pensados de formas alternativas e matizadas. Valorizar a identidade, preservar o próprio, buscar a própria história, nada disso deve ser entendido intrinsecamente como "reacionário" ou "conservador": em muitos contextos, pode ser mesmo revolucionário. Aquelas intelectualidades saberão, em diversos casos, combinar com criatividade o próprio com o universal, o local com o global, como o fazem diversos formuladores de conceitos tão originais como o *ubuntu*, o *sumak kawsay/suma qamaña* e a GNH, mas ao mesmo tempo projetados como alternativas globais a um mundo no limite de suas possibilidades de futuro. Nesse ponto, esses intelectuais terão começado a lidar crítica e criativamente com aquela "dupla consciência" do intelectual periférico formulada por Du Bois.

É possível notar a pluralidade de abordagens contida em cada um dos nossos conceitos, bem como as diferenças entre cada um deles. Abordagens mais marcadas pelo tema racial tenderam a perder espaço desde as primeiras formulações senghorianas da noção de negritude. O diálogo com Marx e os marxistas perdeu centralidade, a partir de certo ponto. A relação centro/periferia foi expressa de diversas formas ao longo do tempo: imperialismo, colonialismo, países desenvolvidos, Primeiro Mundo, colonialidade. Adotaram-se estratégias reformistas, de ruptura, mesmo conservadoras — como em alguns momentos do Senghor chefe de Estado (com sua "francofonia") ou no que a GNH parece ter de autopreservação da monarquia butanesa. Os usos dos conceitos variam de acordo com o lugar de enunciação dos autores (movimentos literários, sociais, internacionais, o próprio Estado), em versões que vão desde as mais "autóctones", "originárias", até as mais "estatistas", "oficiais". Mesmo reconhecendo todas essas variações possíveis, nunca foi a intenção deste livro comparar os diversos usos dos conceitos, o que teria levado a um desenho completamente distinto da pesquisa e de seus resultados. Nem tudo o que foi analisado aqui se prestaria a uma comparação sistemática.[3] O que procurei foi enfatizar sua semelhança, percorrer escritos "românticos" sobre a comunidade que vêm sendo produzidos (ou relidos) por uma perspectiva crítica. E o fiz com duas intenções: contribuir para sua história conceitual, mas também defender normativamente seu potencial transformador.

Como se viu ao longo deste texto, as formulações aqui apresentadas sofreram fortes críticas por seu pretenso "passadismo", por serem entendidas como "narrativas de retorno". A crítica formulada por Matolino e Kwindingwi (2013) aos usos do *ubuntu* (ver o capítulo 4) pode ser considerada paradigmática nesse sentido. No entanto, procurei defender que mesmo esse tipo de formulação não é necessariamente "reacionária" ou "conservadora". Mesmo quando, em certo sentido, sua origem é efetivamente "conservadora" (ver o capítulo 6 e as origens da GNH), pode haver uma apropriação crítica pela esquerda. Argumentei que as for-

3 Ensaiei uma comparação entre *sumak kawsay/suma qamaña* e *ubuntu* em outro texto (Pereira da Silva, 2020).

mulações apresentadas neste livro não constituem "narrativas de retorno", mas uma conexão alternativa entre presente, passado (sobrevivente em algum nível no presente) e futuro, de modo a projetar um "horizonte de expectativas" inspirado em elementos de outrora. O foco, entretanto, está colocado no futuro. Como observou James Ogude em referência ao *ubuntu*,

> sociedades antes colonizadas, ou aquelas que experimentaram formas de opressão por grupos minoritários, evocam suas próprias ideias tradicionais que elas acreditam ser efetivas para combater as injustiças dos sistemas opressores em suas histórias. [...] Ainda que persistam preocupações sobre os perigos de usar acriticamente conceitos enraizados na tradição, sobretudo para mediar problemas contemporâneos, deve ser relembrado, com Mudimbe (1988) em mente, que todas as sociedades carregam consigo suas tradições no presente. As próprias tradições são reinventadas e deliberadamente retrabalhadas para se tornar relevantes no presente. [...] A maioria das sociedades reprimidas tende a se voltar para seus próprios sistemas de valores, mesmo se eles permanecem silenciados e subjugados, de forma a articular uma nova gramática de libertação e a se reconstituírem uma e outra vez. (Ogude, 2019, p. 15-6)

Nas periferias globais, sobretudo em sociedades antes colonizadas, a memória de um passado pré-moderno está mais presente. Esse passado pré-moderno pode ser lido em chave positiva, em especial ali onde o "lado obscuro" da modernidade (Mignolo, 2011) se apresenta de forma mais dramática. Nessa periferia global, podem ser incluídos também aqueles mais subalternizados do centro, aquele "Sul" invisibilizado no "Norte": imigrantes, negros e negras, indígenas... Para muitos intelectuais críticos de todos os quadrantes, aquele passado pré-moderno pode ser lido até mesmo em perspectiva revolucionária. Num contexto de crise da modernidade (e de seus futuros), de crise do marxismo ocidental, dos projetos socialistas em chave modernista, quero explicitamente defender a necessidade de buscar em fontes alternativas e silenciadas novas inspirações para os projetos de futuro das esquerdas. Fontes que podem ser negras, indígenas, feministas, nacionalistas, religiosas,[4] e outras que ainda não podem ser imaginadas. Devemos pensar numa expansão epistemológica, procurando visibilizar e analisar ideias periféricas em todas essas direções, de modo a buscar novas fontes para o pensamento crítico.

Não se trata de modo algum de entender essas formulações como expressões irracionalistas de rebeliões dos excluídos da modernidade, dos "pré-modernos". Como observado por Jesse Montes e Shiva Raj Bhattarai, o estudo de propostas como a GNH butanesa permite realizar "análises mais nuançadas de outras racionalidades emergentes que desafiam as modalidades ocidentais. Elas podem ser baseadas em espiritualidades alternativas ou ideais comunitários que confrontam os discursos hegemônicos em torno da governança e do desenvolvimento" (Montes & Bhattarai, 2018, p. 215). Iria mais longe na argumentação: mediante racionalidades alternativas, pode-se confrontar a modernidade como um todo, alimentando projetos alternativos que a superem.

Tampouco se trata de expressões de povos "sem passado" (como gerações de colonialistas e imperialistas procuraram apresentá-los), que consequentemente não teriam futuro, apenas a possibilidade de compartilhar o futuro de outrem. Procurei

4 "Os preceitos 'faça aos outros o que gostaria que fizessem a você' e 'ame ao próximo como a si mesmo', popularizados pelo cristianismo, tiveram suas origens no pensamento oriental de séculos antes, como o de Buda [...]. Em essência, são preceitos socialistas que surgiram do lamento de profetas e filósofos que viram revoltas violentas em suas sociedades, provocadas pelo surgimento de sociedades divididas em classes, que destruíram as sociedades 'comunistas primitivas' solidárias mencionadas por Marx [...]. Essas filosofias humanistas e libertadoras eram componentes integrais de movimentos religiosos, como hinduísmo, budismo, jainismo, taoismo, confucionismo, judaísmo, cristianismo e islamismo, mas competiam com doutrinas e práticas tribais, patriarcais e de classe/casta opressivas no interior desses movimentos através dos tempos" (Pillay, 2019, p. 5).

demonstrar que, ao contrário, eles podem desenvolver concepções de tempo e relações com o passado que são alternativas, e que toda a sua luta é em nome de ter um passado — condição indispensável para ter um futuro. Com isso, percebe-se sem maiores dificuldades que não existe apenas o tempo histórico "evolucionista", "progressista" da modernidade. E se esse tempo está em crise, se ele efetivamente está dando lugar a um "presentismo", a percepção de haver temporalidades múltiplas deveria ilustrar a possibilidade de um "futurismo" que não seja semelhante àquele que agora está em crise.[5]

Os conceitos aqui analisados não implicam apenas comunalismo no sentido social ou econômico: de maior igualdade, de prevalência da pessoa sobre o indivíduo, do comum sobre o privado, do geral sobre o particular. Eles supõem também uma concepção holística da realidade, uma reintegração orgânica, simbiótica da humanidade na natureza — uma unidade na qual o todo não determina o desaparecimento das partes, o absoluto não implica a desconsideração do relativo. Eles permitem uma reconexão da geração atual com as futuras e as passadas (o que também supõe um repensar histórico e temporal que é alternativo à modernidade). Esta segunda dimensão poderia parecer talvez ainda mais importante que a dimensão igualitária, visto que estamos muito próximos de nossa extinção enquanto espécie. Mas, de fato, a dimensão "ecológica" não pode se separar da "igualitária": a igualdade se aplica aos seres humanos, às sucessivas gerações de humanos e a todos os seres. E é desse modo holístico que ambas as dimensões são entendidas nas reflexões apresentadas neste livro.

5 Há vários fenômenos contemporâneos apontando nessa direção. Por exemplo, o afrofuturismo (proposta estética que vem sendo incorporada à política e à filosofia) se inspira nas raízes de um passado africano para projetar futuros alternativos não distópicos. Essa proposta dialoga claramente com ideias que cruzaram este livro, como Personalidade Africana, negritude, socialismos africanos e *ubuntu*.

Por fim, era uma intenção do autor destas linhas ilustrar a riqueza das propostas da periferia, evidenciar a necessidade da preservação ecológica de saberes, de uma diversidade epistêmica (Santos, 2010a). Com a contribuição desse acervo efetivamente global, pode-se talvez encontrar saídas para que a humanidade volte a ter futuro. Said, Mudimbe, Quijano, Santos e muitos outros insistem que não há um pensamento global, que todo pensamento é parcializado, provinciano — tanto os do "centro" quanto os da "periferia". Ocorre que os primeiros se impuseram globalmente. Há que visibilizar os pensamentos da periferia, para que de fato se dê um diálogo global de saberes. Evidentemente, trata-se de algo que é possível apenas mediante a irrupção da periferia no centro e o consequente rompimento estrutural da relação centro/periferia em todos os seus aspectos — daí se poderia pensar em ideias efetivamente globais, com raízes locais.

E o Brasil? Algum leitor poderá ter notado sua ausência no livro de um autor brasileiro. Há, de fato, algumas expressões no pensamento brasileiro desse tipo de romantismo de esquerda, como se pode notar na obra de Darcy Ribeiro. Michael Löwy (franco-brasileiro) é uma referência fundamental dessa reflexão. O comunalismo é mobilizado pelas comunidades eclesiais de base (CEB) da teologia da libertação (em boa medida, um fenômeno brasileiro); por intelectuais negros, como Clóvis Moura e Abdias do Nascimento, com sua interpretação revolucionária dos quilombos; pelo Movimento dos Trabalhadores Rurais Sem Terra (MST), com sua "mística". Kabengele Munanga (congolês-brasileiro) dialoga com a negritude, Leonardo Boff com o Bem Viver, o *ubuntu* e a GNH. Ailton Krenak e Davi Kopenawa Yanomami vêm se tornando referências internacionais de pensamento indígena. Sem dúvida, há potencial para que essas reflexões se desenvolvam, deixando suas posições por vezes residuais no pensamento brasileiro e entre nossas esquerdas. Seu resgate, incorporação e desenvolvimento podem contribuir com a necessária e urgente reconstrução das esquerdas brasileiras. É a minha aposta.

Referências

ACOSTA, Alberto. "Sólo imaginando otros mundos, se cambiará éste. Reflexiones sobre el Buen Vivir". *In*: FARAH, Ivonne & VASAPOLLO, Luciano (org.). *Vivir Bien: ¿paradigma no capitalista?* La Paz: Plural/CIDES-UMSA/Fundación Xavier Albó, 2011.

ACOSTA, Alberto. *O Bem Viver: uma oportunidade para imaginar outros mundos*. Trad. Tadeu Breda. São Paulo: Autonomia Literária/Elefante, 2016.

ADOTEVI, Stanislas Spero. *Négritude et négrologues*. Paris: Le Castor Astral, 1998.

AFARI-GYAN, Kwadwo. "Kwame Nkrumah, George Padmore and W. E. B. Du Bois", *Research Review*, v. 7, n. 1-2, 1991.

AFRICAN NATIONAL CONGRESS (ANC). "The Moral Renewal of the Nation", 1998. Disponível em: https://www.anc1912.org.za/articles-1998-themoral-renewal-of-the-nation/.

AFRICAN NATIONAL CONGRESS (ANC). "The RDP of the Soul", *Discussion Documents*, 30 mar. 2007. Disponível em: https://www.anc1912.org.za/52nd-national-conference-the-rdp-of-the-soul/.

AKOTO, Julius Brown. *African Cultural Traditions and National Consciousness in the Intellectual Works of Kwame Nkrumah, 1944-1966* (dissertação de mestrado). Legon: Universidade de Gana, 2014.

AKYEAMPONG, Emmanuel. "African Socialism; or, The Search for an Indigenous Model of Economic Development?", *Economic History of Developing Regions*, v. 33, n. 1, 2018.

ALARCÓN, Silvia de. "Socialismo comunitario". *In*: GOSÁLVEZ, Gonzálo & DULON, Jorge (org.). *Descolonización, Estado plurinacional, economía comunitaria, socialismo comunitario: debate sobre el cambio*. La Paz: Vicepresidencia del Estado Plurinacional de Bolivia/Fundación Boliviana para la Democracia Multipartidaria, 2011.

ALARCÓN, Silvia de & PRIETO, Vicente (org.). *Karl Marx: escritos sobre la comunidad ancestral*. La Paz: Vicepresidencia del Estado Plurinacional/Presidencia de la Asamblea Legislativa Plurinacional, 2015.

ALBÓ, Xavier. "Suma qamaña = convivir bien. ¿Cómo medirlo?". *In*: FARAH, Ivonne & VASAPOLLO, Luciano (org.). *Vivir Bien: ¿paradigma no capitalista?* La Paz: Plural / CIDES-UMSA / Fundación Xavier Albó, 2011.

ALLISON, Elizabeth. "Gross National Happiness". *In*: SPELLERBERG, Ian; FOGEL, Daniel; FREDERICKS, Sarah & BUTLER HARRINGTON, Lisa (org.). *Berkshire Encyclopedia of Sustainability*, v. 6, *Measurements, Indicators, and Research Methods for Sustainability*. Great Barrington: Berkshire, 2012.

ALTMANN, Philipp. "El Sumak Kawsay en el discurso del movimiento indígena ecuatoriano", *Indiana*, n. 30, 2013.

ALTMANN, Philipp. "Los pueblos indígenas en el Buen Vivir global, un concepto como herramienta de inclusión de los excluidos", *Iberoamerican Journal of Development Studies*, v. 8, n. 1, 2019.

ÁLVAREZ LOZANO, Luis Jorge. "El modelo de desarrollo del Buen Vivir: alternativa al capitalismo", *La Migraña... Revista de Análisis Político*, n. 4, 2012.

ANDRADE, Mario Pinto de. *Amílcar Cabral: ensayo de biografía política*. Cidade do México: Siglo XXI, 1981.

APPIAH, Kwame Anthony. *Na casa de meu pai: a África na filosofia da cultura*. Trad. Vera Ribeiro. Rio de Janeiro: Contraponto, 2014.

ARICÓ, José. *Marx y América Latina*. Buenos Aires: Fondo de Cultura Económica, 2010.

ARTHUR, Dominic Degraft; ISSIFU, Abdul Karim & MARFO, Samuel. "An Analysis of the Influence of Ubuntu Principle on the South Africa Peace Building Process", *Journal of Global Peace and Conflict*, v. 3, n. 2, 2015.

BARTRA, Armando. "Terca comunidad. Karl Marx: sus lecturas, sus lectores", *La Migraña... Revista de Análisis Político*, n. 15, 2015.

BATES, Winton. "Gross National Happiness", *Asian-Pacific Economic Literature*, v. 23, n. 2, 2009.

BECK, Ulrich. *La sociedad del riesgo: hacia una nueva modernidad*. Barcelona: Paidós, 1998.

BEIGEL, Fernanda. "Mariátegui y las antinomias del indigenismo", *Utopía y Praxis Latinoamericana*, v. 6, n. 13, 2001.

BELING, Adrián; VANHULST, Julien; CUBILLO-GUEVARA, Ana Patricia & HIDALGO-CAPITÁN, Antonio Luis. "Tracing the Origins and Evolution of Buen Vivir (Good Living): Glocal Genealogy of a Latin-American Utopia", *Latin American Perspectives*, abr. 2020.

BELL, Richard H. *Understanding African Philosophy: A Cross-Cultural Approach to Classical and Contemporary Issues*. Nova York/Londres: Routledge, 2002.

BENJAMIN, Walter. *Discursos interrumpidos I: filosofía del arte y de la historia*. Buenos Aires: Taurus, 1989. [Ed. bras.: *Obras escolhidas*, v. 1, *Magia e técnica, arte e política*. Trad. Sergio Paulo Rouanet. 3. ed. São Paulo: Brasiliense, 1987.]

BENJAMIN, Walter. *O anjo da história*. Trad. João Barrento. Belo Horizonte: Autêntica, 2016.

BENTHAM, Jeremy. *An Introduction to the Principles of Morals and Legislation*. Oxford: Clarendon Press, 1907.

BERGOGLIO, Jorge Mario. "Las tres tareas de los movimientos populares para el proceso de cambio", *La Migraña... Revista de Análisis Político*, n. 15, 2015.

BINEY, Ama. *The Political and Social Thought of Kwame Nkrumah*. Nova York: Palgrave Macmillan, 2011.

BITTENCOURT, Rafael. "Desenvolvimento enquanto *sankofa*: desafios teóricos na recuperação da ancestralidade em contextos híbridos", *Anais do III Seminário de Relações Internacionais,* Florianópolis, Universidade Federal de Santa Catarina, 2016.

BITTENCOURT, Rafael. *Para além do desenvolvimento ocidental: ancestralidades na descolonização dos projetos políticos de Bolívia, Butão, Equador e Tanzânia* (dissertação de mestrado). Belo Horizonte: PUC Minas, 2017.

BOBBIO, Norberto. *Estado, governo, sociedade: para uma teoria geral da política*. Trad. Marco Aurélio Nogueira. Rio de Janeiro: Paz & Terra, 2000.

BOELE VAN HENSBROEK, Pieter. *African Political Philosophy, 1860-1995: An Inquiry into Families of Discourse* (tese de doutorado). Groningen: Universidade de Groningen, 1998.

BOESEN, Jannik; MADSEN, Birgit Storgard & MOODY, Tony. *Ujamaa: Socialism from Above*. Uppsala: Scandinavian Institute of African Studies, 1977.

BOTHE, Winnie. "Gross National Happiness and Inequality". *In*: SCHMIDT, Johannes Dragsbaek (org.). *Development Challenges in Bhutan: Perspectives on Inequality and Gross National Happiness*. Cham: Springer, 2017.

BOTWE-ASAMOAH, Kwame. *Kwame Nkrumah's Politico-Cultural Thought and Policies: An African-centered Paradigm for the Second Phase of the African Revolution*. Nova York: Routledge, 2005.

BROOKS, Jeremy. "Avoiding the Limits to Growth: Gross National Happiness in Bhutan as a Model for Sustainable Development", *Sustainability*, n. 5, 2013.

BUNDY, Colin. *Short-Changed? South Africa since Apartheid*. Joanesburgo: Jacana, 2014.

BUQA, Wonke. "Storying Ubuntu as a Rainbow Nation", *Verbum et Ecclesia*, v. 36, n. 2, 2015.

BURTON, Mary Ingouville. *The Truth and Reconciliation Commission*. Joanesburgo: Jacana, 2016.

BUTLER, Anthony. *The Idea of the ANC*. Joanesburgo: Jacana, 2012.

CARPIO BENALCÁZAR, Patricio. "El Buen Vivir, más allá del desarrollo: la nueva perspectiva Constitucional en Ecuador". *In*: ACOSTA, Alberto & MARTÍNEZ, Esperanza (org.). *El Buen Vivir: una vía para el desarrollo*. Quito: Abya-Yala, 2009.

CARRERA DAMAS, Germán. *El culto a Bolívar: esbozo para un estudio de la historia de las ideas en Venezuela*. Caracas: Alfa, 2013.

CENTRE FOR BHUTAN STUDIES AND GNH. *A Compass towards a Just and Harmonious Society: 2015 GNH Survey Report*. Thimphu: Centre for Bhutan Studies & GNH, 2016.

CENTRE FOR BHUTAN STUDIES AND GNH. *Happiness: Transforming the Development Landscape*. Thimphu: Centre for Bhutan Studies & GNH, 2017.

CÉSAIRE, Aimé. "Carta a Maurice Thorez", 1956. Disponível em: https://4edu.info/index.php?title=Aimé_Césaire:_Carta_a_Maurice_Thorez.

CÉSAIRE, Aimé. *Discours sur le colonialisme, suivi de Discours sur la negritude*. Paris: Présence Africaine, 2004. [Ed. bras.: *Discurso sobre o colonialismo*. Trad. Claudio Willer. São Paulo: Veneta, 2019.]

CÉSAIRE, Aimé. "Cultura e colonização". *In*: SANCHES, Manuela Ribeiro (org.). *Malhas que os impérios tecem: textos anticoloniais, contextos pós-coloniais*. Lisboa: Edições 70, 2011.

CÉSAIRE, Aimé. *Cahier d'un retour au pays natal/Diário de um retorno ao país natal*. Trad. Lilian Pestre de Almeida. São Paulo: Edusp, 2012.

CHACHAGE, Chambi Seithy & CHACHAGE, Seithy L. "Nyerere: Nationalism and Post-Colonial Developmentalism", *African Sociological Review*, v. 8, n. 2, 2004.

CHARLES, Bernard. "Le socialisme africain: mythes et réalités", *Revue Française de Science Politique*, v. 15, n. 5, 1965.

CHATTERJEE, Partha. *La nación en tiempo heterogéneo y otros estudios subalternos*. Buenos Aires: Siglo XXI, 2008.

CHIMAKONAM, Jonathan O. "The End of Ubuntu or Its Beginning in Matolino-Kwindingwi-Metz Debate: An Exercise in Conversational Philosophy", *South African Journal of Philosophy*, v. 35, n. 2, 2016.

COLPARI, Otto. "La nueva participación ciudadana en Ecuador y Bolivia: ¿Resultado de la lucha del movimiento indígena-campesino?", *Nómadas: Revista Crítica de Ciencias Sociales y Jurídicas*, edição especial: América Latina, 2011.

CORNELL, Drucilla & VAN MARLE, Karen. "Ubuntu Feminism: Tentative Reflections", *Verbum et Ecclesia*, v. 36, n. 2, 2015.

CORNELLI, Evaristi Magoti. *A Critical Analysis of Nyerere's Ujamaa: An Investigation of Its Foundations and Values* (tese de doutorado). Birmingham: Universidade de Birmingham, 2012.

CORREA, Mónica. "The History of Gross National Happiness. Modern Origins of Happiness and Well-being Economics in Public Policy", Universidade Dr. Rafael Belloso Chacín, 2017. Disponível em: http://dx.doi.org/10.13140/RG.2.2.18737.38243.

CORREA, Rafael. "Ecuador's 'Buen Vivir' Revolution", *New Perspectives Quarterly*, v. 28, n. 2, 2011.

CUBILLO-GUEVARA, Ana Patricia. "Genealogía inmediata de los discursos del Buen Vivir en Ecuador (1992-2016)", *América Latina Hoy*, n. 74, 2016.

CUBILLO-GUEVARA, Ana Patricia & HIDALGO-CAPITÁN, Antonio Luis. "El Buen Vivir como alternativa al desarrollo", *Perspectiva Socioeconómica*, n. 2, 2015.

CUESTAS CAZA, Javier. "Sumak kawsay: el Buen Vivir antes de ser Buen Vivir". *In*: DELGADO CABEZA, Manuel & LARA GALICIA, Aline (org.). *Actas del Congreso "El Extractivismo en América Latina: Dimensiones Económicas, Sociales, Políticas y Culturales"*. Sevilha: Universidad de Sevilla, 2017.

DAGA, Gaurav. *Towards a New Development Paradigm: Critical Analysis of Gross National Happiness* (dissertação de mestrado). Sonipat: Jindal School of Government and Public Policy, 2014.

DAVIDSON, Basil. *Which Way Africa? The Search for a New Society*. Harmondsworth: Penguin, 1964.

DEL BIANCO, Tatiani Sobrinho; SOUZA, Edicléia Lopes da Cruz; OLIVEIRA, Nadja Simone Menezes Nery de & SHIKIDA, Pery Francisco Assis. "A felicidade da população trabalhadora de Cascavel/PR segundo a métrica do índice de felicidade interna bruta", *Urbe: Revista Brasileira de Gestão Urbana*, v. 8, n. 3, 2016.

DELGADO, Ana Carolina. "Para além do desenvolvimento? A busca por ruptura e a tensão entre modernidade e diferença no Viver Bem". *In*: CUNHA FILHO, Clayton M. & VIANA, João Paulo Saraiva Leão (org.). *A Bolívia no século XXI: Estado Plurinacional, mudança de elites e (pluri) nacionalismo*. Curitiba: Appris, 2016.

DEPESTRE, René. "Bom dia e adeus à negritude (1980)", trad. Maria Nazareth Fonseca e Ivan Cupertino, 2001. Disponível em: http://www.ufrgs.br/cdrom/depestre/depestre.pdf.

DESCOLA, Philippe. *La Nature domestique: symbolisme et praxis dans l'écologie des Achuar*. Paris: Éditions de la Maison des Sciences de l'Homme, 1986.

DESCOLA, Philippe. *Par-delà nature et culture*. Paris: Gallimard, 2005.

DEVÉS, Eduardo. *El pensamiento africano sudsahariano desde mediados del siglo XIX hasta la actualidad*. Buenos Aires: Biblos, 2011.

DEVÉS, Eduardo. *Pensamiento periférico: Asia-África-América Latina-Eurasia y algo más. Una tesis interpretativa global*. Santiago: Ariadna, 2017.

DEVÉS, Eduardo & KOZEL, Andrés. *Estudios eidéticos: una conversación desde el Sur sobre la vida de las ideas y la reconfiguración de un espacio disciplinar*. Santiago: Ariadna, 2018.

DIAGNE, Souleymane Bachir. "Négritude". *In*: ZALTA, Edward (org.). *The Stanford Encyclopedia of Philosophy*. Stanford: Universidade de Stanford,

2016. Disponível em: https://plato.stanford.edu/archives/spr2016/entries/negritude/.
DIOP, Babacar. "Les fondements théoriques du socialisme africain chez L. S. Senghor", *Ethiopiques*, n. 89, 2012.
DIOP, El Hadj Ibrahima. "Léopold Sédar Senghor et la 'deconstruction' du marxisme", *Ethiopiques*, n. 69 (Hommage à L. S. Senghor), 2002.
EASTERLIN, Richard. "Does Economic Growth Improve the Human Lot? Some Empirical Evidence". *In*: DAVID, Paul A. & REDER, Melvin W. (org.). *Nations and Households in Economic Growth: Essays in Honor of Moses Abramovitz*. Nova York: Academic Press, 1974.
EKPO, Denis. "Speak Negritude But Think and Act French: The Foundations of Senghor's Political Philosophy", *Third Text*, v. 24, n. 2, 2010.
ELIASTAM, John. "Exploring Ubuntu Discourse in South Africa: Loss, Liminality and Hope", *Verbum et Ecclesia*, v. 36, n. 2, 2015.
EL-MALIK, Shiera. "Interruptive Discourses: Léopold Senghor, African Emotion and the Poetry of Politics", *African Identities*, v. 13, n. 1, 2015.
EL-MALIK, Shiera. "Reading Imaginative Futures across Historical Moments: Or Speaking Surreptitiously in Imperial Centres", *Contexto Internacional*, v. 38, n. 3, 2016.
ESTADO PLURINACIONAL DA BOLÍVIA. *Constituición Política del Estado*. La Paz: Representación Presidencial para la Asamblea Constituyente, 2009.
ESTADO PLURINACIONAL DA BOLÍVIA. *Vivir Bien: mensajes y documentos sobre el Vivir Bien 1995-2010*. La Paz: Ministerio de Relaciones Exteriores, 2010.
ESTADO PLURINACIONAL DA BOLÍVIA. *Ley Marco de la Madre Tierra y Desarrollo Integral para Vivir Bien*. La Paz: Presidência do Estado Plurinacional da Bolívia, 2012.
ESTADO PLURINACIONAL DA BOLÍVIA. *Plan de desarrollo económico y social en el marco del desarrollo integral para Vivir Bien 2016-2020*. La Paz: Ministerio de Planificación del Desarrollo, 2016.
ESTADOS UNIDOS DA AMÉRICA. *The Declaration of Independence*. Washington: National Archives, 4 jul. 1776. Disponível em: https://www.archives.gov/founding-docs/declaration-transcript.
FANON, Frantz. *The Wretched of the Earth*. Nova York: Grove Press, 1966. [Ed. bras.: *Os condenados da terra*. Trad. José Laurênio de Melo. Rio de Janeiro: Civilização Brasileira, 1968.]
FANON, Frantz. *Peau noire, masques blancs*. Paris: Éditions Points, 1971. [Ed. bras.: *Pele negra, máscaras brancas*. Trad. Renato da Silveira. Salvador: Edufba, 2008.]
FARAH, Ivonne & VASAPOLLO, Luciano. "Introducción". *In*: FARAH, Ivonne & VASAPOLLO, Luciano (org.). *Vivir Bien: ¿paradigma no capitalista?* La Paz: Plural / CIDES-UMSA / Fundación Xavier Albó, 2011.

FATTON, Jr., Robert. "The Political Ideology of Julius Nyerere: The Structural Limitations of 'African Socialism'", *Studies in Comparative International Development*, 1985.

FERNS, Latoya Mistral. "The Kingdom of Bhutan: Gross National Happiness as a Mandate of State and Method of Statecraft", Lord Rootes Memorial Fund, Universidade de Warwick, 2012.

FLORES GALINDO, Alberto. *La agonía de Mariátegui: la polémica con la Komintern*. Caracas: Fundación Editorial El Perro y la Rana, 2009.

FREHIWOT, Mjiba. "Kwame Nkrumah's Social-Political Thought and Pan-African Movement". *In*: GORDON, Jacob U. (org.). *Revisiting Kwame Nkrumah: Pathways for the Future*. Trenton: Africa World Press, 2017.

FREITAS, Caroline Cotta de Mello. *Entre wiphalas, polleras e ponchos: embates entre os discursos de Conamaq, do Estado Plurinacional da Bolívia e do Direito Internacional* (tese de doutorado). São Paulo: Universidade de São Paulo, 2012.

FULLER, Harcourt. *Building a Nation: Symbolic Nationalism During the Kwame Nkrumah Era in the Gold Coast/Ghana* (tese de doutorado). Londres: London School of Economics and Political Science, 2010.

FULLER, Harcourt. "Father of the Nation: Ghanaian Nationalism, Internacionalism and the Political Iconography of Kwame Nkrumah, 1957-2010", *African Studies Quarterly*, v. 16, n. 1, 2015.

GADE, Christian. "The Historical Development of the Written Discourses on Ubuntu", *South African Journal of Philosophy*, v. 30, n. 3, 2011.

GARCÍA LINERA, Álvaro. "El socialismo comunitario: un aporte de Bolivia al mundo. Entrevista al Vicepresidente del Estado Plurinacional Ciudadano Álvaro García Linera", *Revista de Análisis: Reflexiones sobre la Coyuntura*, v. 3, n. 5, 2010.

GARCÍA LINERA, Álvaro. *Las tensiones creativas de la revolución: la quinta fase del proceso de cambio*. La Paz: Vicepresidencia del Estado Plurinacional/Presidencia de la Asamblea Legislativa Plurinacional, 2011.

GARCÍA LINERA, Álvaro. "Socialismo comunitario del 'Vivir Bien'", *La Migraña... Revista de Análisis Político*, n. 15, 2015.

GILROY, Paul. *O Atlântico Negro: modernidade e dupla consciência*. Trad. Cid Knipel Moreira. São Paulo/Rio de Janeiro: Editora 34/UCAM — Centro de Estudos Afro-Asiáticos, 2001.

GIVEL, Michael. "Gross National Happiness in Bhutan: Political Institutions and Implementation", *Asian Affairs*, v. 46, n. 1, 2015.

GONZÁLEZ, María Jesús Cuende. "Aproximación al pensamiento de L. S. Senghor", *Magister: Revista Miscelánea de Investigación*, n. 22, 2008.

GRAMSCI, Antonio. *Cadernos do cárcere*. Trad. Carlos Nelson Coutinho. Rio de Janeiro: Civilização Brasileira, 2002, 6 v.

GUDYNAS, Eduardo. *Buen Vivir y críticas al desarrollo: saliendo de la modernidad por la izquierda en contra hegemonía y Buen Vivir*. Quito: Universidad Central del Ecuador, 2012.

GYEKYE, Kwame. "Foreword". *In*: AJEI, Martin Odei (org.). *Disentangling Consciencism: Essays on Kwame Nkrumah's Philosophy*. Lanham: Lexington Books, 2016.

HAILEY, John. "Ubuntu: A Literature Review", Tutu Foundation, nov. 2008.

HALL, Stuart. *A identidade cultural na pós-modernidade*. Trad. Tomaz Tadeu da Silva e Guacira Lopes Louro. 12. ed. Rio de Janeiro: Lamparina, 2015.

HARTOG, François. *Regimes de historicidade: presentismo e experiências do tempo*. Trad. Andréa S. de Menezes *et al*. Belo Horizonte: Autêntica, 2014.

HÄUSSLER, Peter. *Leadership in Africa: A Hermeneutic Dialogue with Kwame Nkrumah and Julius Nyerere on Equality and Human Development* (tese de doutorado). Cidade do Cabo: Universidade da Cidade do Cabo, 2017.

HIDALGO-CAPITÁN, Antonio Luis & CUBILLO-GUEVARA, Ana Patricia. "Seis debates abiertos sobre el sumak kawsay", *Íconos: Revista de Ciencias Sociales*, n. 48, 2014.

HIRSON, Baruch. "Communalism and Socialism in Africa: The Misdirection of C. L. R. James", *Searchlight South Africa*, v. 1, n. 4, 1990.

HOBSBAWM, Eric. "Introducción". *In*: ALARCÓN, Silvia de & PRIETO, Vicente (org.). *Karl Marx: escritos sobre la comunidad ancestral*. La Paz: Vicepresidencia del Estado Plurinacional, Presidencia de la Asamblea Legislativa Plurinacional, 2015.

HOBSBAWM, Eric & RANGER, Terence (org.). *A invenção das tradições*. Trad. Celina Cardim Cavalcante. Rio de Janeiro: Nova Fronteira, 2012.

HORGAN, Gerard. "The Role of Deliberative Mini-Publics in the Quest for Gross National Happiness in Bhutan", *Journal of Bhutan Studies*, v. 32, 2015.

HOUNTONDJI, Paulin. "Conhecimento de África, conhecimentos de africanos: duas perspectivas sobre os estudos africanos". *In*: SANTOS, Boaventura de Sousa & MENESES, Maria Paula (org.). *Epistemologias do Sul*. São Paulo: Cortez, 2010.

HOUNTONDJI, Paulin. "The Idea of Philosophy in Nkrumah's *Consciencism*". *In*: AJEI, Martin Odei (org.). *Disentangling Consciencism: Essays on Kwame Nkrumah's Philosophy*. Lanham: Lexington Books, 2016.

HOUTART, François. "El concepto de *sumak kawsay* (Buen Vivir) y su correspondencia con el bien común de la humanidad", *América Latina en Movimiento*, ago. 2018.

HUTT, Michael. "Sociocultural and Political Change in Bhutan Since the 1980s: Reflections from a Distance". *In*: SCHMIDT, Johannes Dragsbaek (org.). *Development Challenges in Bhutan: Perspectives on Inequality and Gross National Happiness*. Cham: Springer, 2017.

IAMAMOTO, Sue A. S. *El nacionalismo boliviano en tiempos de plurinacionalidad: revueltas antineoliberales, asamblea constituyente y democracia intercultural (2000-2009)*. La Paz: Tribunal Supremo Electoral, Servicio Intercultural de Fortalecimiento Democrático, 2013.

IAMAMOTO, Sue A. S. "Desafíos para pensar la memoria colectiva desde Bolivia", *La Migraña... Revista de Análisis Político*, n. 16, 2015.

IBHAWOH, Bonny & DIBUA, I. J. "Deconstructing Ujamaa: The Legacy of Julius Nyerere in the Quest for Social and Economic Development in Africa", *African Journal of Political Science*, v. 8, n. 1, 2003.

INUCA LECHÓN, José Benjamín. "Genealogía de alli kawsay/sumak kawsay (vida buena/vida hermosa) de las organizaciones kichwas del Ecuador desde mediados del siglo XX", *Latin American and Caribbean Ethnic Studies*, v. 12, n. 2, 2017.

IRELE, F. Abiola. *The Negritude Moment: Explorations in Francophone African and Caribbean Literature and Thought*. Trenton: Africa World Press, 2011.

ITO, Alex; MARCHIORI, Rodolfo; PERISSINOTTO, Rodolfo; MENDES, Vitor & ARIYOSHI, Dora. "O índice 'felicidade interna bruta' e o ambiente universitário brasileiro", *Ciências do Ambiente On-Line*, v. 10, n. 1, 2014.

JULES-ROSETTE, Bennetta. "Jean-Paul Sartre and the Philosophy of Négritude: Race, Self, and Society", *Theory and Society*, v. 36, n. 3, 2007.

KAGAME, Alexis. *La Philosophie bântu-rwandaise de l'être*. Bruxelas: Académie Royale des Sciences Coloniales (ARSC), Classe des Sciences Morales et Politiques, 1955.

KASHINDI, Jean-Bosco Kakozi. "*Ubuntu* como vivencia del humanismo africano bantú", *Devenires*, v. 14, n. 27, 2013.

KAYSEL, André. *Entre a nação e a revolução: marxismo e nacionalismo no Peru e no Brasil (1928-1964)*. São Paulo: Alameda, 2018.

KEEVY, Ilze. "Ubuntu Versus the Core Values of the South African Constitution", *Journal for Juridical Science*, v. 34, n. 2, 2009.

KENNEDY, Robert. "Remarks at the University of Kansas, Lawrence, Kansas", *John F. Kennedy Presidential Library and Museum*, 18 mar. 1968. Disponível em: https://www.jfklibrary.org/learn/about-jfk/the-kennedy-family/robert-f-kennedy/robert-f-kennedy-speeches/remarks-at-the-university-of-kansas-march-18-1968.

KHALFA, Jean. "Naissance de la négritude", *Les Temps Modernes*, n. 656, 2009.

KIMMERLE, Heinz. "Prophecies and Protests. Ubuntu and Communalism in African Philosophy and Art". *In*: HEUVEL, Henk van den; MANGALISO,

Mzamo & BUNT, Lisa van de (org.). *Prophecies and Protest: Ubuntu in Glocal Management*. Amsterdã/Pretoria: Rozenberg/Unisa Press, 2006.

KISUKIDI, Nadia Yala. "Nostalgia and Postcolonial Utopia in Senghor's Négritude". *In*: NIEMEYER, Katharina (org.). *Media and Nostalgia: Yearning for the Past, Present and Future*. Londres: Palgrave Macmillan, 2014.

KOENANE, Mojalefa L. J. & OLATUNJI, Cyril-Mary Pius. "Is it the End or Just the Beginning of Ubuntu? Response to Matolino and Kwindingwi in View of Metz's Rebuttal", *South African Journal of Philosophy*, v. 36, n. 2, 2017.

KOPYTOFF, Igor. "Socialism and Traditional African Societies". *In*: FRIEDLAND, William & ROSBERG Jr., Carl (org.). *African Socialism*. Stanford: Stanford University Press, 1964.

KOSELLECK, Reinhart. *Futuro passado: contribuição à semântica dos tempos históricos*. Trad. Wilma Patrícia Mass e Carlos Almeida Pereira. Rio de Janeiro: Contraponto/Editora PUC-Rio, 2006.

KUMAH-ABIWU, Felix & OCHWA-ECHEL, James. "Rethinking the Ideas of Pan-Africanism and African Unity: A Theoretical Perspective of Kwame Nkrumah's Leadership Traits and Decision Making", *The Journal of Pan African Studies*, v. 6, n. 6, 2013.

LAMBERT, Michael C. "From Citizenship to Negritude: 'Making a Difference' in Elite Ideologies of Colonized Francophone West Africa", *Comparative Studies in Society and History*, v. 35, n. 2, 1993.

LE GRANGE, Lesley. "Ubuntu/Botho as Ecophilosophy and Ecosophy", *Journal of Human Ecology*, v. 49, n. 3, 2015.

LIAUDAT, Santiago. "Indicadores alternativos de bienestar: una crítica a los enfoques de bienestar subjetivo", XVIII *Jornadas de Epistemología de la Economía*, Buenos Aires, 19 out. 2012.

LOPES, Carlos (org.). *Desafios contemporâneos da África: o legado de Amílcar Cabral*. São Paulo: Editora Unesp, 2012.

LOUW, Dirk. "Power Sharing and the Challenge of Ubuntu Ethics". *In*: DU TOIT, C. W. (org.). *Power Sharing and African Democracy: Interdisciplinary Perspectives*. Pretoria: Unisa Press, 2010.

LÖWY, Michael & SAYRE, Robert. *Revolta e melancolia: o romantismo na contracorrente da modernidade*. Trad. Nair Fonseca. São Paulo: Boitempo, 2015.

LUNDIN, Stephen & NELSON, Bob. *Ubuntu! An Inspiring Story About an African Tradition of Teamwork and Collaboration*. Nova York: Broadway Books, 2010.

MADER, Elke. *Arútam: Person, Vision und Macht in der Gesellschaft der Shuar und Achuar (Ekuador/Peru)* (monografia). Viena: Universidade de Viena, 1996.

MANDELA, Nelson. "Renewal and Renaissance: Towards a New World Order", palestra no Oxford Centre for Islamic Studies, Oxford, Inglaterra, 11 jul. 1997. Disponível em: http://www.mandela.gov.za/mandela_speeches/1997/970711_oxford.htm.

MANGENA, Fainos. "Hunhu/Ubuntu in the Traditional Thought of Southern Africa", *Internet Encyclopedia of Philosophy*, 2016. Disponível em: www.iep.utm.edu/hunhu/.

MANGHARAM, Mukti Lakhi. "'Ubuntu Sports Inc.': The Commodification of Culture in South African and American Sports", *Safundi, The Journal of South African and American Studies*, v. 12, n. 1, 2011.

MARIÁTEGUI, José Carlos. *Mariátegui: política revolucionaria. Contribución a la crítica socialista*. Caracas: Fundación Editorial El Perro y la Rana, 2010, 5 v.

MARX, Christoph. "Ubu and Ubuntu: On the Dialectics of Apartheid and Nation Building", *Politikon: South African Journal of Political Studies*, v. 29, n. 1, 2002.

MARX, Karl. "Primeiro ao quarto esboços e carta a Vera Ivanovna Zasulitch (1881)". *In*: MARX, Karl & ENGELS, Friedrich. *Lutas de classes na Rússia*. Org. Michael Löwy, trad. Nélio Schneider. São Paulo: Boitempo, 2013.

MATOLINO, Bernard. "A Response to Metz's Reply on the End of Ubuntu", *South African Journal of Philosophy*, v. 34, n. 2, 2015.

MATOLINO, Bernard & KWINDINGWI, Wenceslaus. "The End of Ubuntu", *South African Journal of Philosophy*, v. 32, n. 2, 2013.

MAWERE, Munyaradzi & VAN STAM, Gertjan. "Ubuntu/Unhu as Communal Love: Critical Reflections on the Sociology of Ubuntu and Communal Life in Sub-Saharan Africa". *In*: MAWERE, Munyaradzi & MARONGWE, Ngonidzashe (org.). *Politics, Violence and Conflict Management in Africa: Envisioning Transformation, Peace and Unity in the Twenty-First Century*. Bamenda: Langaa RPCIG, 2016.

MBEKI, Thabo. "Address to the Nation by South African President Thabo Mbeki", *South African History Online*, 21 set. 2008. Disponível em: https://www.sahistory.org.za/archive/address-nation-president-thabo-mbeki-21-september-2008.

MBEMBE, Achille. *Critique de la raison nègre*. Paris: La Découverte, 2013. [Ed. bras.: *Crítica da razão negra*. Trad. Sebastião Nascimento. São Paulo: n-1, 2018.]

MBITI, John. *African Religions and Philosophy*. Londres: Heinemann, 1969.

MCCLENDON III, John H. "Notes on *Consciencism*. The Epistemological Break and the Notion of Nkrumaism". *In*: AJEI, Martin Odei (org.). *Disentangling Consciencism: Essays on Kwame Nkrumah's Philosophy*. Lanham: Lexington Books, 2016.

MEDINA, Javier. "Acerca del Suma Qamaña". *In*: FARAH, Ivonne & VASAPOLLO, Luciano (org.). *Vivir Bien: ¿paradigma no capitalista?* La Paz: Plural / CIDES-UMSA / Fundación Xavier Albó, 2011.

MELIÀ, Bartomeu. *Ñande Reko: Nuestro modo de ser*. La Paz: Cipca, 1988.

MEMMI, Albert. *The Colonizer and the Colonized*. Boston: Beacon Press, 1991. [Ed. bras.: *Retrato do colonizado precedido de Retrato do colonizador*. Trad. Marcelo Jacques de Moraes. Rio de Janeiro: Civilização Brasileira, 2007.]

MÉNIL, René. *Tracées: identité, négritude, esthetique aux Antilles*. Paris: R. Laffont, 1981.

METZ, Thaddeus. "Just the Beginning for Ubuntu: Reply to Matolino and Kwindingwi", *South African Journal of Philosophy*, v. 33, n. 1, 2014a.

METZ, Thaddeus. "Gross National Happiness: A Philosophical Appraisal", *Ethics and Social Welfare*, v. 8, n. 3, 2014b.

MIGNOLO, Walter. *The Darker Side of Western Modernity: Global Futures, Decolonial Options*. Durham: Duke University Press, 2011.

MIRES, Fernando. *La rebelión permanente: las revoluciones sociales en América Latina*. Cidade do México: Siglo XXI, 2011.

MISHRA, Vidhyapati (org.). *Gross National Happiness: Bhutan is yet to Consolidate Happiness Principle*. Katmandu: APFA, 2008.

MOHAN, Jitendra. "Varieties of African Socialism", *The Socialist Register*, 1966.

MOJOLA, Aloo Osotsi. "Ubuntu in the Christian Theology and Praxis of Archbishop Desmond Tutu and Its Implications for Global Justice and Human Rights". *In*: OGUDE, James (org.). *Ubuntu and the Reconstitution of Community*. Bloomington: Indiana University Press, 2019.

MONTES, Jesse. "Neoliberal Environmentality in the Land of Gross National Happiness", *Environment and Planning E: Nature and Space*, 2019.

MONTES, Jesse & BHATTARAI, Shiva Raj. "Buddhist Biopower? Variegated Governmentality in Bhutan's Gross National Happiness Agenda", *Geoforum*, n. 96, 2018.

MORALES, Evo. "Prólogo". *In*: FARAH, Ivonne & VASAPOLLO, Luciano (org.). *Vivir Bien: ¿paradigma no capitalista?* La Paz: Plural / CIDES-UMSA / Fundación Xavier Albó, 2011.

MORSE, Richard. *O espelho de Próspero: cultura e ideias nas Américas*. Trad. Paulo Neves. São Paulo: Companhia das Letras, 1988.

MPALA-LUTEBELE, Maurice A. *Littératures africaines francophones du XXème siècle: une dynamique de décolonisation bradée*. Lubumbashi: Presses Universitaires de Lubumbashi, 2005.

MUDIMBE, V. Y. *The Invention of Africa: Gnosis, Philosophy, and the Order of Knowledge*. Bloomington/Indianapolis/Londres: Indiana University Press/James Currey, 1988.

MUNANGA, Kabengele. *Negritude: usos e sentidos*. Belo Horizonte: Autêntica, 2012.

MUNRO, L. T. "Where Did Bhutan's Gross National Happiness Come From? The Origins of an Invented Tradition", *Asian Affairs*, v. 47, n. 1, p. 71-92, 2016.

MUNYAKA, Mluleki & MOTLHABI, Mokgethi. "Ubuntu and Its Socio-Moral Significance". *In*: MUROVE, Munyaradzi Felix (org.). *African Ethics: An Anthology of Comparative and Applied Ethics*. Scottsville: University of KwaZulu-Natal Press, 2009.

MUROVE, Munyaradzi Felix. "Globalization and African Renaissance: An Ethical Reflection". *In*: COETZEE, Pieter & ROUX, Abraham (org.). *The African Philosophy Reader*. 2. ed. Nova York/Londres: Routledge, 2003.

MUROVE, Munyaradzi Felix. "An African Environmental Ethic Based on the Concepts of Ukama and Ubuntu". *In*: MUROVE, Munyaradzi Felix (org.). *African Ethics: An Anthology of Comparative and Applied Ethics*. Scottsville: University of KwaZulu-Natal Press, 2009.

NGOENHA, Severino. "Ubuntu: New Model of Global Justice?", *Indilinga: African Journal of Indigenous Knowledge Systems*, v. 5, n. 2, 2006.

NHAT HANH, Thich. *Eu busco refúgio na Sangha: um caminho espiritual*. Trad. Maria Epstein Fiker. Petrópolis: Vozes, 2008.

NHAT HANH, Thich. *A essência dos ensinamentos de Buda: transformando o sentimento em paz, alegria e libertação*. Trad. Anna Lobo. Petrópolis: Vozes, 2019.

NKRUMAH, Kwame. "Motion of Destiny", Câmara dos Comuns, Londres, 1 jul. 1953.

NKRUMAH, Kwame. "The African Genius", discurso no Instituto de Estudos Africanos, Universidade de Gana, Legon, 25 out. 1963.

NKRUMAH, Kwame. *Le Consciencisme: philosophie et idéologie pour la décolonization et le développement, avec une référence particulière à la Révolution Africaine*. Paris: Payot, 1964.

NKRUMAH, Kwame. *Class Struggle in Africa*. Londres: Panaf Books, 2006a.

NKRUMAH, Kwame. *The Struggle Continues*. Londres: Panaf Books, 2006b.

NKRUMAH, Kwame. *Consciencism: Philosophy and Ideology for De-Colonization and Development with Particular Reference to the African Revolution*. Nova York: Monthly Review Press, 2009.

NOY, Darren. "Happiness and Global Justice: Contrasts, Convergences, Overlaps, and Complementarities of the World Social Forum and the Gross National Happiness Movements", *Humanity & Society*, n. 32, 2008.

NUSSBAUM, Martha. *Creating Capabilities: The Human Development Approach*. Cambridge: Harvard University Press, 2011.

NYERERE, Julius. "The Second Scramble", *Tanganyika Standard*, 1962.
NYERERE, Julius. *Ujamaa: Essays on Socialism*. Dar Es-Salaam: Oxford University Press, 1968.
NYERERE, Julius. "Address by the President Mwalimu Julius K. Nyerere to the National Assembly", Arusha Declaration Parliament, 6 jul. 1970.
NYERERE, Julius. "Tanzania Ten Years after Independence", Ministério da Informação e das Telecomunicações da Tanzânia, 1971.
NYERERE, Julius. *Liberté et socialisme*. Iaundê: CLE, 1972.
NYERERE, Julius. *Ten Years after Independence: Freedom and Development*. Dar Es-Salaam: Government Printer, 1973.
OGUDE, James. "Introduction". *In*: OGUDE, James (org.). *Ubuntu and the Reconstitution of Community*. Bloomington: Indiana University Press, 2019.
OSEI, Raymond N. "Phases of Nkrumah's Socialism. *Consciencism* and Beyond". *In*: AJEI, Martin Odei (org.). *Disentangling Consciencism: Essays on Kwame Nkrumah's Philosophy*. Lanham: Lexington Books, 2016.
OYOWE, Anthony O. "Strange Bedfellows: Rethinking Ubuntu and Human Rights in South Africa", *African Human Rights Law Journal*, n. 13, 2013.
PATRIA ALTIVA I SOBERANA (PAIS). "Manifiesto Ideológico de Alianza PAIS. Nuestro juramento: Hacia la construcción del Socialismo del Buen Vivir", I Convención Nacional de Alianza PAIS: Principios y Programa, Quito, 2010a.
PATRIA ALTIVA I SOBERANA (PAIS). "Programa, estrategia y táctica del cambio político: la Revolución Ciudadana y la transformación social", I Convención Nacional de Alianza PAIS: Principios y Programa, Quito, 2010b.
PELLEGRINI, Lorenzo & TASCIOTTI, Luca. "Bhutan: Between Happiness and Horror", *Capitalism Nature Socialism*, 2014.
PEREIRA, Analúcia Danilevicz. *A revolução sul-africana: classe ou raça, revolução social ou libertação nacional?* São Paulo: Editora Unesp, 2012.
PEREIRA DA SILVA, Fabricio. *Democracias errantes: reflexões sobre experiências participativas na América Latina*. Rio de Janeiro: Ponteio, 2015.
PEREIRA DA SILVA, Fabricio. "Comparando conceitos da periferia global: por uma tipologia dos sentidos de *ubuntu* e de Bem Viver", *Izquierdas*, n. 49, 2020.
PIETERSEN, Charlotte. "Implementation of Batho Pele Principles in an Educational District Office", *Mediterranean Journal of Social Sciences*, v. 5, n. 3, 2014.
PILLAY, Devan. "Happiness, Wellbeing and Ecosocialism: A Radical Humanist Perspective", *Globalizations*, v. 17, n. 1, 2019.
POLLEY, Carl. "Gross National Happiness: Practice and Measurement". *In*: URA, Dasho Karma & PENJORE, Dorji (org.). *The Proceedings of the Fourth International Conference on Gross National Happiness, 24-26 November 2008*. Thimphu: The Centre for Bhutan Studies, 2009.

PRATT, Cranford. "The Ethical Foundation of Julius Nyerere's Legacy". *In*: MCDONALD, David & SAHLE, Eunice Njeri (org.). *The Legacies of Julius Nyerere: Influences on Development Discourse and Practice in Africa*. Trenton/ Asmara: Africa World Press, 2002.

QUIJANO, Anibal. "Colonialidad del poder y clasificación social". *In*: CASTRO-GÓMEZ, Santiago & GROSFOGUEL, Ramón (org.). *El giro decolonial*. Bogotá: Siglo del Hombre, 2007.

RAMAPHOSA, Cyril. "Address by President Cyril Ramaphosa at the Joint Sitting of Parliament on the Crisis of Violence in South Africa, National Assembly, Cape Town", South African Government, 18 set. 2019a. Disponível em: https://www.gov.za/speeches/address-president-cyrilramaphosa-joint-sitting-parliament-crisis-violence-south-africa.

RAMAPHOSA, Cyril. "Address by President Cyril Ramaphosa on the Occasion of the Bestowal of the 2019 National Orders, Sefako Makgatho Guest House, Tshwane", South African Government, 25 abr. 2019b. Disponível em: https://www.gov.za/speeches/president-cyril-ramaphosa-bestowal-2019-national-orders25-apr-2019-0000.

RAMÍREZ, René. "La transición ecuatoriana hacia el Buen Vivir". *In*: LEÓN, Irene (org.). *Sumak Kawsay/Buen Vivir y cambios civilizatorios*. Quito: Fedaeps, 2010.

RAMOSE, Mogobe. "The Philosophy of *Ubuntu* and *Ubuntu* as a Philosophy". *In*: COETZEE, Pieter & ROUX, Abraham (org.). *The African Philosophy Reader*. 2. ed. Nova York/Londres: Routledge, 2003a.

RAMOSE, Mogobe. "The Ethics of Ubuntu". *In*: COETZEE, Pieter & ROUX, Abraham (org.). *The African Philosophy Reader*. 2. ed. Nova York/Londres: Routledge, 2003b.

RAMOSE, Mogobe. "I Conquer, Therefore I Am the Sovereign: Reflections upon Sovereignty, Constitutionalism, and Democracy in Zimbabwe and South Africa". *In*: COETZEE, Pieter & ROUX, Abraham (org.). *The African Philosophy Reader*. 2. ed. Nova York/Londres: Routledge, 2003c.

RAMOSE, Mogobe. "Ecology through *Ubuntu*". *In*: MUROVE, Munyaradzi Felix (org.). *African Ethics: An Anthology of Comparative and Applied Ethics*. Scottsville: University of KwaZulu-Natal Press, 2009.

RANGER, Terence. "A invenção da tradição na África colonial". *In*: HOBSBAWM, Eric & RANGER, Terence (org.). *A invenção das tradições*. Trad. Celina Cardim Cavalcante. Rio de Janeiro: Nova Fronteira, 2012.

RAUCH, Janine. "Crime Prevention and Morality: The Campaign for Moral Regeneration in South Africa", *ISS Monograph Series*, n. 114, 2005.

RECASENS, Andreu Viola. "Discursos 'pachamamistas' versus políticas desarrollistas: el debate sobre el *sumak kawsay* en los Andes", *Íconos: Revista de Ciencias Sociales*, n. 48, 2015.

REECK, Darrell. "The Castle and the Umbrella: Some Religious Dimensions of Kwame Nkrumah's Leadership Role in Ghana", *Africa Today*, v. 23, n. 4, 1976.

REINO DO BUTÃO. *The Constitution of The Kingdom of Bhutan*. Timphu: Governo Real do Butão, 2008.

REIS, Raissa Brescia dos. "Ação política intelectual como modelo de participação negra: o movimento da *Négritude* (1930-1960)", *Revista de Ciências Humanas*, v. 14, n. 2, 2014.

RENAULT, Matthieu. "'Des inventeurs d'âmes': Fanon, lecteur de Césaire", *Rue Descartes*, n. 83, 2014.

REPÚBLICA DA ÁFRICA DO SUL. *Constitution of the Republic of South Africa*. Cidade do Cabo: Parlamento da África do Sul, 1993.

REPÚBLICA DA ÁFRICA DO SUL. *White Paper on South Africa's Foreign Policy. Building a Better World: The Diplomacy of Ubuntu*. Pretoria: Department of International Relations and Cooperation, 2011.

REPÚBLICA DO EQUADOR. *Constituición de la República del Ecuador*. Quito: Asamblea Nacional Constituyente, 2008.

REPÚBLICA DO EQUADOR. *Plan Nacional de Desarrollo/Plan Nacional para el Buen Vivir 2013-2017*. Quito: Secretaría Nacional de Planificación y Desarrollo, 2013.

RICARD, Matthieu. "The Dalai Lama: Happiness from Within", *International Journal of Wellbeing*, v. 1, n. 2, 2011.

RIESZ, János. "Negritude, Francofonia e cultura africana: Léopold Sédar Senghor como paradigma", *Africana Studia*, n. 4, 2001.

RINZIN, Chhewang; VERMEULEN, Walter & GLASBERGEN, Pieter. "Public Perceptions of Bhutan's Approach to Sustainable Development in Practice", *Sustainable Development*, n. 15, 2007.

RIPERT, Yohann C. "Senghor and the Enlightenment", *Journal of African Philosophy*, n. 11, 2015.

RIPERT, Yohann C. "Senghor Reading Marx", Marx Colloquium, Columbia University, 8 maio 2016.

RIVERA CUSICANQUI, Silvia. *Oprimidos pero no vencidos: luchas del campesinado aymara y quechua de Bolivia de 1900 a 1980*. 4. ed. La Paz: Unrisd/Hisbol/CSUTCB, 2010 [1984].

RODÓ, José Enrique. *Ariel*. Campinas: Unicamp, 1991.

RODRÍGUEZ-CALLES, Luis. "Breve historia de Bután: una identidad y un horizonte común en torno a la felicidad como objetivo político", *Estudios de Asia y África*, v. 54, n. 2, 2019.

ROONEY, David. *Kwame Nkrumah: Vision and Tragedy*. Legon/Acra: Sub-Saharan Publishers, 2015.

RUIZ TARRÉS, Alejandra. "Silvia Rivera Cusicanqui: sus ideas sobre la historia y propuestas descolonizadoras", *VIII Jornadas de Estudios de las Ideas*, Santiago, IDEA/USACH, 2018.

RUKUNI, Mandivamba. *Being Afrikan*. Joanesburgo: Penguin, 2010.

SACHS, Ignacy. *Ecodesenvolvimento: crescer sem destruir*. Trad. Eneida Araújo. São Paulo: Vértice, 1985.

SAID, Edward W. *Orientalismo: o Oriente como invenção do Ocidente*. Trad. Rosaura Eichenberg. São Paulo: Companhia das Letras, 2007.

SAID, Edward W. *Cultura e imperialismo*. Trad. Denise Bottmann. São Paulo: Companhia das Letras, 2011.

SALES, Aline; COSTA, Américo; VERONESE, Ricardo; FERREIRA, Cassiano & RESENDE, Liviane. "Felicidade interna bruta: aplicação e discussão no contexto de cidades de porte médio brasileiras", *CADE*, v. 12, n. 1, 2013.

SAMKANGE, Stanlake & SAMKANGE, Tommie Marie. *Hunhuism or Ubuntuism: A Zimbabwe Indigenous Political Philosophy*. Salisbury/Harare: Graham Publishing, 1980.

SANCHES, Manuela Ribeiro. "Viagens da teoria antes do pós-colonial". *In*: SANCHES, Manuela Ribeiro (org.). *Malhas que os impérios tecem: textos anticoloniais, contextos pós-coloniais*. Lisboa: Edições 70, 2011.

SANTAELLA GONÇALVES, Rodrigo. *Intelectuais em movimento: o grupo Comuna e a construção da hegemonia antineoliberal na Bolívia*. São Paulo: Alameda, 2016.

SANTOS, Boaventura de Sousa. "Para além do pensamento abissal: das linhas globais a uma ecologia de saberes". *In*: SANTOS, Boaventura de Sousa & MENESES, Maria Paula (org.). *Epistemologias do Sul*. São Paulo: Cortez, 2010a.

SANTOS, Boaventura de Sousa. "La hora de l@s invisibles". *In*: LEÓN, Irene (org.). *Sumak Kawsay/Buen Vivir y cambios civilizatorios*. Quito: Fedaeps, 2010b.

SARTRE, Jean-Paul. *Reflexões sobre o racismo*. Trad. J. Guinsburg. São Paulo: Difusão Europeia do Livro, 1960.

SCHAVELZON, Salvador. *El nacimiento del Estado Plurinacional de Bolivia. Etnografía de una Asamblea Constituyente*. La Paz: Clacso/Plural, 2012.

SCHAVELZON, Salvador. *Plurinacionalidad y Vivir Bien/Buen Vivir: dos conceptos leídos desde Bolivia y Ecuador*. Quito: Abya Yala/Clacso, 2015.

SCHMIDT, Johannes Dragsbaek. "Development Challenges in Bhutan: Perspectives on Inequality and Gross National Happiness". *In*: SCHMIDT, Johannes Dragsbaek (org.). *Development Challenges in Bhutan: Perspectives on Inequality and Gross National Happiness*. Cham: Springer, 2017.

SCHROEDER, Kent. *Politics of Gross National Happiness: Governance and Development in Bhutan*. Cham: Palgrave Macmillan, 2018.

SCHROEDER, Randy & SCHROEDER, Kent. "Happy Environments: Bhutan, Interdependence and the West", *Sustainability*, n. 6, 2014.

SCHUELKA, Matthew & MAXWELL, T. W. "Introduction". *In*: SCHUELKA, Matthew & MAXWELL, T. W. (org.). *Education in Bhutan: Culture, Schooling, and Gross National Happiness*. Singapura: Springer, 2016.

SCHUMACHER, Ernst Friedrich. *Small is Beautiful: Economics as if People Mattered*. Londres: Blond and Briggs, 1973.

SEN, Amartya. *Development as Freedom*. Nova York: Alfred Knopf, 1998. [Ed. bras.: *Desenvolvimento como liberdade*. Trad. Laura Texeira Motta. São Paulo: Companhia de Bolso, 2010.]

SENGHOR, Léopold Sédar. "The Spirit of Civilization or the Laws of African Negro Culture", *Présence Africaine: Cultural Journal of the Negro World*, n. 8-9-10, 1956.

SENGHOR, Léopold Sédar. *Um caminho do socialismo*. Trad. e notas Vicente Barretto. Rio de Janeiro: Record, 1965.

SENGHOR, Léopold Sédar. "Négritude et civilisation gréco-latine ou Démocratie et socialisme", *Bulletin de l'Association Guillaume Budé*, n. 1, 1966.

SENGHOR, Léopold Sédar. "Problématique de la Négritude", *Présence Africaine*, n. 78, 1971.

SENGHOR, Léopold Sédar. *Ce que je crois: negritude, francité et civilisation de l'universel*. Paris: Grasset, 1988.

SENGHOR, Léopold Sédar. "De la théorie a la pratique du socialisme africain", *Ethiopiques* (Spécial Centenaire: Contributions de Léopold Sédar Senghor à la revue), 2006a.

SENGHOR, Léopold Sédar. "Pour une relecture africaine de Marx et Engels", *Ethiopiques* (Spécial Centenaire: Contributions de Léopold Sédar Senghor à la revue), 2006b.

SENGHOR, Léopold Sédar. "O contributo do homem negro". *In*: SANCHES, Manuela Ribeiro (org.). *Malhas que os impérios tecem: textos anticoloniais, contextos pós-coloniais*. Lisboa: Edições 70, 2011.

SHIVJI, Issa. "Nationalism and Pan-Africanism: Decisive Moments in Nyerere's Intellectual and Political Thought", *Review of African Political Economy*, v. 39, n. 131, 2012.

SHIVJI, Issa. "Mwalimu and Marx in Contestation: Dialogue or Diatribe?", *Agrarian South: Journal of Political Economy*, v. 6, n. 2, 2017.

SHUTTE, Augustine. *Philosophy for Africa*. Cidade do Cabo: University of Cape Town Press, 1993.

SHUTTE, Augustine. *Philosophy for Africa*. Milwaukee: Marquette University Press, 1995.

SHUTTE, Augustine. "Politics and the Ethic of Ubuntu". *In*: MUROVE, Munyaradzi Felix (org.). *African Ethics: An Anthology of Comparative and Applied Ethics*. Scottsville: University of KwaZulu-Natal Press, 2009.

SILVA, Roberto Jardim da. "Marcien Towa, da crítica aos pressupostos da negritude senghoriana à possibilidade da filosofia africana". *In*: MACEDO, José Rivair de (org.). *O pensamento africano no século XX*. São Paulo: Outras Expressões, 2016.

SKURNIK, Walter. "Léopold Sedar Senghor and African Socialism", *The Journal of Modern African Studies*, v. 3, n. 3, 1965.

SPRINZAK, Ehud. "African Traditional Socialism: A Semantic Analysis of Political Ideology", *The Journal of Modern African Studies*, v. 11, n. 4, 1973.

STEEVES, Edna L. "Negritude and the Noble Savage", *The Journal of Modem African Studies*, v. 11, n. 1, 1973.

STEFANONI, Pablo. "¿Adónde nos lleva el pachamamismo?", *Tabula Rasa*, n. 15, 2011.

STIGLITZ, Joseph; SEN, Amartya & FITOUSSI, Jean-Paul. *Report by the Commission on the Measurement of Economic Performance and Social Progress*. Paris: Commission on the Measurement of Economic Performance and Social Progress, 2009. Disponível em: http://files.harmonywithnatureun.org/uploads/upload112.pdf.

STÖGER-EISING, Viktoria. "'Ujamaa' Revisited: Indigenous and European Influences in Nyerere's Social and Political Thought", *Africa: Journal of the International African Institute*, v. 70, n. 1, 2000.

TAMBULASI, Richard & KAYUNI, Happy. "*Ubuntu* and Democratic Good Governance in Malawi: A Case Study". *In*: MUROVE, Munyaradzi Felix (org.). *African Ethics: An Anthology of Comparative and Applied Ethics*. Scottsville: University of KwaZulu-Natal Press, 2009.

TEMPELS, Placide. *La Philoshophie Bantoue*. Élisabethville [Lubumbashi]: Lovania, 1945.

THINLEY, Jigme & HARTZ-KARP, Janette. "Keynote Address at the Gross National Happiness: Practice and Measurement Conference", The Centre for Bhutan Studies, Thimphu, 2009.

THINLEY, Jigme & HARTZ-KARP, Janette. "National Progress, Sustainability and Higher Goals: The Case of Bhutan's Gross National Happiness", *Sustainable Earth*, n. 2, 2019.

TIDEMAN, Sander G. "Gross National Happiness". *In*: ZSOLNAI, László (org.). *Ethical Principles and Economic Transformation: A Buddhist Approach*. Dordrecht: Springer Science+Business, 2011.

TORRES LÓPEZ, Tomás. *Comunidad y Estado en Álvaro García Linera: Un análisis a través de sus lugares de enunciación (1988-2017)*. Santiago: Ariadna, 2018.

TUTU, Desmond. *No Future Without Forgiveness*. Londres: Random House, 1999.

TUTU, Desmond. *Deus não é cristão*. Trad. Lilian Jenkino. Rio de Janeiro: Thomas Nelson Brasil, 2012.

URA, Karma. "Gross National Happiness", *Sociological Bulletin*, v. 54, n. 3, 2005.

URA, Karma. "The Experience of Gross National Happiness as Development Framework", ADM South Asia Working Paper Series, n. 42, 2015.

VAILLANT, Janet G. *Black, French and African: A Life of Léopold Sédar Senghor*. Cambridge: Harvard University Press, 1990.

VAN DRIEM, George. "Language Policy in Bhutan". *In*: ARIS, Michael & HUTT, Michael (org.). *Bhutan: Aspects of Culture and Development*. Gartmore: Kiscadale, 1994.

VANHULST, Julien. "El laberinto de los discursos del Buen Vivir: entre Sumak Kawsay y Socialismo del siglo XXI", *Polis: Revista Latinoamericana*, n. 40, 2015.

VERMA, Ritu. "Gross National Happiness: Meaning, Measure and Degrowth in a Living Development Alternative", *Journal of Political Ecology*, n. 24, 2017.

VIAÑA, Jorge. "Construyendo fundamentos en la lucha por un Socialismo Comunitario". *In*: GOSÁLVEZ, Gonzálo & DULON, Jorge (org.). *Descolonización, Estado plurinacional, economía comunitaria, socialismo comunitario: debate sobre el cambio*. La Paz: Vicepresidencia del Estado Plurinacional de Bolivia, Fundación Boliviana para la Democracia Multipartidaria, 2011.

VILLALBA-EGUILUZ, Unai & ETXANOA, Iker. "Buen Vivir *vs.* Development (II): The Limits of (Neo-)Extractivism", *Ecological Economics*, n. 138, 2017.

VILLEN, Patrícia. *Amílcar Cabral e a crítica ao colonialismo: entre harmonia e contradição*. São Paulo: Expressão Popular, 2013.

VITERI, Alfredo *et al*. *Plan Amazanga: formas de manejo de los recursos naturales en los territorios indígenas de Pastaza, Ecuador*. Puyo: Opip, 1992.

VITERI GUALINGA, Carlos. "Mundos míticos: Runa". *In*: PAYMAL, Noemi & SOSA, Catalina (org.). *Mundos amazónicos: pueblos y culturas de la amazonia ecuatoriana*. Quito: Fundación Sinchi Sacha, 1993.

WALLERSTEIN, Immanuel. *O universalismo europeu: a retórica do poder*. Trad. Maria Beatriz de Medina. São Paulo: Boitempo, 2007.

WRAY, Norman. "Los retos del régimen de desarrollo: el Buen Vivir en la Constitución". *In*: ACOSTA, Alberto & MARTÍNEZ, Esperanza (org.). *El Buen Vivir: una vía para el desarrollo*. Quito: Abya-Yala, 2009.

YAMPARA, Simón. "Cosmovivencia Andina: vivir y convivir en armonía integral — Suma Qamaña", *Bolivian Studies Journal*, v. 18, 2011.

YAMPARA, Simón (org.). *Naciones autóctona originarias: vivir y convivir en tolerancia y diferencia*. La Paz: Qamañ-Pacha/Cada, 1991.

ZAVALETA MERCADO, René. *Obra completa*, v. 1, *Ensayos 1957-1974*. La Paz: Plural, 2011.

ZUMA, Jacob. "Opening Address by President Jacob Zuma on the Occasion of the National Summit on Social Cohesion, Walter Sisulu Square of Dedication, Kliptown, Johannesburg", South African Government, 4 jul. 2012. Disponível em: https://www.gov.za/opening-address-president-jacob-zuma-occasion-national-summit-social-cohesion-walter-sisulu-square.

ZUMA, Jacob. "Address by His Excellency President Jacob Zuma on the occasion of his inauguration as fifth President of the Republic of South Africa", South African Government, 24 mai. 2014. Disponível em: https://www.gov.za/address-his-excellency-president-jacob-zuma- occasionhis-inauguration-fifth-president-republic-south.

ZURICK, David. "Gross National Happiness and Environmental Status in Bhutan", *The Geographical Review*, v. 96, n. 4, 2006.

Foto: Arquivo pessoal

FABRICIO PEREIRA DA SILVA é professor da graduação e da pós-graduação em ciência política na Universidade Federal do Estado do Rio de Janeiro (Unirio) e do mestrado em estudos contemporâneos da América Latina na Universidade da República (Udelar), no Uruguai. É doutor em ciência política pelo Instituto Universitário de Pesquisas do Rio de Janeiro (Iuperj) e realizou estágio de pós-doutorado no Instituto de Estudos Avançados da Universidade de Santiago do Chile (Usach). É co-organizador de *Os futuros de Darcy Ribeiro* (Elefante, 2022) e autor de *Democracias errantes: reflexões sobre experiências participativas na América Latina* (Ponteio, 2015) e *América Latina em seu labirinto: democracia e autoritarismo no século XXI* (Ponteio, 2019), além de diversos artigos sobre teoria política, política latino-americana e pensamento latino-americano e africano.

Primeira edição, junho de 2024
São Paulo, Brasil

Dados Internacionais de Catalogação na Publicação (CIP)
Angélica Ilacqua CRB-8/7057

Silva, Fabricio Pereira da
Em busca da comunidade: caminhos do pensamento
crítico no Sul global / Fabricio Pereira da Silva. —
São Paulo: Elefante, 2024.
360 p.

ISBN 978-65-6008-005-8

1. Ciências sociais 2. Desigualdade 3. Comunidades
I. Título

23-4680 CDD 330

Índices para catálogo sistemático:
1. Ciências sociais

---

elefante

editoraelefante.com.br
contato@editoraelefante.com.br
fb.com/editoraelefante
@editoraelefante

Aline Tieme [comercial]
Samanta Marinho [financeiro]
Sidney Schunck [design]
Teresa Cristina Silva [redes]

Fontes Rand e Signifier
Papéis Cartão 250 g/m² & Lux cream 60 g/m²
Impressão BMF Gráfica